国家自然科学基金面上项目（项目编号：72272028、71772030）成果

教育部人文社科研究项目（项目编号：19YJC790170）成果

21世纪经济管理新形态教材·金融学系列

金融科技导论

主 编 ◎ 李凤羽　刘　壮　孙　岩

参 编 ◎ 程　航　孙　浩　彭　珂
　　　　孙艳霞　王　静　王　璐

清华大学出版社

北　京

内 容 简 介

本书根据《金融科技发展规划（2022—2025 年）》的指导思想和主要内容，全面系统地梳理和阐述了金融科技的理论基础、行业实践和发展趋势。同时，在理论讲解的基础上，配合案例进行辅助理解和知识面的拓宽。本书具有全面性、系统性、实用性和前瞻性的特征。

本书可作为高等院校金融学和金融科技相关专业的教学用书，也可作为金融机构和金融科技公司的岗位培训与自学用书。

图书在版编目（CIP）数据

金融科技导论 / 李凤羽，刘壮，孙岩主编 . —北京：清华大学出版社，2023.5
21 世纪经济管理新形态教材 . 金融学系列
ISBN 978-7-302-61695-5

Ⅰ . ①金…　Ⅱ . ①李… ②刘… ③孙…　Ⅲ . ①金融—科学技术—高等学校—教材　Ⅳ . ① F830

中国版本图书馆 CIP 数据核字（2022）第 155854 号

责任编辑：徐永杰
封面设计：汉风唐韵
责任校对：王荣静
责任印制：丛怀宇

出版发行：清华大学出版社
　　　　网　　　址：http://www.tup.com.cn，http://www.wqbook.com
　　　　地　　　址：北京清华大学学研大厦 A 座　　邮　　编：100084
　　　　社 总 机：010-83470000　　邮　　购：010-62786544
　　　　投稿与读者服务：010-62776969，c-service@tup.tsinghua.edu.cn
　　　　质量反馈：010-62772015，zhiliang@tup.tsinghua.edu.cn
印 装 者：天津鑫丰华印务有限公司
经　　销：全国新华书店
开　　本：185mm×260mm　　印　　张：19.75　　字　　数：330 千字
版　　次：2023 年 5 月第 1 版　　印　　次：2023 年 5 月第 1 次印刷
定　　价：66.00 元

产品编号：096250-01

前　言

2022年1月，中国人民银行印发《金融科技发展规划（2022—2025年）》，明确提出"力争到2025年实现整体水平与核心竞争力跨越式提升"的金融科技发展愿景。这是继2019年8月《金融科技（FinTech）发展规划（2019—2021年）》后中国人民银行出台的第二轮金融科技发展规划，为我国金融科技行业的未来发展制定了顶层设计。

本书共分5篇，第1篇为金融科技概述，主要包括金融科技的基本概念、深远影响、发展历史与未来展望，此外还介绍了支撑金融科技行业发展的核心技术；第2篇为金融科技和传统金融行业的融合与发展，立足传统金融行业数字化转型的重大现实背景，详细分析和阐述金融科技与传统银行业、证券业、保险业和金融监管融合与发展的理论基础和实践进展；第3篇为金融科技新兴业态，主要介绍金融科技发展过程中涌现出的以互联网借贷、众筹为代表的金融新业态，以及以数字加密货币和供应链金融为代表的新型金融产品和金融服务；第4篇为金融科技风险与监管，详细分析和阐述金融科技行业风险形成原因，在此基础上介绍国内外金融科技行业监管的具体实践；第5篇为金融科技案例，梳理和总结国内外金融科技行业的经典案例，辅助理解前文知识点并拓宽知识面。

全书由李凤羽、刘壮和孙岩统稿，李凤羽、刘壮、孙岩、程航、孙浩、彭珂、孙艳霞、王静、王璐负责章节撰写。感谢新工科联盟和知链科技有限公司为本书顺利出版提供的支持与帮助，感谢清华大学出版社徐永杰编辑在本书撰写和修改过程中提供的修改建议与付出的辛勤劳动。

最后，竭诚希望广大读者对本书提出宝贵意见，以促使我们不断改进。由于时间和编者水平有限，书中的疏漏和不足之处在所难免，敬请广大读者批评指正。

编者

2023年3月10日

目　录

第 1 篇　金融科技概述

第 2 篇　金融科技和传统金融行业的融合与发展

第 3 章　银行业数字化转型与互联网银行 ……………………… 068

第3篇　金融科技新兴业态

第4篇　金融科技风险与监管

第5篇 金融科技案例

第 1 篇　金融科技概述

第1章 金融科技基础

 学习目标

1. 熟悉金融科技的内涵与特征。

2. 理解金融科技的内在驱动及核心技术。

3. 理解金融科技如何影响金融行业和实体经济。

4. 了解全球金融科技发展现状及未来趋势。

5. 了解中国金融科技行业发展历史及重要事件。

6. 掌握金融科技在传统金融行业的应用场景。

 能力目标

1. 掌握金融科技的定义及内涵。

2. 掌握金融科技产生的深远影响。

3. 掌握金融科技的历史沿革及未来趋势。

4. 熟悉金融科技的具体应用场景。

 思政目标

1. 理解中国金融科技发展战略的现实背景，培养学生对于金融科技的学习热情。

2. 理解金融科技发展历史和未来趋势，深刻体会金融科技对我国经济高质量
发展的重要意义。

思维导图

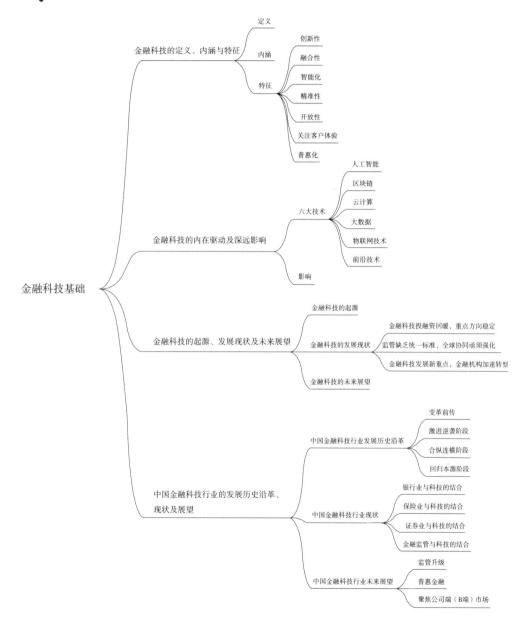

导入案例

微众银行（WeBank）由腾讯、百业源和立业等多家知名公司发起设立，是国

内首家互联网银行。2014 年 12 月，微众银行经监管批准开业，致力于践行普惠金融，即服务普罗大众和小微公司，解决这两者经常面临的"融资难、融资贵、融资麻烦"的问题。2015 年 1 月 4 日，李克强总理前往微众银行考察，亲自按下回车键发放了微众银行的首笔贷款，象征着微众银行贷款业务的开端。微众银行既无物理网点，也无财产担保，通过人脸识别技术和大数据风控发放贷款，作为新生事物，它并不是互联网与银行的简单相加，而是互联网思维在金融领域的创新应用。

微众银行致力于为个人客户、小微公司提供差异化、有特色、优质便捷的金融服务，运用金融科技（FinTech）探索践行普惠金融、服务实体经济的新模式和新方法。微众银行的普惠金融理念可以概括为"3A+S"，即以提供方便获取（accessible）、价格可负担（affordable）、满足客户需求（appropriate）的服务为出发点，同时通过科技和数据能力改变金融服务的成本结构，从而达成商业可持续（sustainable）的发展模式。微众银行的业务涉及消费信贷（微粒贷）、财富管理（微众银行 App）、公司金融（微业贷、微众公司爱普 App）、平台金融（微车贷）等板块，初步实现了业务多元化，将金融服务嵌入线上线下、衣食住行等生活场景，以满足"长尾"用户在不同场景下的金融需求。微众银行已陆续推出微粒贷、微业贷、微车贷、微众银行 App、微众公司爱普 App、小鹅花钱、We2000 等产品，服务的个人客户已突破 2.5 亿人，公司法人客户超过 170 万家。

微众银行自成立之初即将公司定位于"连接者"，不仅是腾讯客户群与银行等金融机构之间的连接者，也是金融机构与其他平台之间的连接者，这与大股东腾讯"连接一切"的战略高度契合。微众银行始终表明自己与银行业是互补关系而非竞争关系，它选择了与同业深度合作的方式，把客户分享给同业，甚至把账户开在其他银行，并提供科技和数据分析支持，负责产品设计和推广创新。多年来，微众银行一直坚持以科技研发和应用驱动业务发展。在 2019 年 10 月发表的研究报告中，国际知名独立研究公司 Forrester 将微众银行定义为"世界领先的数字银行"。知识产权媒体 IPRDaily 发布 2019 年全球银行发明专利排行榜（Top100），在 2018 年榜单中排名第五的微众银行，2019 年以 632 件专利申请量跃居首位。作为一家年轻的互联网银行，2017—2019 年，微众银行的累计研发投入接近 30 亿元。其中，2019 年研发投入达到 13.7 亿元，占到全行营业收入的 9.2%。2017 年和 2018 年，微众银行的研发投入分别为 9.8 亿元、6.4 亿元，占比分别为 9.8%（同业里最高）、9.5%。

微众银行的金融科技战略十分明确，即在"ABCD"[也就是人工智能（artificial intelligence，AI）、区块链（blockchain）、云计算（cloud computing）和大数据（big data）]，旨在降本增效，更能进行商业输出、创造营收，助力客群下沉。例如，相较银行业近2%的平均水平，微众银行的不良率一直保持在0.5%左右，就是由于大数据风控发挥了关键性作用，微众银行借助先进的技术工具，建设全行高风险客户名单数据库，构筑了强大的风控能力。

【案例思考】

1. 简要论述微众银行的业务特点。

2. 微众银行如何解决小微市场融资难问题？

1.1 金融科技的定义、内涵与特征

回顾历史，金融科技并不是一个新生事物。在人类金融发展过程中，科技创新与金融创新始终紧密相连。尤其进入信息社会以来，信息技术的运算速度及新技术的出现速度不断加快，而金融与科技的共生式成长也使得现代金融体系伴随信息技术共同经历着指数级的增长。从"IT+金融"到"互联网+金融"，再到现在我们正经历的以人工智能、大数据、区块链、云计算等为代表的"新科技+金融"阶段，每个发展阶段持续的时间越来越短，金融科技的创新速度越来越快。

1.1.1 金融科技的定义

金融科技是运用各类先进技术，帮助金融行业提质增效的一种新业态，其本质就是科技在金融领域的应用，旨在创新金融产品和服务模式，改善客户体验，提升服务效率，降低交易成本和金融风险。不同机构对金融科技的定义存在细微差别，见表1-1。

表 1-1　金融科技的定义

机构名称	相关定义
金融稳定理事会（FSB）	新兴技术带来的金融创新，它能够产生新的商业模式、应用、过程或产品，从而对金融市场、金融机构或金融服务的提供方式产生重大影响
国际证监会组织（IOSCO）	是指有潜力改变金融服务行业的各种创新的商业模式和新兴技术
美国国家经济委员会（NEC）	以金融科技涵盖不同种类的技术创新，这些技术创新影响各种各样的金融活动，包括支付、投资管理、资本筹集、存款和贷款、保险、监管合规以及金融服务领域的其他金融活动

机构名称	相关定义
英国金融行为监管局（FCA）	创新公司利用新技术对现有金融服务公司进行去中介化
新加坡金融管理局（MAS）	通过使用科技来设计新的金融服务和产品

金融科技市场的参与者有以下三类。

（1）金融业务开展方，主要指持牌开展金融业务的银行、证券、保险等金融机构。

（2）技术提供方，主要指专注研发人工智能、大数据、云计算等前沿科技底层技术的科技研发公司。

（3）金融科技解决方案提供方，主要指将前沿科技与金融业务相结合，为金融机构提供可落地的业务解决方案的科技公司。

目前，这三类参与者的边界正变得越来越模糊。技术提供方正努力补齐金融业务能力的短板，为金融机构提供从单一技术到整体业务的科技升级服务；金融科技解决方案提供方，一方面在加强前沿科技的研发；另一方面在申请金融牌照，以及金融业务与技术两方面发力。而金融业务开展方正加大前沿科技的研发投入，部分头部金融机构已经开展了面向同业的技术输出服务。

1.1.2　金融科技的内涵

金融稳定理事会将金融科技定义为"新兴技术带来的金融创新，它能够产生新的商业模式、应用、过程或产品，从而对金融市场、金融机构或金融服务的提供方式产生重大影响"。巴塞尔银行监管委员会总结出金融科技的四个核心应用领域：①存贷款与融资服务，涵盖网贷、征信、众筹等产品。②支付与清结算服务，包括移动支付、点对点网络借款（peer-to-peer，P2P）汇款等内容。③投资管理服务，典型代表是智能投顾与智能投研。④市场基础设施服务，内容最广泛，意指人工智能、区块链、云计算、大数据、安全等技术所带来的金融产品的创新。

金融科技的核心落脚点仍然在金融上，科技赋能是为了更好地进行风险管理和风险定价，更好地分摊客户，让有信用的人过得更好，让有需要的人能够用更低的价格获得金融服务。从精准营销、智能客服、差异化定价到智能风控、智能理赔、智能催收，大数据、云计算、人工智能和区块链，技术正在从数据层、智能层、产品层多维度地向金融领域的细分场景和业务链条各环节渗透。在金融科技赋能金融机构实现升级、服务实体产业的过程中，金融科技本身释放的能量足以产生"核聚变"，帮助金融业务实现"三升两降"，即提升效率、体验、规模，同时降低成本和风险。

由于中外的金融监管环境与社会环境存在一定差异，因此中外金融科技概念的发展与演变也存在较大的区别。就美国而言，其语境上的金融科技公司以初创型公司为主，大部分是经营移动支付、财富管理、网贷等业务。而中国在"金融科技"的概念被提及之前，事实上已经历了数年"互联网金融"阶段的发展，以第三方支付、P2P 网贷公司为典型代表。从事"互联网金融"业务的大多是非金融持牌的互联网公司，一度出现了一些忽视金融本质、风险属性和必要监管约束的现象，导致了业务运作不规范、风险管理不到位、监管适用不恰当或不充分等问题，也引发了一些监管套利风险与消费者保护风险。

因此，国内监管机构鼓励发展的"金融科技"，更多是强调前沿技术对持牌合规的金融业务的辅助、支持和优化作用，技术的运用仍需遵循金融业务的内在规律、遵守现行法律和金融监管要求。最终的金融科技产品或服务的提供者也聚焦在合规经营的金融机构的范围。

具体而言，中国发展金融科技的侧重点在于前文提到的巴塞尔银行监管委员会划分的"市场基础设施服务"的细分领域。其实质是以前沿科技赋能传统金融行业或传统商业模式，为产品本身注入区别于传统金融产品的能力，如大量数据存储及运算能力、自动化与智能化服务能力、多机构对等合作及共享资源的能力、降低成本能力、安全加固能力、精准营销能力、精细化风险管理能力、防欺诈及风险定价能力等，以科技带动金融业务的革新，最终实现服务实体经济的目标。

1.1.3 　金融科技的特征

（1）创新性。历次革命性技术的诞生都推动了生产力的跃升，从而带动金融业一次又一次革新。金融科技通过新技术应用，实现金融业务和服务业务的创新，打造新的生产方式和服务模式，提高金融行业运行效率。

（2）融合性。从产业融合理论来看，金融科技产业是金融产业与科技产业高度融合并逐步形成新产业的动态发展过程。近几年来，智能投顾、智能客服、大数据风控等"金融＋科技"融合业务迅速发展，金融服务效率得到质的提升。

（3）智能化。通过应用大数据、人工智能、机器学习等技术，金融科技推动智能金融时代的到来。随着数据规模越来越大、数据维度越来越广、机器学习与人工智能算法模型不断迭代优化，金融机构不仅可以创新个性化业务，还可以有效解决信息不对称问题，提高金融服务效率。

（4）精准性。金融科技通过数字平台提供金融服务，打通了金融机构、科技公司与金融客户的连接，实现精准高效的匹配，有利于吸纳丰富的金融业态，撮合更多潜在交易，不仅扩大了金融服务半径，还延长了金融服务时间。

（5）开放性。从生态系统理论来看，金融科技的发展具有生态化的趋势，推动产业合作共赢、利益共享。金融科技生态系统的本质是开放和共享，通过整合多方资源实现价值共创，从而达到多方的合作共赢。

（6）关注客户体验。金融科技应用让金融服务更加关注客户体验，持续根据客户需求的变化进行产品的快速迭代优化，在规范有序的秩序下拓宽金融服务的各个维度，实现传统金融服务所不具备的个性化和差异化服务体验。

（7）普惠化。无论是对于个人还是对于机构，大量边缘"长尾"金融需求都日益凸显，一方面是因为高昂的经营成本和微薄的利润导致传统机构没有动力为小微公司和低净值客户提供服务；另一方面由于信息不对称以及风控手段较为单一，传统机构也没有能力提供与其风险相匹配的金融服务。而以新一代信息技术驱动的金融科技为金融行业带来内生性的改变，通过技术降低金融服务门槛和成本，使更广泛的人群享受优质的金融产品服务。

1.2 金融科技的内在驱动及深远影响

1.2.1 金融科技的内在驱动

金融科技的内在驱动可以概括为"ABCDIX"六大技术赋能，分别为人工智能、区块链、云计算、大数据、物联网技术以及元宇宙等还没有商用的前沿技术。目前，人工智能、区块链、云计算、大数据已成为金融科技主要应用的核心技术，金融与科技的深度融合成为全球趋势，正在深刻改变金融服务市场格局。

（1）人工智能。人工智能是对人类智能的模仿，并力图实现某些任务，是研究用计算机来模拟人类学习、思考、推理等思维活动和智能行为的基本理论、方法与技术。人工智能在涉及人工环节多、对数据安全性要求高的领域最为常用。

例如：基于生物识别的人脸识别，可实现账户远程开户、业务签约；基于语音识别与处理，可以为顾客提供智能客服、营业网点机器人服务，减少运营成本；发票、合同、单据通过 OCR（光学字符识别）自动化视觉处理技术将信息结构化处理，提高效率；智能投顾应用机器学习（machine learning，ML）技术，提高市场有效性，加快产品研发和创新；金融知识图谱，通过将大量信息汇集到关系网，在风险预警、反欺诈方面应用广泛。实践中，由京东金融升级的京东数科就定位于以人工智能驱动产业数字化的新型科技公司，利用人工智能技术建立了强大的风控、反欺诈能力。京东集团下属的京东云平台依托全球领先的实时计算、全栈式机器学习、万亿级别的图计算知识图谱、隐私保护的数据安全、AI 工具箱等先进技术，基于专家分析决策经验与人工智能技术相结合打造的账户安全体系、核身体系、信用风险体系、反欺诈风险体系、风险画像体系、舆情预警体系，构建了全方位自主可控的风险防控能力，提供智能化、可视化、实时化的一站式风险管理服务，帮助商业银行在新的市场竞争中抢占先机。

（2）区块链。区块链是分布式的共享账本和数据库，具有去中心化、不可篡改、全程留痕、可以追溯、集体维护、公开透明等特点。区块链满足了金融行业对数据安全、交易真实、隐私保密等业务需求。具体来说，区块链是物联网的基础，其真实性可以确保底层资产交易的可靠性和安全性，降低信息不对称性。此外，区块链可以应用于支付结算。支付收单机构间基于联盟链和智能合约实时自动对账，使得数据不可篡改。例如，蚂蚁集团成立了移动支付、数字金融、全球化、智能科技四大事业群。其中，以区块链为代表的智能科技事业群致力于用区块链技术拓展商业的边界，自 2017 年开始，连续 3 年位居全球专利数第一。通过蚂蚁双链通、蚂蚁 BaaS、蚂蚁摩斯（MORSE）等平台，蚂蚁区块链已为商保快赔、联合风控、供应链金融、跨境支付、保险、可信存证等金融相关领域提供技术服务。其中，蚂蚁摩斯安全计算产品利用多方安全计算、隐私保护、区块链技术打造数据安全共享的基础设施，解决公司之间数据合作过程中的数据安全和隐私保护问题，打通"数据孤岛"，将计算移动到数据端，实现数据可用不可见，安全促进业务创新。

（3）云计算。云计算是分布式计算的一种，指的是通过网络"云"将巨大的数据计算处理程序分解成无数个小程序，然后通过多部服务器组成的系统处理和分析这些小程序得到结果并返回给用户。用户可以按照自己的需求使用，不仅计算更加高效，而且成本也更加低廉。云计算以分布式处理架构为核心，与大数据处理相呼应，从而实现海量数据云端存储。另外，金融机构如果自行开发或购买云服务，也可以弥补自身基础软硬件的不足，满足机构系统高性能和容灾备份的要求。例如，极融作为嘉银金科的子公司，致力于通过大数据、云计算、人工智能等技术在消费场景内连接消费者与金融机构，促进金融机构业务高速增长。极融以助贷云为核心，通过助贷云连接场景端与资金端，根据区域、客户风险等级、申请金额等因素确定资金路由，匹配放款机构，满足外部多场景、多资金方接入要求，并每 2 ～ 3 天通过云端微模型迭代不断输出集团在网贷业务上积累的运营经验，结合在客户现场本地化建模的方式辅助机构业务运营。

（4）大数据。大数据采用新处理模式对大量多样的数据集合进行采集、管理和处理，使数据集合具备更强的决策力、洞察力和流程优化能力。它可以帮助主体根据客户人口统计学特征、消费数据、兴趣数据、风险偏好等一系列资料，发掘客户的潜在需求；除此以外，还可以应用于大数据征信，基于金融大数据，银行可以开发授信评估、信用报告、贷中预警等业务，降低信用评估成本。大数据技术目前被广泛使用，如蚂蚁集团通过与多家金融机构建立安全数据共享联盟，密态分享黑名单、信贷申请、信贷记录等数据；亚洲领先的金融科技集团 WeLab 旗下的天冕大数据实验室对接多数据源，积累"3 000+"维度的个人数据，拥有亿级数据量，其拥有的实时大数据处理平台可以提供一站式大数据解决方案，全面覆盖数据治理、数据决策、数据安全、数据研发、机器学习等领域，拥有多维度风控系统。

（5）物联网技术。物联网技术是指通过信息传感设备，按约定的协议，将任何物体与网络相连接进行信息交换和通信，以实现智能化识别、定位、跟踪、监管等功能。中国已经形成较为完整的物联网产业链，包括芯片、元器件、设备、软件、系统集成、运营、应用服务等，目前金融科技领域的物联网应用主要集中于上游数据场景化处理。例如平安银行的物联网仓储系统。平安银行与中国人民银行征信中心合作，在中登网平台上实施动产融资统一登记，将物联网动产融资的仓单和期货仓单标准化、统一化；同时，运用物联网技术将现货、期货仓单进行物联网化，将质押标的物从动产演变为流通性更好、风险更低的权利凭证；逐步推进动产实物监管融资向单证化融资乃至单证化投融资演进，打造出一个标准的物联仓单投融资平台，将场外交易场内化、场内交易低成本化。

（6）元宇宙等还没有商用的前沿技术。元宇宙是利用科技手段进行连接与创造的，与现实世界映射交互，具备新型社会体系的数字生活空间。元宇宙是一个由区块链、电子游戏（game）、网络通信（network）、显示技术（display）四大重要元素（BAND）支撑的全感官、人机交互的全真互联网体系。这一阶段的互联网将会是三维立体的，人们不再是透过显示屏浏览互联网，而是穿梭在互联网宇宙中。元宇宙涉及非常多的技术，包括人工智能、数字孪生、区块链、云计算、拓展现实、机器人、脑机接口、5G 等。其中，非同质化代币（Non-Fungible Tokens，NFT）和去中心化金融（DeFi）是区块链在元宇宙世界中的主要应用，二者可以有效支撑元宇宙的经济系统。区块链是支持元宇宙终极形态的底层协议，非同质化代币将具有独特价值的资产加密化；去中心化金融基于区块链构建，可以像乐高积木一样组合。元宇宙中运用区块链技术将传统金融服务中的所有"中介"角色全部由代码替代，从而实现金融服务效率的最大化和成本的最低化。

1.2.2　金融科技的深远影响

金融科技是金融服务与数字技术的深度融合。金融科技的发展不仅改变了银行业、证券业、保险业等传统金融行业和金融监管，而且也对实体经济产生深远的影响。

1. 金融科技对金融业的影响

1）金融科技对银行业产生深远影响

当前，云计算、大数据、区块链、移动互联、人工智能等一系列信息技术集中涌现，金融科技迅速发展正在对银行业产生革命性影响。

（1）突破银行服务的地域限制和时间限制。金融科技充分利用互联网等高新技术，可以实现跨区域、全时段在线服务，使得银行服务"无所不在、无时不在"。特别是在客户方面，通过大数据、云计算、人工智能等技术整理、加工和分析客户信息，可以逐步建立和完善客户标签体系，形成全面、深入、动态的客户拼图，更加细分和洞察客户需求，挖掘潜在客户，提高存量客户产品服务覆盖度，进一步延伸银行服务空间。

（2）提升银行服务场景化能力。金融科技将服务嵌入客户日常活动场景中，从而直接触达客户需求痛点，为客户提供便捷、友好的使用体验。目前，金融服务场景或嵌入场景在消费金融领域更为突出、有效，给银行业获客提供了支持及能力培养的机会。今后银行业进行场景化建设、提高获客能力、拓展价值链条的空间还很大。

（3）提升银行风控能力。金融科技尤其是大数据的发展，使银行业可以更加精确地分析内外部数据，多维度把控风险。另外，银行可以利用区块链中的客户信息与交易记录识别异常交易行为，有效防止交易欺诈。相比现有的纸笔人工流程，金融科技可以助力银行实现端到端的透明化，大大提高处理效率，降低人为干预的合规风险和操作风险。同时，生物识别技术的普及降低了客户时间成本，也助力商业银行大大提高了内控安全性。

（4）降低银行运营成本。当前，金融科技已不仅仅局限于改善客户体验，更是影响到商业银行的基础设施建设。例如，与互联网相关的基础设施投产后，每个客户的边际成本递减，甚至为零，为银行打破"二八定律"以及对服务价格极为敏感的、数量众多的"长尾客户"提供了可能，还为降低金融成本提供了空间。

2）保险业与金融科技的结合使得保险科技发展十分迅速

近年来，金融科技与保险业的深度融合正从根本上重塑保险业的行业业态。

（1）金融科技创新深刻变革保险业务流程。产品设计环节：①可以为保险产品设计提供更加全面深入的数据支持，保证数据的安全性、真实性，并利用大数据建立客户数据库，辅助精算师开发产品，提升风险定价能力；②可以更精准地将保费与个人实际情况结合。产品营销环节：①可以通过大数据、人工智能精准定位客户群，做到精准营销；②通过强大的数据化平台为代理人业务提供手机端线上保单生成系统，辅助代理人业务；③通过人工智能技术与潜在客户深度交流，为客户定制保险方案。投保与核保环节：保险科技（insurance-technology，InsurTech）可以帮助公司提升风控能力，实现流程智能化，降本增效。投保环节：通过区块链技术，将保单统一链上管理，便利数据分享。核保环节：通过区块链及渠道溯源，简化投保评估流程，综合分析参保人员，实现智能核保，降低成本，并通过量化风险，决定是否承保及承保条件。理赔与售后环节：可以通过人工智能及大数据技术提高理赔效率、实现骗保识别、提升客户体验。

（2）金融科技创新不断提升保险客户需求。随着金融科技创新的广泛应用，保险客户对保险产品和服务的需求不再仅仅满足于基本的经济补偿功能，而更加趋向服务功能的多样化、专属化、便捷化。寿险业务方面，随着人的预期寿命不断延长，客户在关注保险公司对人身事故赔付的同时，更加期待保险公司对生活质量的关怀。例如，美国恒康人寿保险公司 2018 年 9 月宣布，将停止承保传统寿险，转而销售基于可穿戴设备跟踪健身和健康数据的交互式新型保险。财险业务方面，人工智能与物联网技术的快速发展，正在驱动保险业创造高度定制化的保单，推动财产保险从损失后的赔偿转向阻止损害发生以及财产的复原和恢复转变。例如，基于车联网技术的发展，车险定价不再只关注车型、车龄等从车风险因素，而更加关注驾驶行为、驾驶习惯等从人风险因素；未来自动驾驶技术的成熟应用更将从根本上改变车险的风险定价基础。

（3）金融科技创新成为保险行业竞争焦点。在国家大力实施创新驱动战略的大背景下，得益于金融监管机构的有序规范和积极鼓励，金融科技创新已经成为保险行业新的竞争赛道。保险科技投资大幅增长。2021 年，全球保险科技创新融资总额达到 306 亿元，同比增长 59.8%，创下历史新高，融资事件为 103 件，同比增长 17%。2021 年，中国保险科技融资总计 41.6 亿元，不仅是仅次于美国的第二大保险创新市场，而且是拥有旺盛生命力、发展最为蓬勃的市场。近年来，几乎所有传统保险公司都启动实施了数字化战略，并与一线互联网公司建立了深度合作关系。一批新涌现的互联网保险公司也在产品研发、场景销售、理赔改进等方面进行了多元化探索。传统保险公司、互联网保险公司、基于互联网的中介平台、专注保险赋能的技术服务公司以及知名互联网公司都已经进入金融保险科技的赛道，多元化的保险生态圈已经形成，并在不断竞争融合中发展。

3）证券业与金融科技的融合前景广阔

证券领域金融科技参与者主要包括大型综合类券商、互联网券商和软件服务商。金融科技广泛应用于证券行业的零售经纪和机构业务，在投行、合规风控等依赖人力和经验的业务尚未大规模应用。

（1）零售经纪业务方面，人工智能、云计算等金融科技推动经纪业务向财富管理转型。券商零售业务在大数据时代向客户端（C 端）转变，如经纪业务转型和财富管理转型都是重点。在互联网金融营销中大数据的应用较多，如打造一站式终端平台，使用运营中台、投顾与财富终端等满足金融科技全方位的业务需求。金融科技以人工智能为核心，提供智能投顾服务。根据客户输入的信息条件，设置资产方案，实现了降本增效，提升"长尾客户"覆盖率。

（2）机构业务方面，建立机器人流程自动化（RPA）和数据仓库，发展空间广阔。券商的机构业务包括机构开户、上市公司业务、财富管理等，拥有海量数据和标准交易流程。主经纪商（PB）业务为专业投资者提供一揽子的金融服务，对运维时效性与设备稳定性的要求很高。RPA 技术通过人工智能，在不需要人为干预的情况下，由机器人完成人所做的重复性的工作。RPA 常用于量化交易平台，是券商与软件供应商的主流发展方向。PB 级数据解决方案是将大数据和云计算集合，使数据仓库容量大幅提高。

（3）投行业务方面，使用区块链技术进行资产证券化（ABS）市场潜力巨大。区块链具有完全可追溯、信息不能被修改等特点。资产证券化通过区块链技术实现对底层资产的穿透。区块链技术还会改变会计服务业态，促进资产证券化等业务的发展。2017 年，"百度 – 长安新生 – 天风 2017 年第一期资产支持专项计划"正式发行，这是中国首单基于区块链技术的交易所 ABS 产品。2018 年，"京东金融 – 华泰资管 19 号京东白条应收账款债权资产支持专项计划"成功设立并将于深交所挂牌转让，成为中国首单基于区块链技术的消费金融 ABS 产品。尽管如此，区块链技术在资产证券化业务上的应用仍处于起步阶段，存在较大的提升和完善空间。

（4）合规风控方面，以智能风控体系为助力。依托大数据技术构建金融领域的智能风控体系，多维度分析和加强线上业务合法性审查，对异常交易进行监测，开展全面风险管理，实现社会经济的健康发展。

4）监管科技提升金融监管效率

英国金融行为监管局（Financial Conduct Authority，FCA）最早使用"监管科技"（RegTech）一词，并将其定义为解决监管面临的困难、推动各类机构满足合规要求的新兴技术。换言之，监管科技是能提高监管流程的效率、一致性和简便性的技术。监管科技包含以下应用场景。

（1）通过用户身份识别，发现和阻止可疑的交易行为。监管机构对于金融机构在"了解你的客户"（KYC）和"客户尽职调查"（CDD）等方面有着明确的监管要求。当前金融市场上存在很多非客户本人操作的金融业务违规违法现象，如信用卡盗刷、用虚假证件开户等。监管科技解决方案包括：①应用智能生物识别技术。利用生物特征信息（如人脸、虹膜、指纹、声纹等）所具有的稳定性、不易复制性和不易窃取性，在建立账户和进行账务交易时加入生物识别技术，将有效提升金融机构用户身份识别能力。②应用大数据比对技术。通过大数据比对，识别非常用地区转账、非常用设备转账等异常操作，对账户异常违规操作进行拦截，要求再次验证身份。

（2）通过市场交易行为监控，发掘关联账户的异常操作。为保护金融行业消费者利益和维持金融稳定，监管机构和金融机构需要采取有效措施，监控洗黑钱、内部交易等行为，打击市场上存在的"黑产"和"违约"等侵占金融机构利益的现象。监管科技解决方案包括：综合利用"大数据 + 人工智能"技术，通过对关联交易数据的多维度、高频率、全动态实时分析，可以有效识别诈骗、集资、多账户操纵、票据虚开等违规违法行为。

（3）通过合规数据报送渠道的数字化，提高效率，降低成本。合规报告是监管机构进行非现场监管的重要手段，高水准的数据报送可以帮助监管机构及时发现和化解金融风险。金融危机后，监管机构对金融机构数据报送内容的要求不断提升。金融机构需要面向多个监管机构报送不同结构、不同统计维度的数据。监管科技解决方案包括：金融机构可以通过数据资产管理提升合规数据报送能力。通过整合内部数据，提高数据质量，增加统计维度，实现合规数据报告快速生成。报送规则以应用程序接口（application programming interface，API）的形式实现数字化，提升报送效率和真实度，并减少报送成本。

（4）通过智能化的监管法规信息跟踪与分析，提升合规能力。在金融行业监管不断提升和细化的背景下，监管法律法规密集出台，金融机构需要追踪最新的法规，还要逐条对比新旧条文的异同。跨国金融机构还需要追踪所有业务所在国家的法律法规。监管科技解决方案包括：人工智能技术可以自动发现、识别、归档新发布的金融监管法律法规，对比新旧文件的异同，最终生成跟踪报告。法务人员可以应用工具快速从海量法律文档中找到需要的条文字段。

（5）通过风险数据融合分析实现对系统性风险的洞察。金融危机后，宏观审慎监管得到更多重视，监管的实现需要全面融合各个金融机构数据，进行整体性风险分析管控，基于单个金融机构的数据很难及时识别系统性金融风险。监管科技解决方案包括：通过监管平台的建设运营，实现各个金融机构之间在成员认证、接入管理、数据查询、索引记录、流通规则等方面的互联互通，有效汇聚和及时分析风险数据，为宏观审慎监管提供有力支撑。

（6）通过金融机构压力测试，在隔离环境中进行风险评估。严格的金融监管条例在保证金融市场稳定性的同时，也在一定程度上限制了金融新业态的发展。金融创新既需要新技术的应用支撑，也需要有效的风险防控，创新发展与风险防控必须并重。监管科技解决方案包括：利用信息技术构建监管沙盒（regulatory sandbox），在虚拟环境中模拟真实交易场景，测试金融机构系统稳定性、安全性等指标。通过"大数据＋人工智能"持续记录金融机构运行数据，评估系统风险防控能力。

2. 金融科技对实体经济的影响

近年来，金融科技在赋能金融服务实体经济中的作用开始凸显，并在优化中小微公司融资环境、促进公司创新、缩小城乡收入差距、促进居民消费、促进公司转型升级等方面起到了重要作用，有利于推动社会经济高质量发展。

（1）优化中小微公司融资环境。金融科技可以缓解中小微公司的融资约束，主要体现在：首先，金融科技降低金融服务门槛，拓宽融资渠道，服务"长尾"群体。数字金融破除了传统金融服务易受基础设施和地理距离等硬件条件的束缚，改善信贷资源错配，使中小微公司利用其多样化服务模式来多维度地拓宽融资渠道，从而缓解中小微公司创新项目的融资约束。其次，金融科技可以降低融资成本、防范信贷风险、缓解信息不对称。金融科技通过建立风险控制体系、信息处理与监测系统，减少信息不对称问题，提高信息筛选和风险甄别能力，减少信息收集成本、处理成本、风险评估成本和交易成本，从而减少中小微公司的融资成本。最后，金融科技通过构建征信体系，提高融资效率。数字金融模式下促使构建出更为多维、完善的中小微公司征信体系，可以更便利地对中小微公司客户实行资质审核，简化审批流程，提高融资效率。

（2）促进公司创新。公司创新具有的高风险、周期长的特征，使创新活动容易受到比其他投资活动更强的融资约束。金融科技助推数字普惠金融发展，有利于促进公司创新投资。首先，数字普惠金融能够使过去小众、零散和无人问津的金融业务进入市场，使金融资源得到更加有效的利用，有效拓宽了公司的融资渠道，使公司创新拥有更多的资金支持。其次，数字普惠金融具备低成本、高效率和覆盖广的先天优势，有利于促进金融资源的开发，扩展金融资源体系，使惠及公司的金融资源更加丰富。最后，数字普惠金融可以发挥大数据、云计算和人工智能等数字技术优势，创新金融服务方式，拓展服务边界，提升金融服务的覆盖面、可得性和满意度，使金融服务更能与公司需求相契合。

（3）服务"三农"，推动乡村振兴战略，缩小城乡收入差距。依托金融科技，中国各地持续推进数字农村发展，加快"三农"数据平台的建设，推动土地确权、流转信息等"三农"数据的有效归集、适度共享并提供给合规的金融机构规范使用，推进金融服务向农村渗透。通过不断向农村渗透金融服务，以及使农村居民以低成本购买金融产品，可以降低农村居民获得金融服务的门槛，增加收入，并引导资金流向农村地区，缓解城乡金融服务的非均衡问题，缩小城乡收入差距。

（4）促进居民消费，升级居民消费结构。流动性约束和未来收入的不确定性会影响居民的消费与消费结构：①金融科技的数字化手段和普惠性原则为居民消费提供了便利，同时也提供了包括交易、付款、储蓄、信贷和保险等基本金融服务，增强了居民规避风险和优化资源配置的能力，减少了不确定性，并缓解了流动性约束问题，有利于增加消费量。②金融科技发挥的增收效应可以促进居民收入增长，在满足低层次需求后，降低防御性储蓄，提高发展与享受型消费占比，促进居民消费结构升级。

（5）优化产业结构，促进公司转型升级。首先，金融科技的快速发展解决了创业的资金问题，增加了创业机会，直接增加了全社会的公司数量，从而提高了市场的活力，增加了公司间的良性竞争，在一定竞争压力下促进公司经营的优化与升级。其次，金融科技提高了中小微公司的信贷可得性，缓解了公司经营中因季节、生产周期等原因产生的现金流不足的问题，提高公司抗风险水平，保障了公司的稳定经营能力，同时也为公司技术创新提供了资金支持，有助于公司提升生产效率，促进产业链的升级。最后，中小微公司数字能力的提升有助于升级公司的经营方式，优化公司结构。金融科技提高了消费能力，优化了消费结构，从商品需求端影响到供给端，防止产能过剩，在需求升级的拉动下促进公司进行生产升级，优化市场的产业结构。

1.3　金融科技的起源、发展现状及未来展望

1.3.1　金融科技的起源

金融科技起源于英国、美国等发达国家，最早可以追溯到 1866 年的金融全球化。第二次世界大战推动的通信加密和密码破解技术加速了金融科技的兴起。第二次世界大战结束后的 30 年间，电子通信和数据处理方面的技术飞速进步，以及新技术在金融业方面的广泛应用，进一步促进了远程终端银行业务的出现，推动半自动股权交易市场系统和商业银行电子资金转账系统的发展，这些创新促进金融体系交易费用的降低以及运行效率的提升。1967 年，英国的巴克莱银行引入世

界上第一部自动取款机，标志着金融科技化发展的开始。

1993 年，花旗银行正式提出了由"金融"（finance）与"科技"（technology）两个单词合成的"金融科技"这个合成词。花旗银行发起了一个研究项目 Financial Services Technology Consortium，翻译为中文，即金融服务技术联盟，正是这个项目，开创性地将金融与新一代信息技术融合。在此之后，西方国家将依靠互联网技术和电子计算机技术等的金融领域统称为"金融科技"。

1.3.2　金融科技的发展现状

金融科技强调的是金融和科技的结合。金融科技基于人工智能、大数据、互联技术、分布式技术和安全技术等底层关键技术，全面应用于支付清算、借贷融资、财富管理、零售银行、保险、交易结算等金融领域，是金融业未来的主流趋势。近几年来，金融科技产业规模迅速升温，已经成为影响各国经济金融高质量发展的关键。世界各国及主要经济体开始为金融科技的发展提供支持性政策。

目前，全球金融科技行业已经进入快速发展阶段，很多亚洲国家包括中国、日本、新加坡等，也逐渐在金融科技领域占据一席之地，并与英国、美国等发达国家共同带动金融科技的发展进步。世界主要发达经济体和新兴市场经济体等金融机构都在一定程度上重视和发展金融科技。中国信息通信研究院 2021 年发布的《中国金融科技生态白皮书》统计，从区域发展的角度来看，东南亚和拉丁美洲发展速度最快，但北美地区依旧保持着发展优势；从业务领域来看，数字货币（digital currency）、绿色普惠金融、数据安全是世界各国共同关注的热点话题，金融基础设施的数字化升级还需要不断提高金融技术监管的国际合作水平；从市场主体来看，传统金融机构继续加大数字化转型的投资，互联网科技公司继续加强金融科技业务布局。目前，全球金融科技发展呈现出如下特点。

1. 金融科技投融资回暖，重点方向稳定

（1）金融科技投融资活动回暖趋势明显，金融科技依旧"热度不减往年"。全球金融科技领域的投融资市场，2020 年受新型冠状病毒感染疫情、市场环境、监管环境的影响，整体规模出现下滑，而随着对数字化服务的需求增加，金融科技投融资活动回暖趋势明显。CB Insights 的数据显示，从 2020 年第四季度开始，金融科技投融资市场的活跃度开始提升，到 2021 年第一季度，全球范围内公开披露的投融资规模从 105 亿美元上升到 228 亿美元。到 2021 年第二季度，投融资规模达到 308 亿美元。从投融资数量来看，2020 年第三季度的金融科技融资数量为 470 笔，2021 年第一季度达到 614 笔。在疫情驱动下，数字化服务得到用户的认可，投资机构对金融科技的关注度也大幅提升，投融资笔数和金额开始回暖，并实现快速增长。从地区金融科技投融资金额来看，基于成熟的金融体系与创新能力，北美和欧洲始终保持着金融科技投融资的领先地位。

（2）金融科技投融资重点方向保持稳定。从投融资主体的业务属性和金融科技的细分领域来看，CB Insights 的数据显示，2020 年支付科技依旧是金融科技投融资的重点，占金融科技投融资总额的最大比例，且增长趋势明显。2020 年全球公开披露的支付科技领域投融资总额达 120 亿美元，而 2021 年仅上半年的投融资总额就达到 140 亿美元。基于区块链在金融业应用方向的融资总额在 2021 年创历史新高，第二季度达到 40 亿美元。

2. 监管缺乏统一标准，全球协同亟须强化

随着新技术在金融领域应用的不断深化，金融安全问题得到了越来越多的重视与关注。金融科技独有的虚拟性、科技性、风险隐蔽性等特点，以及由此产生的算法缺陷、技术失控、信息泄露等新技术的风险，使得各国监管部门不断强化自身的风险监管政策，明确各方责任。当前，各国金融科技的监管政策存在差异，对具体金融科技类别的监管也存在不同，全球对金融科技的监管缺乏统一标准，不同国家之间的监管合作仍然存在不足。

（1）各国金融科技监管缺乏统一标准。在全球各国的金融科技监管中，对网络融资和电子货币的监管力度较大。在其他金融科技类别中，电子支付方面相应的监管体系较为完善，而区块链等技术尚未构建出合适的监管规则。也就是说，金融科技各模块的监管标准和监管方法在全球范围内并未实现统一化。除此之外，各个国家的监管也缺乏统一标准。就 P2P 和众筹而言，美国把 P2P 和众筹的收益权证定义为"证券"，P2P 平台和众筹平台必须到美国证券交易委员会（United States Securities and Exchange Commission，SEC）注册登记，并纳入证券市场的行为监管框架；奥地利、比利时和丹麦等国家，实践中倾向于对涉核心服务的股权众筹平台严格执行牌照制度，借贷平台鲜有被认定为"投资公司"的情况。

（2）金融科技监管合作应对存在不足。目前，全球不同国家和地区金融科技方面的监管合作明显滞后于跨境展业的发展，金融科技可能带来跨境监管套利和风险传染等挑战，也可能给跨境展业的步伐带来不利影响。例如，在跨境资金流

动监测方面，由于相关地区和国家之间的信息共享仍不充分，征信系统以及反洗钱系统仍然不能实现完全有效的对接，进而如果应用区块链技术，可以轻松地绕开银行系统实现资金跨境流转，带来洗钱风险。

（3）国际组织着手调研，初步评估框架出炉。2016年3月，金融稳定理事会在日本召开第十六次全体会议，并发布了《金融科技的全景描述与分析框架报告》。当前，全球金融科技行业持续发展，相关技术不断更新，对全球金融科技实施全面评估存在障碍。金融稳定理事会为维持金融科技市场的稳定发展，提出了对金融科技的分析框架，包括三项内容：①对各类金融科技产品、机构的创新内容、机构特征进行充分分析，从中获取更加全面的信息和资料。②对金融科技的驱动因素加以识别，对一些现象与事实加以区分，并给予相应的支持或惩罚。③从微观和宏观两个层面，评估金融科技行业存在的风险。金融稳定理事会推出的金融科技的分析框架，层次清晰、内容明确、重点突出，借鉴价值高，在各国金融科技监管中具有参考意义。

3.金融科技发展新重点，金融机构加速转型

（1）绿色金融与普惠金融成为全球金融科技发展的重要目标。在全球气候变暖的冲击下，绿色金融成为全球金融科技发展的重点。2015年，各国在巴黎气候大会上达成了2050年实现碳中和的全球气候环境目标，应对日渐严峻的气候变化，推动全球经济可持续发展已经成为全球共识。当前，国际化组织和多国政府积极探索利用金融科技发展绿色金融的道路，开始建立金融科技与绿色金融的协同机制。如联合国环境规划署组织成立了绿色数字金融联盟，英国建立了金融科技和绿色金融的国家战略。与此同时，利用区块链、大数据和人工智能等技术，能够有效降低信息不对称性，推动绿色项目效率的提高和定价的合理化。多个国家的金融机构基于区块链和大数据等技术对公司进行环境、社会和公司治理（environment、social and governance，ESG）评级分析，投资者可以通过观测公司的ESG评级来评估投资对象在绿色环保、社会责任等方面的贡献，对是否长期投资该公司作出判断，将绿色金融科技应用到实践中。

在全球金融竞争日益激烈的背景下，各国纷纷加快发展普惠金融的步伐。利用区块链、大数据和云计算等技术，能够为更多贫困地区和中小微公司提供低成本、高效率的金融服务，增加金融服务的可获得性和金融的普惠性。利用数字技术实现普惠金融发展正在成为全球金融科技应用的方向。如在世界银行和国际电

信联盟联合开展的普惠金融全球倡议项目（FIGI）中，中国信通院云计算与大数据研究所，通过数字普惠金融培训、数字农业平台和农业电子商务平台等，提升数字金融服务的可得性、便利性与普惠性，在信息社会世界峰会（WSIS）项目奖活动中斩获冠军奖，为推动发展中国家数字普惠金融发展提供参考。

（2）传统金融机构积极加速自身数字化转型以拥抱金融科技。面对 P2P、移动支付、众筹等互联网金融业态的快速发展，传统金融机构更加重视数字技术的投入和应用，纷纷采取各种措施，投入加速自身数字化转型的行列：①传统金融机构增加资金投入，大型银行均在逐年增加金融科技投入。②注重高科技人才，科技人员的比例不断增加。③重视顶层设计，逐步清晰明确金融科技未来发展规划。④突破传统金融机构的制约，推动金融科技的创新。具体而言，花旗银行发布的 2020 展望报告中，看好金融科技的发展，将其列为势不可挡的趋势；摩根大通秉承"移动优先、数字无限"的战略，引进科技人才，创新数字产品，增加信息科技投入，不断应用先进科技进行数字化转型；摩根士丹利金融科技的总体战略是通过数据驱动、金融科技生态实现财富管理转型，以金融科技峰会等方式在资本市场和证券、银行和支付、投资和财富管理、合规和风控、跨业务和金融架构等领域探讨技术合作机会。

1.3.3　金融科技的未来展望

金融科技的健康发展是金融业转型升级适应新一代信息社会必然要经历的一次深刻变革，未来将会对全球各国人民的生产、生活方式产生深远影响。

（1）人工智能应用加速发展，金融服务更加智能化。从金融领域目前的人工智能的应用趋势来看，通过与大数据技术的结合应用，人工智能已经覆盖了产品营销、移动支付、智能投顾、智能投研、风险控制等各项金融场景活动，人工智能的加速发展，使得未来金融服务也会更加智能化。首先，会有很多智能化的终端设备利用生物识别技术来识别服务对象，代替人工柜台提供金融服务，有效地提供更加优质且合适的个性化服务。其次，智能机器人会逐步替代金融领域的高端人才，传统金融分析师属于稀缺的高端人才，只有资产雄厚的客户能够获得服务，但随着人工智能的发展，金融服务的门槛会大大降低，未来普通民众将会很容易地享受高端理财服务。

（2）科技创新成为重中之重，高科技人才需求增加。金融科技的发展核心是科技，在当前"无技术不金融"的背景下，金融业对关键技术的依赖程度越来越高，所以需要不断开展创新工作将技术和金融结合，真正推动金融科技行业转向扎实的技术驱动。世界各国均十分注重金融科技，发展金融科技是长期且艰巨的任务，还需要许多高科技人才储备。金融科技人才的培养和储备将会得到加强，科技人员占比上升。金融科技备受关注和重视，尽管发展过程中会出现一些问题，但是只要技术进步的趋势不改变，金融科技也将会跟随技术进步继续发展。

（3）金融风险监管体系需要进一步完善，金融风险控制需要更加精准有效。新的事物总会具有两面性，金融创新带来的金融风险与挑战需要金融监管部门创新应对。当金融与科技融合起来，带来更多的产品、组织和市场创新时，它们不可避免地会面临更多的风险和不确定性，因为金融科技所追求的是高风险对应的高收益。金融监管要把握好监管力度，过松的监管会使风险增多，而过度的监管又会遏制创新，需要充分探索金融科技领域的风险管理创新，完善金融风险监管体系，数据安全、技术安全、信用安全都可能成为未来监管的热点。同时，未来金融科技的发展，会更好地支持风险预防和金融安全。在金融科技大行其道的背景下，未来交易对象信息的采集方式会更加智能高效，借助数据挖掘等技术，对交易对象的需求分析和风险预测也会更加精准。

1.4　中国金融科技行业的发展历史沿革、现状及展望

1.4.1　中国金融科技行业发展历史沿革

我国的金融基础较薄弱，金融科技发展起步较晚，其发展历程可归为以下四个阶段。

1. 变革前传

从金融业的信息化探索到互联网时代的新消费模式兴起，这一阶段主要是指1980—2003年。

随着20世纪80年代的经济全球化，金融催生出大量的服务需求，我国银行业率先引进11套M150中型计算机系统，开展对公业务、储蓄业务以及外汇业务的工程试点工作，实现日常业务的自动化处理，这是中国金融电子化系统工程开发应用的起点。

1991年4月1日，中国人民银行卫星通信系统上的电子联行正式运行，这标

志着我国银行信息系统进入全面网络化阶段。各大银行除了加入中国人民银行的电子联行系统，也逐渐建立自动化同城票据交换体系。

1993 年，国务院在《国务院关于金融体制改革的决定》中明确提出"加快金融电子化建设"的战略任务，推广计算机的运用和开发以实现联行清算、信贷储蓄、信息统计、业务处理和自动化办公的目标。

1994 年，中国人民银行首次召开科技工作会议，确立了将在更大范围内采用信息技术的任务，同时金融机构在国家统一部署和引导下，正在有序地推进和实施金融电子化建设。在这个阶段，金融业主要依托计算机技术等科技手段，提升传统金融业务效率，加大资金周转率，降低运营成本。

1999 年 9 月，招商银行率先在国内全面启动"一网通"网上银行服务，建立了由网上公司银行、网上个人银行、网上支付、网上证券及网上商城为核心的网络银行服务体系，并经中国人民银行批准成为国内首家开展网上个人银行业务的商业银行。除了银行业的快速发展外，在科技发展的驱动下，腾讯、百度、阿里巴巴等互联网巨头公司相继成立。

2002 年 3 月，中国银联成立，标志着我国银行卡产业开始规模化发展。2003 年，"中国信用卡元年"开启，这一年也被誉为"信用卡激进年代的春天"，各大银行开始加大发展信用卡业务的力度。

2003 年 5 月，现已发展为亚太地区最大的网络零售商——淘宝网问世，同年 10 月，淘宝推出了第三方支付工具"支付宝"，这也是我国首个担保交易的产品，自此电子商务在国内作为全新的商业运作模式应运而生，预示着互联网金融时代即将到来。

2. 激进逆袭

这一阶段是指 2004—2013 年的科技逆袭时代，尤其是"普惠金融"理念的迅速普及和发展。联合国于 2005 年首次提出"普惠金融"的概念，旨在帮助低收入人群和小微公司，自此我国有关部门开始倡导和推动普惠金融发展。随着 2006 年中国人民银行出版的联合国编写的《普惠金融蓝皮书》，互联网普惠金融时代开始进入萌芽期，P2P 借贷模式在中国市场孕育发展，各类 P2P 网贷平台成立。

2010 年 6 月，全国首家网络小贷浙江阿里巴巴小额贷款股份有限公司在杭州成立。

2011 年，中国人民银行向 27 家第三方支付公司发放支付牌照，拉开了"互联网＋金融"时代的序幕，支付宝成为首个获得央行颁发支付牌照的第三方平台，标志着以支付为切入口构建金融创新生态模式正式开启。

2011年9月，国内规模最大的P2P平台陆金所成立。前期由于信用认证机制缺失、监管不到位等原因，P2P网贷行业开始野蛮生长，截至2012年末，网贷平台达到2 000多家，大量的劣质网贷公司使行业变得鱼龙混杂，非法集资、庞氏骗局、卷款跑路的现象层出不穷，严重影响了金融服务的可得性与公平性。

2013年2月，国内首家互联网保险公司——众安保险获得中国保险监督管理委员会（以下简称"保监会"）同意开业批复，众安保险的获批为中国的金融创新增添了新的元素，不断创新的互联网保险产品将以最大限度保障消费者的权益。

2013年6月，"余额宝"上线，这不仅革新了传统的金融体系，而且推动了市场利率化进程，国内互联网金融的新篇章正式开启。

3. 合纵连横

这一阶段主要指2014—2017年的科技创新时代，如互联网公司布局金融科技业务、大型银行成立科技子公司等。

2014年3月，"互联网金融"首次被写入政府工作报告中，提出"促进互联网金融健康发展"；银行业纷纷成立金融科技子公司，2015年12月，兴业银行集团成立兴业数金，开创了银行系金融科技子公司的先河；随后，平安银行、招商银行、中国光大银行、中国建设银行以及中国民生银行都成立了科技子公司，科技部门开始从"幕后"的支持者身份转变为"幕前"的合作者身份。

随着移动互联网的普及，市场上出现了各种类型的消费金融模式，现金分期、购物分期等风靡一时，甚至衍生出后来被广为诟病的"校园贷"。2016年更是被业内称为"现金贷元年"，风头一时无两，一些不规范的借贷平台通过降低贷款门槛、隐瞒收费标准、诱导过度消费等不法手段使大学生陷入借贷陷阱，难以自拔。针对这一乱象，2016年4月，教育部办公厅与中国银行业监督管理委员会（以下简称"银监会"）办公厅联合发布了《教育部办公厅 中国银监会办公厅关于加强校园不良网络借贷风险防范和教育引导工作的通知》，明确要求各高校建立校园不良网络借贷日常监测机制和实时预警机制。2017年9月6日，教育部发布"取缔校园贷款业务，任何网络贷款机构都不允许向在校大学生发放贷款"的规定，同时鼓励正规的商业银行针对大学生的金融需求开办小额信用贷款业务。

2017年，多家商业银行开始和互联网巨头阿里巴巴、百度、腾讯及京东进行深度的战略性合作，在平台、系统上实现完美对接，如：阿里巴巴和中国建设银行在信用体系互通方面展开深度合作；百度和中国农业银行利用人脸识别等智能技术打造以人工智能为基础的智慧金融。同年，多家互联网金融公司先后在美国上市，掀起一股上市热潮。

在这一阶段，各大互联网公司积极地对旗下的金融科技业务进行布局，如：2014 年 10 月，阿里巴巴分拆金融业务，蚂蚁金服成立；2017 年 6 月，京东金融完成重组，成立了金融科技事业部，在供应链金融、消费金融、支付、财富管理等九大领域展开业务布局；2018 年 4 月，百度将旗下百度金融进行分拆，同时更名为"度小满金融"并独立运营。

4. 回归本源

这一阶段是指 2017 年至今的监管时代，鉴于频频爆发的金融乱象，国家开始将强化金融监管提上日程。习近平总书记在 2017 年 7 月召开的全国金融会议上着重指出：做好金融工作必须要把握回归本源、优化结构、强化监管、市场导向四个重要原则；金融是要服务实体经济的，应该把金融资源配置到社会发展的关键环节和薄弱环节；同时有关部门要对金融创新加强监管力度。

2017 年 5 月，中国人民银行正式成立了金融科技委员会，旨在引导新兴技术在金融领域中的正确运用。同年 12 月，互联网金融风险专项整治工作领导小组办公室针对现金贷等金融乱象发布了《关于规范整顿"现金贷"业务的通知》（141 号文），互金行业开始步入"严监管"时代，尤其在超高利率、侵犯个人隐私和违法催收等方面，监管部门着重打击。

2019 年 8 月，央行颁布了《金融科技（FinTech）发展规划（2019—2021 年）》，金融科技发展进入顶层设计阶段，为行业转型指明方向。银监会在 2020 年的工作规划中强调：在加强金融监管的同时，要进一步推动金融科技研发与应用、深化科技赋能，形成以新金融、新科技为中心的产业形态。为了推进落实上述发展规划，央行启动了金融科技创新监管试点工作，引导持牌金融机构在依法合规、保护消费者权益的前提下，运用现代信息技术赋能金融，营造一个安全、开放、普惠的金融科技创新发展环境。

2020 年，最轰动的金融监管事件当属蚂蚁集团暂缓上市，此前蚂蚁集团已完成上市定价，深受全民关注，突然被按下"暂停键"，主要是由于其高杠杆运营模式，一旦风险聚积，将会爆发金融危机，损害数亿客户的利益，因此这种高风险的运营模式可能引发的潜在风险必然会引起监管部门的注意。从上海证券交易所暂缓蚂蚁集团在科创板上市事件中，我们可以看出国家监管部门为防范系统性金融风险所展现的决心，同时也对后续准备上市的金融科技公司，如京东数科、陆金所等，敲响了监管的警钟。

2021 年 4 月 29 日，中国人民银行、中国银行保险监督管理委员会（以下简称"银保监会"）、中国证券监督管理委员会（以下简称"证监会"）、国家外汇管理局联合对从事金融业务的腾讯、度小满、京东金融等 13 家公司进行监管约谈并提出整改要求。

2022 年 1 月，中国人民银行发布了《金融科技发展规划（2022—2025 年）》（以下简称《规划》)。《规划》提出关于金融科技发展的指导意见：明确金融数字化转型的总体思路、发展目标、重点任务和实施保障；坚持"数字驱动、智慧为民、绿色低碳、公平普惠"的发展原则；以加强金融数据要素应用为基础，以深化金融供给侧结构性改革为目标，以加快金融机构数字化转型、强化金融科技审慎监管为主线，将数字元素注入金融服务全流程，将数字思维贯穿业务运营全链条。该文件的发布将推动我国金融科技迈入厚积薄发的新阶段，力争我国金融科技行业在 2025 年实现整体水平与核心竞争力的跨越式提升。

1.4.2　中国金融科技行业现状

目前，中国金融科技产业在全球范围内处于第一梯队。与此同时，金融科技监管力度加强，标准化建设逐渐形成，对金融科技产业的发展提出了更高的规范化要求。

1. 银行业与科技的结合

目前，银行业金融科技主要形成以下格局：由央行发起设立的金融科技公司引领行业发展；商业银行与科技公司合作打造金融科技生态格局；大中型银行成立金融科技子公司进行升级转型。央行设立的金融科技公司主要涉及数字货币、区块链等技术，截至 2022 年，已成立 5 家金融科技公司。商业银行与科技公司二者优势互补，在客户资源、科技开发与应用、风险控制等领域深度合作，共建金融科技生态圈。大中型银行逐渐注重自身科技实力，成立金融科技子公司整合技术与业务，以提升自身的核心竞争力，截至 2020 年 11 月，国有六大行及 7 家股份制银行都已成立各自的金融科技子公司。除此之外，为了更好地适应外部的金融环境，一些商业银行开始对内部组织架构进行优化，如招商银行已将"战略规划与执行部"改为"金融科技办公室",中国银行组建个人数字金融部等。

当前金融科技的迅猛发展推动科技与银行业务的深度融合,在提高信贷审批效率、降低信贷成本、管理信贷风险等方面都发挥了积极的作用,同时银行推出的手机银行、智能柜台、交易银行、智能客服、智能投顾等增值服务可提升客户体验、降低运营成本,商业银行的数字化转型将成为未来发展的主要趋势。

2. 保险业与科技的结合

目前我国传统的保险业与科技融合得十分迅速,2021 年中国保险科技融资总计 41.6 亿元,成为仅次于美国的第二大保险创新市场。各大保险公司均开始进行科技布局,像中国平安、中国人寿等大型保险公司都已将"保险 + 科技"深度融合作为其长期战略目标。

我国保险科技市场的参与者主要有三类,分别是传统保险公司、互联网保险公司及互联网公司。传统保险公司是目前推动保险科技运用的主力军,在科技不断更迭的大背景下,传统保险公司利用技术手段积极地扩大业务范围,通过与科技公司合作,不断拓展营销渠道和传统业务模式,提升自身的科研与创新能力,如中国平安保险(集团)股份有限公司,仅在 2020 年上半年就申请了 4 625 项科技专利,在全球金融科技专利申请排行榜中,连续两年位列第一位。互联网保险公司是打造保险科技生态圈的重要力量,主要在产品设计、投保核保、理赔、售后等方面实现线上化目标,如众安保险,是全球首家互联网保险公司,在"保险 + 科技"的推动下为客户提供个性化、多样化、智能化的保单,开发出尊享 e 生、童安保、众乐宝等极具互联网特色的保险产品。互联网公司是保险科技市场中的新生力量,在布局金融科技生态圈的同时,加强与保险业的深度合作,争取实现全行业的生态共享目标,如腾讯旗下的保险代理平台,充分发挥了腾讯的互联网流量优势,为用户提供高质量的保险产品。以人工智能、云计算、大数据、区块链等核心技术应用为代表的保险科技,正在深刻改变着保险业务模式,重塑保险业务的核心价值链。

3. 证券业与科技的结合

与银行业、保险业和金融科技的结合程度相比,中国证券业的科技化进程相对落后,但在 2019—2020 年也表现出了比较积极的态度:①证券公司积极开展对外合作并构建科技生态圈,加强自身流量及数据竞争力。②证券公司加强科技投入,利用金融科技核心技术手段在资产管理、联合风控及监督管理等方面进行了模式创新。目前,证券领域金融科技的参与者主要包括大型综合类券商、互联网券商和软件服务商。大型综合类券商主要通过自建团队、合作开发等方式培育自主研发能力，如华泰证券成立数字化运营部、中金与腾讯成立合资技术公司；互联网券商主要在流量运营上发力，如东方财富从互联网转型券商，旗下"东方财富网"的 PC（个人计算机）端和 App 端日活量均领先行业内其他公司；软件服务商主要专注于产品研发，如同花顺平台将人工智能应用于传统的理财顾问服务，旨在为客户提供专业的投资意见。

科技在证券业中的应用主要聚焦于智能投顾、智能客服、智能风险管理、精准营销等场景。智能投顾是一种将客户资产管理过程实现智能化的方法，通过评估客户的风险偏好，利用人工智能技术为客户提供策略分析、财富管理、智能盯盘等一系列服务。智能客服主要是基于人工智能技术打造的，提供伴随式 24 小时在线客服场景，利用人脸识别、语音识别、声纹识别辅助客户在线办理业务，提升客户满意度、降低运营总成本。智能风险管理是将征信数据、客户行为、社交平台等第三方数据与公司内部数据相结合，识别人工无法识别的数据间的逻辑关系，尽早发现潜在风险，提高风险识别和主动预警的准确率。精准营销是指证券公司利用大数据技术分析客户信息、精准定位潜在客户群体、为客户推荐个性化投资策略，实现挖掘客户潜在购买力、降低营销成本的目标。

总体而言，国内证券公司的技术投入主要集中于信息化系统建设方面，在前沿金融科技（人工智能、大数据、区块链、云计算等）方面的投入仍不足，未来证券公司应继续加大科技投入，以提高其核心竞争力。

4. 金融监管与科技的结合

随着互联网金融领域风险的暴露以及 P2P 网络借贷爆雷等事件的频发，中国对金融科技行业加大监管力度势在必行。监管科技是金融监管和科技创新深度融合的产物，在 2018 年迅速崛起，从合规管理向系统性风险防控和金融安全底层基础设施建设方向扩展。目前，国家不断整合金融科技资源和金融监管资源，探索协同联动的机制。在公司和市场高速发展的同时，以监管机构为代表的监管端也在运用监管科技手段不断迭代监管理念和监管机制。

近年来，监管部门正积极利用技术手段建立智能化的监管系统，具体而言，监管科技的运用主要包括：①大数据分析，监管机构运用大数据对可疑交易进行追溯，一旦发现被监管对象触犯界限，监管机构便可以精准定位并追踪路径。②云计算，监管机构在充分考虑成本、收益的前提下根据自身的监管范围计算资源分配，提高监管执行效率。③人工智能，监管机构可以运用人工智能技术升级传统的监管系统，从而更好地预测和判断金融风险。

1.4.3　中国金融科技行业未来展望

近几年，随着科技的快速发展，各国对金融科技行业的关注度不断升温，也逐渐使金融科技从边缘行业变为主流行业。国务院发布的"十四五"规划中关于金融科技发展的相关要求明确提出要加快金融科技产品和服务创新进程，建设国家科技金融创新中心等任务，这将使科技与金融结合得更加紧密。

金融科技行业未来的发展趋势主要有以下三个方向。

（1）监管升级。随着金融和科技的深度融合，金融市场与金融产品的跨界化逐渐模糊了监管边界。回顾我国金融科技行业的发展历程，不难发现早期有关部门对行业的监管力度较为宽松，导致很多公司游离于监管体制之外，处于灰色地带，但是无规矩不成方圆，必要的监管政策是保证行业健康持续发展的重要前提，因此未来监管常态化将成为我国金融科技行业发展的重要趋势，旨在达到一个科技创新与风险控制的动态平衡点。从 2015 年开始，互联网金融被纳入金融监管范畴，监管当局也开始探索具有中国特色的金融科技监管模式。金融科技的快速发展打破了传统金融业的界限，监管应跟上创新的步伐，金融科技监管沙盒可有效地帮助平衡金融科技的创新与风险，实现金融稳定和金融服务实体经济的有机统一，引导行业健康发展。2020 年 1 月 14 日，中国人民银行向社会公示了 2020 年第一批六个金融科技创新监管试点，标志着中国版监管沙盒正式进入监管层实操阶段。

（2）普惠金融。金融科技尤其是数字金融是未来缓解小微公司融资难、融资贵的核心技术，同时数字金融基础设施的建设可在供应链金融、融资租赁、资产证券化等多个场景实现普惠创新。随着金融科技的发展与运用，小微公司的信息更加完善、风险更加可控，可以缓解那些在传统银行风控体系中无法获得贷款的小微公司"贷款难"的问题；按照风险定价的原则，这些小微公司的贷款成本也会降低，即解决了"贷款贵"的问题。近年来，多家银行进行金融科技业务布局以服务小微公司，如：中信银行正在加强金融科技赋能，聚焦小微公司经营的重点环节和关键场景，打造涵盖"供应链类、场景大数据类"的标准化产品体系；平安银行搭建的"星云物联网平台"，将卫星技术应用到金融服务中，旨在帮助银行了解公司情况，使公司快速获得资金支持并加快数字化转型。截至 2020 年末，中国工商银行、网商银行、微众银行等十余家银行均已开展了卫星技术的相关应用，助力"三农"和中小微公司的发展。大型互联网公司则利用数据和技术优势，承担起推进科技创新的责任，服务实体经济，在解决民营、小微公司融资难、融资贵等问题上产生显著成效，与国家战略高度契合。综上，金融科技将为我国实现普惠金融作出巨大的贡献。

（3）聚焦公司端（B端）市场。随着国家金融监管力度的增强，支付、借贷、理财等日常业务的运营成本日益增加，金融科技行业亟须寻找新的经营模式来缓解公司面临的盈利压力。在传统的行业发展模式下，金融科技公司抢占客户端（C端）市场，主要以网络贷款、在线支付为发力点，但是近年来该类业务的用户增长量已到达瓶颈期，规模趋于饱和，成长空间有限，因此，一批互联网金融公司为了抢占先机，寻求创新机会，纷纷布局于B端市场，充当金融机构与用户间的媒介，致力于为金融机构提供更加完备的科技服务支持。普华永道指出，中国互联网行业的下一个风口将出现在B端，市场对金融科技公司的估值判断正在从传统的以流量获客转变为利润实现。近几年，蚂蚁金服、京东数科、腾讯、百度等巨头公司纷纷宣称将升级转型进行科技输出，与各大商业银行签订战略合作协议，掀起赋能B端机构的热潮。金融科技行业在B端具有很高的市场潜力，公司可以通过收购相关的科技公司，进军B端领域，这样既能帮助公司完成纵向多元化，也能通过协同效应增加公司的核心竞争力，提高公司的盈利水平，打造独特的科技生态圈。疫情影响下，服务B端成为金融科技行业技术竞争的新赛道，如新浪旗下的金融业务板块新浪金融于2021年9月宣布正式升级为"新浪数科"，除了满足不断增长的金融科技业务的发展需要，更是为了应对今后公司聚焦B端市场的升级需求。

本章小结

本章介绍了金融科技的定义与内涵，强调了金融科技具有创新性、融合性、智能化、精准性、交叉网络外部性、关注客户体验和普惠化的特征。介绍了金融科技的六大技术支持：人工智能、区块链、云计算、大数据、物联网技术以及元宇宙等还没有商用的前沿技术，来说明金融科技蓬勃发展的内在驱动。分析了金融科技起源以及全球范围内金融科技发展现状，并且对未来金融科技发展趋势进行展望。与欧美等发达国家相比，我国金融基础虽然薄弱，但金融科技发展迅速，金融科技对我国银行业、保险业、证券业、金融监管都产生了深远影响。同时，金融科技行业未来面临着更为严格的监管，需要在普惠金融和公司端（B 端）市场有所突破。

思考题

1. 金融科技会对实体经济产生什么影响？

2. 金融科技会给金融业带来怎样的影响？

3. 全球金融科技发展呈现出哪些特点？

即测即练

参考文献

[1]　顾晨. 国外观察：欧洲众筹市场现状与监管评述 [J]. 互联网金融与法律，2014（8）：25–30.

[2]　郭峰，王靖一，王芳，等. 测度中国数字普惠金融发展：指数编制与空间特征 [J]. 经济学（季刊），2020，19（4）：1402–1418.

[3]　胡金焱，张博. 民间金融、产业发展与经济增长：基于中国省际面板数据的实证分析 [J]. 中国工业经济，2013（8）：18–30.

[4]　黄益平，黄卓. 中国的数字金融发展：现在与未来 [J]. 经济学（季刊），2018（3）：1489–1502.

[5]　黄震. 金融科技在中国的演进路线及展望 [J]. 广东经济，2019（2）：46–51.

[6]　江新月. 金融科技未来展望 [J]. 大众理财顾问，2018（9）：74–75.

[7]　鞠跃亮. 金融科技内涵简析和未来展望 [J]. 中国新通信，2019（20）：242.

[8]　郎香香，张朦朦，王佳宁. 数字普惠金融、融资约束与中小企业创新：基于新三板企业数据的研究 [J]. 南方金融，2021（11）：13–25.

[9]　李春涛，闫续文，宋敏，等. 金融科技与企业创新：新三板上市公司的证据 [J]. 中国工业经济，2020（1）：81–98.

[10]　李健，江金鸥，陈传明. 包容性视角下数字普惠金融与企业创新的关系：基于中国 A 股上市企业的证据 [J]. 管理科学，2020（6）：16–29.

[11]　李文红，蒋则沈. 金融科技（FinTech）发展与监管：一个监管者的视角 [J]. 金融监管研究，2017（3）：1–13.

[12]　廖岷. 全球金融科技监管的现状与未来走向 [J]. 新金融，2016（10）：12–16.

[13]　邱晗，黄益平，纪洋. 金融科技对传统银行行为的影响：基于互联网理财的视角 [J]. 金融研究，2018（11）：17–29.

[14] 曲凯敏 . 金融科技助力金融业数字化转型分析 [J]. 中国商论，2021（20）：104-106.

[15] 孙婷，李芳洲 . 中国金融科技和数字普惠金融发展报告 [R]. 中关村互联网金融研究院，2020.

[16] 唐松，伍旭川，祝佳 . 数字金融与企业技术创新：结构特征、机制识别与金融监管下的效应差异 [J]. 管理世界，2020（5）：52-66.

[17] 汪雯羽 . 数字普惠金融发展对产业结构升级的影响研究 [J]. 中国物价，2021(9)：60-63.

[18] 王博，刘时雨，罗荣华，等 . 金融科技监管与银行高息揽"储"：基于理财产品视角 [J]. 财贸经济，2021（11）：52-67.

[19] 张扬 . 对金融科技监管的认知：变化、差异与方向 [J]. 国际经济评论，2022(2)：6-7，88-110.

[20] 盛天翔，朱政廷，李祎雯 . 金融科技与银行小微企业信贷供给：基于贷款技术视角 [J]. 管理科学，2020（6）：30-40.

[21] 王君萍，刘亚倩 . 数字普惠金融能够缩小城乡收入差距吗：基于空间面板模型 [J]. 西安石油大学学报（社会科学版），2021（6）：31-37.

[22] 温展杰，刘峻彤，朱健齐 . 数字普惠金融发展对居民消费结构升级的影响研究 [J]. 金融理论探索，2021（5）：55-64.

[23] 吴水炯 . 金融科技内涵简析和未来展望 [J]. 中国信用卡，2019（6）：66-68.

[24] 肖斐斐 . 金融科技公司盈利模式和估值逻辑 [R]. 中信证券，2021.

[25] 杨东 . 监管科技：金融科技的监管挑战与维度建构 [J]. 中国社会科学，2018(5)：69-91.

[26] 尹然，张羽佳，夏成敏 . 金融科技现状分析及未来展望 [J]. 品牌研究，2019（16）：33-34.

[27] 张勋，万广华，张佳佳，等 . 数字经济、普惠金融与包容性增长 [J]. 经济研究，2019（8）：71-85.

[28] 孙婷，李芳洲 . 中国金融科技和数字普惠金融发展报告 [R]. 中关村互联网金融研究院，2020.

[29] 朱洪波，杨龙祥，朱琦 . 物联网技术进展与应用 [J]. 南京邮电大学学报（自然科学版），2011（1）：1-9.

第 2 章　金融科技核心技术

学习目标

1. 了解金融科技的核心技术。

2. 掌握大数据的概念和基本原理。

3. 掌握机器学习与人工智能算法的基本原理。

4. 了解云计算的概念和分类。

5. 掌握区块链技术的概念和基本原理。

6. 了解元宇宙的概念及核心技术。

能力目标

1. 了解大数据的概念和本质。

2. 熟悉人工智能常用算法。

3. 熟悉云计算的概念和分类。

4. 熟悉区块链技术、加密算法及其应用领域。

5. 了解元宇宙概念及其相关知识。

思政目标

1. 通过对大数据、人工智能等核心技术的学习，塑造学生对未来的职业愿景，激发学生对社会主义核心价值观的认同感。

2. 通过金融科技核心技术的学习，激发学生"从现象到本质"的思考，深化理想信念教育：积极进取、知难而进，勇攀高峰，努力实现技术创新，攻破难题，造福社会。

思维导图

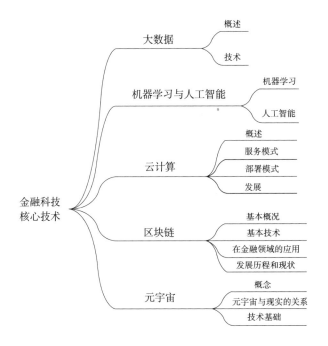

导入案例

《金融科技（FinTech）发展规划（2019—2021 年）》为金融科技发展提供纲领性指导方向，强调科技赋能作用，明确金融与科技间的融合趋势。《金融科技发展规划（2022—2025 年）》更加强调金融科技的核心技术，以技术发展效能提质提速。金融技术是指金融业务中所应用的各类技术。金融科技主要是指运用前沿科技成果（如人工智能、区块链、大数据、云计算、物联网等）改造或创新金融产品、经营模式、业务流程，以及推动金融发展提质增效的一类技术。

关于金融科技的核心驱动要素，即核心技术，产业界和学术界有不少专家称之为"CBA"，即云计算、大数据和人工智能；也有很多学者和专家称之为"ABCD"，即人工智能、区块链、云计算和大数据。但随着科技的进步，金融科技目前已经发展到 FinTech 3.0 阶段，综合各家观点和近两年互联网金融研究的开展来看，金融科技的核心技术还应包括物联网等新兴技术。因此，可以将金融科技的核心技术总结为 ABCDX 五大要素，即人工智能、区块链、云计算、大数据和元宇宙等前沿技术。

【案例思考】

1. 金融科技的核心技术包括哪些？

2. 元宇宙和金融科技有联系吗？它对金融科技的发展是否有积极意义？

2.1　大数据

2.1.1　大数据概述

了解大数据要从"大数据"的概念开始，不同于人工智能等概念，大数据概念还是相对明确的，而且大数据的技术体系也趋于成熟。解释大数据概念，可以从数据自身的特点入手，然后进一步从场景、应用和行业来逐渐展开。大数据自身的特点往往集中在五个方面，分别是数据量、数据结构多样性、数据价值密度、数据增长速度和可信度，对这五个方面的理解和认知，是了解大数据概念的关键。其中，麦肯锡全球研究所给出的大数据的定义是：一种规模大到在获取、存储、管理、分析方面超出了传统数据库软件工具能力范围的数据集合，具有海量的数据规模、快速的数据流转、多样的数据类型和价值密度低四大特征。研究机构 Gartner 给出了这样的定义："大数据"是需要新处理模式才能具有更强的决策力、洞察发现力和流程优化能力来适应海量、高增长率和多样化的信息资产。IBM（国际商业机器公司）给出定义，将大数据的特征归纳为五个特点，即"5V"：大量（volume）、多样（variety）、价值（value）、真实性（veracity）、高速（velocity）。总的来说，这里主要采用第三种定义，即所涉及的资料量规模巨大到无法通过目前主流软件工具，在合理时间内达到获取、管理、处理并整理成为帮助公司经营决策的目的资讯。大数据一般指数据量级非常大，常规数据处理、数据存储和数据分析能力无法满足要求的数据。同时，大数据的"数据处理能力"是相对的，是不断提高的，随着大数据处理技术的发展，当前的大数据会逐步成为后续的小数据。

（1）大数据存在形式。大数据通常用来形容一个公司创造的大量非结构化数据和半结构化数据，这些数据在下载到关系型数据库用于分析时会花费过多时间和金钱。大数据分析常和云计算联系到一起，因为实时的大型数据集分析需要框架来向数十、数百甚至数千的电脑分配工作。

（2）大数据的适用范围。大数据需要特殊的技术，以有效地处理大量的容忍经过时间内的数据。适用于大数据的技术，包括大规模并行处理数据库、数据挖掘电网、分布式文件系统、分布式数据库、云计算平台、互联网和可扩展的存储系统。

2.1.2　大数据技术

随着互联网时代的快速进步，最不缺的就是数据，各种各样的数据，如文本、图片、视频、语音……正在不断累积。占有相关数据资产的公司，无疑是手握宝藏。而要实现对宝藏的挖掘，需要大数据技术的支持。从大数据的生命周期来看，可以将其分为四个阶段：数据采集、数据存储、数据处理和数据分析，共同组成了大数据生命周期里最核心的技术。

1. 大数据采集

大数据采集是指从在线系统、离线系统、社交网络和互联网平台等获取数据的过程，通过对各种来源的结构化和非结构化海量数据，进行采集。数据包括用户行为数据、社交网络交互数据及移动互联网数据、RFID（射频识别）数据、传感器数据等各种类型的结构化、半结构化及非结构化的海量数据。在大数据时代，Redis、MongoDB 和 HBase 等 NoSQL 数据库常用于数据的采集。数据库采集：流行的有 Sqoop 和 ETL（数据仓库技术），传统的关系型数据库 MySQL 和 Oracle 也依然充当着许多公司的数据存储方式。大数据采集时使用了大数据的处理模式，即 MapReduce 分布式并行处理模式或基于内存的流式处理模式。目前对于开源的 Kettle 等，也集成了大数据集成内容，可实现 HDFS（Hadoop 分布式文件系统）、HBase 和主流 NoSQL 数据库之间的数据同步和集成。网络数据采集：通过网络爬虫或网站公开 API 等方式从网站上获取数据信息的过程，一般来说，即借助网络爬虫或网站公开 API，从网页获取非结构化或半结构化数据，并将其统一结构化为本地数据的数据采集方式。文件采集：主要针对业务平台日常产生的大量日志数据，供离线和在线的大数据分析系统使用。高可用性、高可靠性、可扩展性是日志收集系统所具有的基本特征。采集工具均采用分布式架构，能够满足每秒数百 MB 的日志数据采集和传输需求，包括实时文件采集和处理技术 FLume、基于 ELK 的日志采集和增量采集等。

2. 大数据处理

大数据处理，是指预处理过程，即在进行数据分析之前，首先对采集到的原始数据所进行的诸如"清洗、填补、平滑、合并、规格化、一致性检验"等一系列操作，旨在提高数据质量，为后期分析工作奠定基础。大数据处理主要包括四个部分：数据清理、数据集成、数据转换、数据规约。

（1）数据清理。利用 ETL 等清洗工具，对遗漏数据（缺少感兴趣的属性）、噪声数据（数据中存在着错误或偏离期望值的数据）、不一致数据进行处理。

（2）数据集成。将不同数据源中的数据，合并存放到统一数据库的存储方法，着重解决三个问题：模式匹配、数据冗余、数据值冲突检测与处理。

（3）数据转换。对所抽取出来的数据中存在的不一致进行处理的过程。它同时包含了数据清洗的工作，即根据业务规则对异常数据进行清洗，以保证后续分析结果的准确性。

（4）数据规约。在最大限度保持数据原貌的基础上，最大限度精简数据量，以得到较小数据集的操作，包括数据方聚集、维规约、数据压缩、数值规约、概念分层等。

3. 大数据存储

大数据技术当中要解决的两大关键问题：一是存储，二是计算，存储和计算的问题解决了，大数据的价值挖掘也就不成问题了。但是面临完全不同于传统数据的"大数据"，大数据存储需要非常专业的技术支持。

大数据存储技术，目前来说主流的选择就是分布式架构，而在分布式架构系统当中，Hadoop 可以说是经过考验、比较成熟且稳定的大数据平台系统，因此很多公司的大数据平台都是基于 Hadoop 来搭建的。Hadoop 作为一个开源的框架，专为离线和大规模数据分析而设计，HDFS 作为其核心的存储引擎，已被广泛用于数据存储。HBase 是一个分布式的、面向列的开源数据库，可以认为是 HDFS 的封装，本质是数据存储、NoSQL 数据库。HBase 是一种 Key/Value 系统，部署在 HDFS 上，克服了 HDFS 在随机读写这个方面的缺点，与 Hadoop 一样，Hbase 主要依靠横向扩展，通过不断增加廉价的商用服务器，来增加计算和存储能力。基于 Hadoop 的技术扩展和封装，是针对传统关系型数据库难以处理的数据和场景（针对非结构化数据的存储和计算等），利用 Hadoop 开源优势及相关特性（善于处理非结构、半结构化数据、复杂的 ETL 流程、复杂的数据挖掘和计算模型等），衍生出相关大数据技术的过程。在大数据分布式存储当中，大数据存储任务被切分成小块，分配到集群环境当中的各台机器去获得支持。分布式存储分为分布式块存储、分布式对象存储以及分布式文件系统。Hadoop 的分布式存储，主要依赖于分布式文件系统 HDFS，将需要存储的数据文件，切分成最小的单元 Block，一个文件按照设定的文件大小可以被切分为若干个 Block，然后作为存储对象被分配到集群当中的不同位置去存储。数据存储完成之后，下一步就是基于已经存入数据系统当中的数据，进行分析处理，实现大数据价值的挖掘。伴随着技术进步，其应用场景也将逐步扩大，目前最为典型的应用场景：通过扩展和封装 Hadoop 来实现对互联网大数据存储、分析的支撑，其中涉及几十种 NoSQL 技术。

4. 大数据计算

大数据技术要解决的两大关键问题，除了存储，另外就是计算。通过大数据计算，从而进行大数据分析挖掘。整个大数据计算的过程，即从可视化分析、数据挖掘算法、预测性分析、语义引擎、数据质量管理等方面，对杂乱无章的数据，进行萃取、提炼和分析的过程。

（1）大数据分布式计算。与大数据存储类似，将大规模的数据处理任务进行分解，以若干个小任务进行并行计算，计算完成之后再进行结果的整合，将完成的计算结果输出并写入数据库存储。MapReduce 作为 Hadoop 的查询引擎，用于大规模数据集的并行计算，映射（map）和归约（reduce）是它的主要思想。它极大地方便了编程人员在不会分布式并行编程的情况下，将自己的程序运行在分布式系统中。这些经过处理的计算结果，还可以作为数据源进行进一步的分析处理。Hadoop 的分布式计算，主要依赖于分布式计算框架 MapReduce，映射阶段，将大规模数据处理任务切分成小任务进行计算；归约计算，则是将计算完成的结果，进行规约。

（2）大数据挖掘算法。其是通过创建数据挖掘模型，对数据进行试探和计算的数据分析手段。它是大数据计算分析的理论核心。数据挖掘算法多种多样，且不同算法因基于不同的数据类型和格式，会呈现出不同的数据特点。但一般来讲，创建模型的过程却是相似的，即首先分析用户提供的数据，然后针对特定类型的模式和趋势进行查找，并用分析结果定义创建挖掘模型的最佳参数，并将这些参数应用于整个数据集，以提取可行模式和详细统计信息。

（3）大数据可视性和预测性的分析。可视性主要是指借助图形化手段，清晰并有效传达与沟通信息的分析手段。其主要应用于海量数据关联分析，即借助可视化数据分析平台，对分散异构数据进行关联分析，并做出完整分析图表的过程。对接一些 BI（商业智能）平台，将分析得到的数据进行可视化，用于指导决策服务。预测性是大数据分析最重要的应用领域之一，通过结合多种高级分析功能（特别统计分析、预测建模、数据挖掘、文本分析、实体分析、优化、实时评分、机器学习等），达到预测不确定事件的目的。帮助用户分析结构化和非结构化数据中的趋势、模式和关系，并运用这些指标来预测将来事件，为采取措施提供依据。

2.2　机器学习与人工智能

最近 10 年，人工智能飞速发展，在很多任务上已经能和人类媲美。2022 年 11 月，OpenAI 公司推出了一款聊天机器人——ChatGPT。ChatGPT 能够通过学习和理解人类语言进行对话，还能与聊天对象进行有逻辑的互动。除此之外，它还能够根据聊天对象提出的要求，进行文字翻译、文案撰写、代码撰写等工作。2023 年 3 月 14 日，OpenAI 公司又正式发布其具有里程碑意义的多模态大模型 GPT-4。3 月 16 日，微软宣布将 GPT-4 融入旗下一系列办公软件工具，称"人类与电脑的交互方式迈入了新阶段"。3 月 18 日，微软发布了 Microsoft 365 Copilot，将 CPT-4 与 Microsoft 365 深度融合。在人工智能领域，随着全新 CPT-4 的发布，人们已经认为 AI2.0 时代已开启。大语言模型（large language model，LLM）与生成式人工智能正在以前所未有的速度改变着世界的规则。

2.2.1　机器学习

机器学习是一种实现人工智能的方式。在"人工智能"这一概念出现后不久，Arthur Samuel 在 1959 年提出"机器学习"这一概念即"（计算机）无须专门编程就能自主学习"。学习是人类具有的一种重要智能行为，但究竟什么是学习，长期以来却众说纷纭。社会学家、逻辑学家和心理学家都各有其不同的看法。Langley 的定义是"机器学习是一门人工智能的科学，该领域的主要研究对象是人工智能，特别是如何在经验学习中改善具体算法的性能"。Tom Mitchell 在信息论中对机器学习给出一些解释，"机器学习是对能通过经验自动改进的计算机算法的研究"。Alpaydin 提出自己对机器学习的定义，"机器学习是用数据或以往的经验，以此优化计算机程序的性能标准"。总而言之，机器学习是一门研究机器获取新知识和新技能，并识别现有知识的学问。这里所说的"机器"，指的就是计算机、电子计算机、中子计算机、光子计算机或神经计算机等。

今天的人工智能主要依赖的不再是符号知识表示和程序推理机制，而是建立在新技术基础上，即机器学习。无论是传统的基于数学的机器学习模型或决策树，还是深度学习的神经网络架构，当今人工智能领域的大多数人工智能应用程序都是基于机器学习技术。从20世纪80年代末到21世纪，人们研究了多种机器学习方法，包括神经网络、生物学和进化技术以及数学建模。早期最成功的结果是通过机器学习的统计方法获得的。线性和逻辑回归、分类、决策树、基于内核的方法（即支持向量机）等算法大受欢迎。后来，深度学习被证明是构建和训练神经网络以解决复杂问题的有效方法。其训练方法与之前相似，但是有一些改进推动了深度学习的成功，包括以下几个方面。

（1）有很多层并大得多的网络。

（2）庞大的数据集，包含数千个到数百万个训练示例。

（3）神经网络性能、泛化能力和跨服务器分布训练能力的算法改进。

（4）更快的硬件，如GPU（图形处理单元），可以处理更多数量级的计算，这要求使用大型数据集来训练复杂的网络结构。

在介绍具体的机器学习方法之前，有必要对机器学习的具体流程进行介绍，为研究构建好框架。着重探讨数据预处理、特征提取、模型选择和评估等重要步骤。一个标准、合理的流程是机器学习所必需的。

传统机器学习方法包含监督学习和无监督学习两大门类。近年来，强化学习逐渐受到重视，成为第三大门类。通俗地说，监督学习是教师（使用者）给出问题（特征）和正确答案（标签），由学生（算法）挖掘规律，学习一个模式，并且根据此模式回答新的问题（预测新的特征所对应的标签）。无监督学习不给出正确答案，由算法仅根据原始特征寻找模式。强化学习的目标是让模型学会使奖赏最大化的决策，是三大门类中最年轻也是最困难的方法。监督学习应用最广泛，学习效果较好，因此第二部分将着重围绕监督学习进行介绍。我们将从最简单的线性回归模型开始，介绍包括广义线性模型、线性判别分析、支持向量机、决策树和随机森林、k近邻算法在内的众多监督学习方法。另外，我们也将介绍聚类这一无监督学习方法，以及数据转换常用的降维方法。

1. 机器学习基本流程

机器学习某种规律需要大量的数据进行训练。从开始获取数据、训练机器学习模型到最终模型投入应用，通常需要遵循一些固定的流程。如图 2-1 所示，机器学习基本流程，主要步骤包括数据获取、特征工程、模型训练和模型预测。

图 2-1　机器学习基本流程

（1）数据获取。如果数据的数量不足，或者信噪比过低，那么再精妙的算法也难以发挥作用。因此，如何获取大量的、高质量的数据，是开发机器学习模型过程中首先需要考虑的问题。各个领域都有一些标准化的数据库和数据接口可供选择，如金融领域的雅虎财经、新浪财经、万得终端等。随着网络技术的发展，人们开始尝试借助爬虫技术，从新闻网站、财经论坛、自媒体平台甚至聊天软件中获取感兴趣的舆情信息，数据的来源日趋多元化。

（2）特征工程。现实生活中的数据通常不是完美的。例如，数据会存在缺失值，不同特征的取值范围不同，不同特征之间具有相关性。这些都会影响机器学习模型的训练速率和准确率。因此在正式训练之前，需要对数据进行转换，如对于包含缺失值的条目，可以直接删去或以总体均值填充。标准化可以将所有特征限制在相同的范围内。降维能够避免特征之间相关性的影响，也能避免维数灾难的发生。另外，原始数据由于格式和类型的限制，可能无法直接用于训练模型。因此需要先从原始数据中提取富有信息量的、可以放入模型训练的特征，这一步称为特征提取。例如，在自然语言识别中，人们借助词向量技术，将以文字表示的词汇转换为以数值表示的向量。在图像识别中，人们首先从原始的图片里提取出三原色、亮度等信息。在多因子选股中，人们从原始的价量数据中提取出各类因子，也暗含了特征提取的思想。特征提取有一些基本套路，但是更多时候基于人的经验和探索。优质的特征能够令模型训练的过程事半功倍。进行数据预处理的特征工程，这一步看似简单，但往往是机器学习成败的关键。

（3）模型训练。完成数据预处理后，接下来是机器学习的核心步骤：模型的选择和模型训练。首先，针对不同的任务，我们需要挑选最合适的机器学习方法。面对一个机器学习问题时，存在众多备选模型，每个模型的参数也存在多种可能的取值。如何选择最合适的模型和参数？最重要的方法是交互验证，并选择合适的指标对备选模型作出评价。后面的章节我们将详细阐述如何通过交互验证将数据分为训练集和验证集，从而避免欠拟合和过拟合的发生，找到最优的模型。通过预测误差和分类正确率，可以进行模型好坏的评价。另外，样本和特征的个数，数据本身的特点，这些都决定了最终选择哪一种机器学习方法。其次，模型训练。如果数据中包含特征和标签，希望学习特征和标签之间的对应关系，那么可以采用监督学习方法；如果没有标签，希望探索特征自身的规律，那么可以采用非监督学习方法；如果学习任务由一系列行动和对应的奖赏组成，那么可以采用强化学习方法。如果需要预测的标签是分类变量，如预测股票上涨还是下跌，那么可以采用分类方法；如果标签是连续的数值变量，如预测股票具体涨多少，那么可以采用回归方法。

（4）模型预测。当训练得到最终的模型之后，即确定最优的模型和参数，最后一步是使用该模型对未来作出应用，即模型预测。由于现实世界中的规律并非一成不变，当规律随时间发生变化时，就需要用新的数据训练模型对模型进行动态调整。

2. 常用机器学习方法

1）广义线性模型：岭回归和 LASSO 回归

在普通最小二乘法中，我们不对模型系数 w 做任何的先验假定。事实上，w 不可能取极大的正数或极小的负数；并且，在特征较多的情形下，很可能只有少数的几个特征具有预测效力。因此我们引入正则化（regularization）的重要思想，在最小二乘法损失函数的后面加入惩罚项。当惩罚项为系数 w 的平方和时，这种回归方法称为岭回归（Ridge Regression，L2 正则化）。正则化的意义在于：首先，岭回归和 LASSO（最小绝对收缩和选择运算符）回归对病态数据的拟合强于线性回归；其次，正则化可以遴选出更少的特征，即大多数系数为 0，并且避免系数值过大的情形发生。相较于岭回归，LASSO 回归的惩罚力度更大，更有利于选出比较稀疏的若干特征。

2）逻辑回归

很多时候，我们并不需要预测股票下个月具体的涨跌幅，而是希望预测股票下个月会上涨还是下跌。换言之，我们面对的是"分类"问题，而非"回归"问题。接下来介绍的逻辑回归（Logistic Regression）是解决分类问题经常用到的机器学习方法。

3）决策树和随机森林

（1）决策树（Decision Tree，DT）。构建一棵决策树的关键之处在于，每一步选择哪种特征作为节点分裂的规则。尽管不同的决策树算法所遵循的具体手段略有差异，其核心原则是使得节点分裂后的信息增益最大。其中"信息"由熵（entropy）或基尼不纯度（Gini Impurity）定义。以熵为例，其概念源于信息论鼻祖香农（Claude Elwood Shannon）在 1948 年提出的信息熵。

比于之前介绍的机器学习方法，决策树的优势包括：①训练速度快。②可以处理非数值类的特征。③可以实现非线性分类，该问题在线性回归、逻辑回归、线性核的支持向量机下无解，但是使用决策树可以轻松解决。决策树的缺陷在于不稳定，对训练样本非常敏感，并且很容易过拟合。针对这些缺陷，研究者提出了多种基于决策树的分类器集成方法，演化出庞大的决策树算法家族。

（2）随机森林（Random Forest，RF）。顾名思义，随机森林是由众多决策"树"组合而成的机器学习算法，多棵决策树通过 Bagging 的方式集成得到随机森林。具体而言，随机森林算法根据以下两步方法建造每棵决策树：第一步称为"行采样"，从全体训练样本中有放回地抽样，得到一个 Bootstrap 数据集。第二步称为"列采样"，从全部 M 个特征中随机选择 m 个特征（m 小于 M），以 Bootstrap 数据集的 m 个特征为新的训练集，训练一棵决策树。最终将全部 N 棵决策树以投票的方式组合。

4）神经网络和深度学习

（1）深度多层感知机（DMLP）。深度多层感知机是首先提出的一种深度神经网络模型，它同多层感知机（multilayer perceptron，MLP）类似，包括输入层、隐藏层和输出层，只不过它要比多层感知机有更深的隐藏层数。通过增加隐藏层的深度，深度多层感知机相比浅层结构具有更强的分类和回归效果。对于深度多层感知机，通常通过基于梯度的算法，如批量梯度下降、随机梯度下降等进行训练。深度多层感知机的结构以及向前计算与反向传播如图 2-2 所示。

（2）卷积神经网络（convolutional neural network，CNN）。卷积神经网络是图像识别领域常用的深度学习技术，也被用于金融领域。一个典型的卷积神经网络通常会包括卷积、过滤、池化以及全连接等操作，图 2-3 展现了一个常见的卷积神经网络架构。

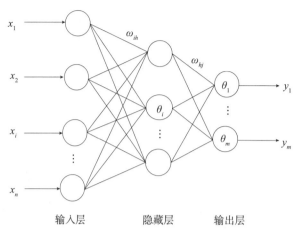

图 2-2　深度多层感知机的结构以及向前计算与反向传播

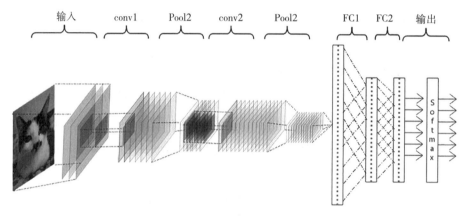

图 2-3　卷积神经网络架构

资料来源：ArXiv 论文。

（3）长短时神经网络（LSTM）。长短时神经网络也是一种非常常用的深度学习架构，与 RNN（recurrent neural network，循环神经网络）一样，它也常用于时序数据分析。只不过不同于 RNN 的是，长短时神经网络具有门控结构，所以它的优势在于它可以记住网络的短期和长期记忆。每一个 LSTM 单元都包括输入门、输出门以及遗忘门，LSTM 单元通过这三个门控制信息流。有了这些特性，每个单元可以在任意时间间隔内记住所需的值。LSTM 神经元的结构如图 2-4 所示。

3. 机器学习算法在金融领域中的应用

1）算法交易

这里的算法交易指的是完全通过智能模型来进行买卖决策，这些决策可能是基于一些简单规则、数学模型、优化过程或者是机器学习和深度学习。将深度学

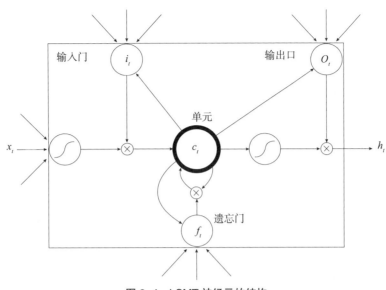

图 2-4 LSMT 神经元的结构

习用于算法交易的研究最常见的是与一些时间序列价格预测的模型相结合，以达到进行市场选择的目的，如通过 LSTM、RNN 等进行价格回归；或者对市场的趋势进行分类，以触发买卖信号，如用 DMLP、CNN 进行因子选股或者趋势分类；再或者也有一些研究独立的算法交易模型，通过优化买卖价差、限制订单分析、仓位大小等交易参数来关注交易本身的动态，如一些关于高频交易、配对交易的研究。

2）欺诈检测

金融欺诈是各国政府和机构努力寻找永久解决办法的领域之一。一些常见的金融欺诈有信用卡诈骗、洗钱、消费信贷诈骗、逃税、银行诈骗、保险索赔诈骗等。这些也是机器学习中最广泛研究的金融领域之一，并有很多相关的论文。在机器学习中，这些类型的研究大多可以看作进行异常检测或者一个分类问题。其中，一些研究像通过神经网络模型如 MLP、LSTM 等信用卡欺诈检测，通过自编码器（AutoEncoder，AE）进行异常点检测，应用于巴西选举中的议会开支以及查明巴西公司在出口税申报方面的财务欺诈和洗钱行为。

3）投资组合管理

投资组合管理是在一个预定的时期内选择投资组合中各种资产，将资金不断分配到不同的金融产品，以期获得更大累计收益的过程，主要包括投资组合优化、组合选择、组合分配等。投资组合管理实际上是一个优化问题，识别在给定时期内选择表现最好的资产的最佳收益可能的过程。因此，很多研究者开发了许多进化算法模型，以用于优化投资组合。也有将机器学习算法应用于投资组合管理的成果，像进行股票选股，有研究者根据预期收益将股票分为低动量和高动量两类，使用深度受限玻尔兹曼机（restricted Boltzmann machine，RBM）编码分类器网络，并取得了很高的回报。使用深度学习特别是深度强化学习解决投资组合管理问题是当前的主流方法，如 Jiang 等提出的投资组合管理强化学习框架，该模型包括独立模型集成的方案、向量化的投资组合记忆和在线随机批学习，展示了一个使用深度学习的金融模型算法，为投资组合管理问题提供深度机器学习解决方案。

4）市场情绪分析和行为金融

行为金融学最重要的组成部分之一是投资者情绪分析。文本挖掘技术的进步为通过社交媒体提取大众的投资情绪提供了可能性。人们对金融情绪分析越来越感兴趣，尤其是将其用于趋势预测和算法交易模型的开发。利用深度学习模型进行情绪分析对金融预测是目前研究的热点。例如：有研究者利用路透社的新闻进行了情绪预测，并将这些情绪用于价格预测；也有研究者使用情绪分类（中性、正面、负面）并通过 LSTM 对股票开盘价或收盘价进行了预测，结果与 SVM（支持向量机）进行了比较，得到了更高的整体性能。

自 18 世纪 60 年代以来，人类的生活方式发生了翻天覆地的变化。两次工业革命、电气革命、信息革命一次次颠覆人类的认知，引领人类叩开未知世界的大门。如今，随着机器学习和人工智能的蓬勃发展，人类又一次站在了命运的风口浪尖上。AlphaGo 的连胜在围棋界掀起了波澜。继围棋之后，翻译这一行业也正面临人工智能的强力挑战。谷歌无人驾驶车队已在公共道路上行驶超过 300 万英里（1 英里 ≈ 1.61 千米）。智能医疗、智能家具、智能投顾正逐渐渗透进百姓的生活。站在巨人的肩膀上才能看得更远，拥抱人工智能也就是拥抱人类的未来。

金融业界和学术界已经开始意识到机器学习的潜力，相关研究的数量每年都在增加。值得欣喜的是，我们正处于这个新时代的初期，更多的研究将被实施，新模型将不断涌现，作者相信未来机器学习在金融领域将发挥越来越大的作用。

2.2.2　人工智能

人工智能作为计算机科学的一个分支出现于 20 世纪 50 年代，这一概念于 1956 年首次被计算机科学家 John McCarthy 提出。人工智能指的是在处理任务时具有人类智力特点的机器，包括具有组织和理解语言，识别物体和声音以及学习和解决问题等能力。它的两个主要目标是：①通过在计算机上建模和模拟来研究人类智能。②通过像人类一样解决复杂问题来使计算机更有用。从出现到 20 世纪 80 年代，大多数人工智能系统都是人工编程的，通常使用功能性、声明性或其他高级语言（如 LISP 或 Prolog）。语言中的符号代表了现实世界中的概念或抽象概念，构成了大多数知识表示的基础。

我们可以把人工智能分为广义和狭义两方面来理解。广义上，其包括上述所有人类智力的特征。狭义上，它指在某些领域具有人工智能，且能在这些领域发挥到极致，但仅局限于此领域。例如，一个机器极为擅长识别图像，但在其他方面表现欠佳，这就是狭义上的人工智能。当初，研究人员感兴趣的是通用人工智能，或创造出很难和人类区分、可作为系统运行的机器，但由于它的复杂性，大多数人专注于解决某一具体领域的问题，如感知、推理、记忆、语音、运动等。随着与符号人工智能相关的研究资金的日益减少，许多研究人员和从业人员将注意力转向了更为实用的信息搜索和检索、数据挖掘以及各种形式的机器学习领域。

2.3　云计算

2.3.1　云计算概述

1. 云计算的定义

随着信息技术的快速发展，人们对于计算和存储的要求越来越高，传统的计算模式已经不能有效满足人们对于高性能计算能力或海量数据存储空间的迫切需求。在此背景下，云计算技术应运而生。

目前，对于云计算并没有一个统一的定义。美国国家标准技术研究院将云计算定义为一种将网络、服务器、存储和软件应用等通过广泛、方便、按需获取的方式从可分配计算资源池中获得服务的方式；维基百科称其是一种基于互联网的计算方式，通过这种方式，共享的软硬件资源和信息可以按需求提供给计算机各种终端和其他设备。

总之，云计算是一种"新一代的信息技术服务模式"，是整合了集群计算、网格计算、虚拟化、并行处理和分布式计算的新一代信息技术。用户可以通过个人电脑、移动终端等工具，获取云计算提供的服务；云服务平台，通过基础设施、平台和应用软件三个途径为用户提供服务。

2. 云计算技术的特征

根据美国国家标准技术研究院（National Institute of Standards and Technology，NIST）的定义，云计算技术应该具备以下几个特征。

（1）按需付费。用户可以根据自身实际需求，通过网络方便地进行计算能力的申请、配置和调用，服务商可以及时进行资源的分配和回收，并且按照使用资源的情况进行服务收费。

（2）广泛的网络接入。在任何时间、任何地点，只要有网络，不需要复杂的软硬件设施而是用任何简单可接入网络的设备就可接入云，使用已有资源或者购买所需的新服务等。

（3）多人共享资源池。计算和存储资源集中汇聚在云端，再对用户进行分配。通过多租户模式服务多个消费者。在物理空间上，资源以分布式的共享方式存在，但最终在逻辑上以单一整体的形式呈现给用户，最终实现在云上资源分享和可重复使用，形成资源池。

（4）动态伸缩、可拓展。用户可以根据自己的需求，增减相应的资源，包括存储、带宽和软件应用等，使得资源的规模动态伸缩，满足资源使用规模变化的需要；此外，用户可以实现应用软件的快速部署，从而很方便地开展原有业务和新业务（可拓展性）。

（5）成本低廉且计费灵活。云计算系统的服务器节点经常包含大量的廉价设备，这使得云计算系统具有显著的成本优势。此外，通过成熟的虚拟化技术将各类IT（信息技术）资源整合起来进行统一的部署管理，云计算系统能够实现对系统资源使用情况的自动控制和优化管理，进而为用户提供一种透明的服务，并且可以像对水电气一样对云服务进行灵活的计费。

（6）规模庞大。目前，微软、亚马逊、阿里巴巴等IT巨头的云计算平台通常拥有几十万台甚至上百万台服务器，一般IT公司的私有云项目也拥有几百台或者上千台服务器。云计算系统的服务器规模庞大，能够为系统用户提供前所未有的计算能力和存储空间。

（7）虚拟化。通过虚拟化技术将分布在不同地理位置的资源整合成逻辑上统一的资源池，用户可以在任意时间、任意地点通过接入互联网来获取云计算系统所提供的服务。用户请求的资源来自逻辑上的云，他们不必关心这些资源所部署的具体位置。虚拟化是云计算的基础，同时也是云计算技术的重要特征。

（8）高可靠性。如前所述，为保持成本优势，大量的廉价设备常常被用来部署云计算系统的服务器节点，导致云计算系统中故障发生频繁、单点失效严重。因此，云计算系统通常通过引入各种容错机制，如副本策略、节点同构互换技术等来确保云计算系统的可靠性。

2.3.2　云计算的服务模式

根据 NIST 的定义，云计算主要分为三种服务模式，而且这种分法主要是从用户体验的角度出发的。

（1）基础设施即服务（infrastructure as a service，IaaS），该服务模式主要是指对虚拟机或者其他资源作为服务提供给用户。

（2）平台即服务（platform as a service，PaaS），该服务模式主要是指将一个开发平台作为服务提供给用户。

（3）软件即服务（software as a service，SaaS），该服务模式主要是指将应用作为服务提供给客户。

它们之间的关系主要可以从两个角度进行分析：其一是用户体验角度，从这个角度而言，它们之间的关系是独立的，因为它们面对不同类型的用户；其二是技术角度，从这个角度而言，它们并不是简单的继承关系（SaaS 基于 PaaS，而 PaaS 基于 IaaS），因为首先 SaaS 可以是基于 PaaS 或者直接部署于 IaaS 之上，其次 PaaS 可以构建于 IaaS 之上，也可以直接构建在物理资源之上。

1. IaaS

该服务模式通过云基础设施来供应 CPU（中央处理器）、内存和磁盘等物理资源。通过虚拟化技术，用户可根据需要使用虚拟资源（CPU、内存和磁盘等物理资源），而无须管理底层基础设施。

通过 IaaS 模式，用户可以从供应商那里获得他所需要的虚拟机或者存储等资源来装载相关的应用，同时这些基础设施的烦琐的管理工作将由 IaaS 供应商来处理。IaaS 能通过虚拟机支持众多的应用，其主要的用户是系统管理员。目前全球主要的 IaaS 厂商包括亚马逊、微软、阿里云、腾讯云、华为云等。

（1）资源抽象。使用资源抽象的方法（如资源池）能更好地调度和管理物理资源。

（2）资源监控。通过对资源的监控，能够保证基础设施高效率地运行。

（3）数据管理。对云计算而言，数据的完整性、可靠性和可管理性是对 IaaS 的基本要求。

（4）资源部署。将整个资源从创建到使用的流程自动化。

（5）安全管理。IaaS 的安全管理的主要目标是保证基础设施与其提供的资源能被合法地访问和使用。

（6）计费管理。通过细致的计费管理能使用户更灵活地使用资源。

所以，IaaS 提供了传统 IT 基础设施所没有的硬件能力，我们可以将其总结为两点。

（1）无限的、按需获取的计算资源。

（2）方便且能够低成本地应对短时间内计算需求的大幅度起伏。

2. PaaS

这种模式的云服务是指将软件研发的平台作为一种服务提供给用户。平台包括操作系统、编程语言的运行环境、数据库和 Web 服务器，用户在此平台上部署和运行自己的应用。但是，用户只能控制自己部署的应用，不能管理和控制底层的基础设施。传统的开发环境需要一整套的设备如运营系统、数据库、中间件、服务器等共同构造，并且还需要专门的管理团队来保证设备的正常运行。PaaS 向开发者提供了软件开发全生命周期所需的服务器、安装部署和测试等服务，使得开发者不用再担心底层开发环境如硬件、数据库、网络服务器和其他一些软件之间的兼容性问题，并且可以使开发者更容易在线上实现合作。

通过 PaaS 这种模式，用户可以在一个包括 SDK（软件开发工具包）、文档和测试环境等在内的开发平台上非常方便地编写应用，而且不论是在部署，或者在运行的时候，用户都无须为服务器、操作系统、网络和存储等资源的管理操心，这些烦琐的工作都由 PaaS 供应商负责处理，而且 PaaS 在整合率上面非常惊人，如一台运行 Google App Engine 的服务器能够支撑成千上万的应用，由此可见，PaaS 是非常经济的。PaaS 主要的用户是开发人员，主要产品包括 Google App Engine、Force.com、Heroku 和 Windows Azure Platform 等。

为了支撑整个 PaaS 平台的运行，供应商需要提供的主要有如下四大功能。

（1）友好的开发环境。通过提供 SDK 和 IDE（集成开发环境）等工具来让用户在本地方便地进行应用的开发与测试。

（2）丰富的服务。PaaS 平台会以 API 的形式将各种各样的服务提供给上层的应用。

（3）自动的资源调度。也就是可伸缩这个特性，它不仅能优化系统资源，而且能自动调整资源来帮助运行于其上的应用更好地应对突发流量。

（4）精细的管理和监控。PaaS 能够提供应用层的管理和监控，能够观察应用运行的情况和具体数值（如吞吐量）来更好地衡量应用的运行状态，还能够通过精确计量应用使用所消耗的资源来更好地计费。

3. SaaS

这种云服务是一种提供软件的模式，是指用户向提供商租用而无须购买软件（比较常见的模式是提供一组账号密码）来管理公司经营活动。云提供商在云端安装和运行应用软件，云用户通过云客户端使用软件。云用户不能管理应用软件运行的基础设施和平台，只能做有限的应用程序设置。SaaS 的服务模式类似于传统应用服务提供商（application service provider，ASP）模式，服务商提供软件、基础设施以及工作人员来对客户实施个性化的 IT 解决方案。两者的共同点是为用户免去烦琐的安装过程，提供一站式的服务。但不同的是，ASP 模式下 IT 基础设施和应用是专属于用户的；而在 SaaS 模式下，用户之间的应用和 IT 基础设施则是共享的。

通过 SaaS 这种模式，用户只要接上网络，通过浏览器，就能直接使用在云端运行的应用，而不需要顾虑安装等琐事，并且免去初期高昂的软硬件投入。SaaS 主要面对的是普通的用户。

为实现 SaaS 服务，供应商需要完成如下四个方面功能。

（1）随时随地访问。在任何时候或者任何地点，只要接上网络，用户就能访问 SaaS 服务。

（2）支持公开协议。通过支持公开协议（如 HTML4/5），能够方便用户使用。

（3）安全保障。SaaS 供应商需要提供一定的安全机制，不仅要使存储在云端的用户数据处于绝对安全的境地，而且也要在客户端实施一定的安全机制（如 HTTPS）来保护用户。

（4）多租户（multi-tenant）机制。通过多租户机制，不仅能更经济地支撑庞大的用户规模，而且能提供一定的可定制性以满足用户的特殊需求。

2.3.3　云计算的部署模式

1. 公有云

公有云通常指第三方提供商用户能够使用的云，公有云一般可通过因特网使用，可能是免费或成本低廉的。公有云有许多实例，可在公有网络中提供服务。公有云的最大特点是能够以低廉的价格，提供有吸引力的服务给最终用户，创造新的业务价值。公有云作为一个支撑平台，还能够整合上游的服务（如增值业务、广告）提供者和下游最终用户，打造新的价值链和生态系统。它使客户能够访问和共享基本的计算机基础设施，其中包括硬件、存储和带宽等资源。

优点：除了通过网络提供服务外，客户只需为他们使用的资源支付费用。此外，由于组织可以访问服务提供商的云计算基础设施，因此他们无须担心自己安装和维护的问题。

缺点：与安全有关。公有云通常不能满足许多安全法规遵从性要求，因为不同的服务器驻留在多个国家，并具有各种安全法规。而且，网络问题可能发生在在线流量峰值期间。虽然公有云模型通过提供按需付费的定价方式通常具有成本效益，但在移动大量数据时，其费用会迅速增加。

公有云是由第三方（供应商）通过互联网提供的云服务。云服务提供商拥有基础设施，将云计算服务通过互联网以按使用情况付费的方式销售给公司或个人用户。公有云的服务提供商通常需要超大型的基础设施，如大型的数据中心等。公有云通过规模经济性可以有效降低客户的风险和成本，尤其是对于资金相对缺乏的中小公司。

2. 私有云

私有云是为一个客户单独使用而构建的，因而提供对数据、安全性和服务质量的最有效控制。私有云客户拥有基础设施，可以控制在此基础设施上部署应用程序的方式。私有云可部署在公司数据中心的防火墙内，也可以将它部署在一个安全的主机托管场所。私有云极大地保障了安全问题，目前有些公司已经开始构建自己的私有云。

优点：提供了更高的安全性，因为单个公司是唯一可以访问它的指定实体。这也使组织更容易定制其资源以满足特定的 IT 要求。

缺点：安装成本很高。此外，可以访问的资源仅限于合同中规定的云计算基础设施资源。私有云的高度安全性可能会使从远程位置访问变得困难。

私有云是将云基础设施部署在公司内部，从而使得公司可以一定程度上具有公有云的弹性计算等优势。但由于私有云方案是为一个客户单独使用而构建的，因而公司的数据、应用软件等均是架构在公司内部的"云"上。

3. 混合云

混合云是公有云和私有云两种服务方式的结合。由于安全和控制原因，并非所有的公司信息都能放置在公有云上，这样大部分已经应用云计算的公司将会使用混合云模式。很多公司将选择同时使用公有云和私有云，有一些也会同时建立公有云。因为公有云只会向用户使用的资源收费，所以混合云将会变成处理需求高峰的一个非常便宜的方式。例如，对一些零售商来说，他们的操作需求会随着假日的到来而剧增，或者是有些业务会有季节性的上扬。同时混合云也为其他目的的弹性需求提供了一个很好的基础，如灾难恢复。这意味着私有云把公有云作为灾难转移的平台，并在需要的时候去使用它。这是一个极具成本效应的理念。另一个好的理念是，使用公有云作为一个选择性的平台，同时选择其他的公有云作为灾难转移的平台。

优点：允许用户利用公有云和私有云的优势，还为应用程序在多云环境中的移动提供了极大的灵活性。此外，混合云模式具有成本效益，因为公司可以根据需要决定使用成本更昂贵的云计算资源。

缺点：因为设置更加复杂而难以维护和保护。此外，由于混合云是不同的云平台、数据和应用程序的组合，因此整合可能是一项挑战。在开发混合云时，基础设施之间也会出现主要的兼容性问题。

通常，公司将自己非机密的数据和应用外包给公有云，而核心和机密的数据与应用则采取部署私有云的方案。

2.3.4 云计算发展

过去几年，全球云计算市场保持稳定增长态势。2022 年 4 月 27 日，IDC（国际数据公司）发布 2021 年全球云计算追踪数据，显示全球云计算 IaaS 市场规模增长至 913.5 亿美元，同比上涨 35.64%。2022 年 7 月 28 日，ReportLinker 发布报告，预估 2022 年全年的云计算市场规模将达到 4 052.96 亿美元，到 2028 年将达到 14 658.18 亿美元。

1. 中国云计算产业发展现状

在国家政策支持和市场需求的刺激下，互联网巨头纷纷开始了云计算领域的布局之路，云计算行业得到了飞速的发展。2021 年，我国云计算市场规模达 3 229 亿元，同比增长 54.4%。2022 年 10 月 26 日，IDC 发布《中国公有云服务市场（2022 上半年）跟踪》报告称，2022 年上半年中国公有云服务市场整体规模（IaaS/PaaS/SaaS）达到 165.8 亿美元，其中 IaaS 市场同比增长 27.3%，PaaS 市场同比增长 45.4%。

2022 年上半年，中国公有云服务市场保持高速增长，IaaS+PaaS 市场同比增长 30.7%，但增速放缓，相比 2021 年上半年市场 48.7% 的增速，市场增速下降了 18%。其中，2022 年上半年，阿里巴巴在中国公有云 IaaS+PaaS 市场排名第一，市场份额为 33.5%，排名保持不变，相比 2021 年上半年的 37.9%，市场份额下降 11.6%。华为在中国公有云 IaaS+PaaS 市场排名第二，市场份额为 11.1%，排名上升一位，相比 2021 年上半年的 10.9%，市场份额上升 1.83%。天翼云在中国公有云 IaaS+PaaS 市场排名第三，市场份额为 10.7%，排名上升一位，相比 2021 年上半年的 8.3%，市场份额上升 28.92%。腾讯在中国公有云 IaaS+PaaS 市场排名第四，市场份额为 9.4%，排名下降两位，相比 2021 年上半年的 11.2%，市场份额下降 16.07%。

2. 云计算行业发展前景

随着云计算的技术和产业日趋成熟，我国云计算产业已成为推动经济增长、加速产业转型的重要力量。中国信息通信研究院预测，未来几年我国私有云市场将保持稳定增长。云计算是信息技术发展和服务模式创新的集中体现，是信息化发展的重大变革和必然趋势，随着云计算市场的快速发展和国家政策的大力支持，未来云计算产业面临良好的发展机遇。

3. 云计算安全能力提升备受关注

随着公司上云进程的不断深化和云安全态势日益严峻，传统安全架构已无法满足公司需求，云计算安全成为用户关注的重点方向，改造或升级安全架构以应对云环境威胁挑战成为公司的首要选择。云计算安全面临的威胁包括数据安全、系统安全漏洞、共享技术问题、高级持续性威胁、访问控制与身份认证、内部人员威胁、云服务错误应用、服务可用性等多个方面，其核心是对共享技术的安全利用。

2.4　区块链

区块链的本质是一个去中心化的账本，其颠覆性在于通过技术手段（数据加密、时间戳和分布式网络等）建立了一套全新的信任机制，大大降低了信任成本。我国最早提出区块链技术的战略性，是国务院于 2016 年 12 月 15 日印发的《"十三五"国家信息化规划的通知》，通知在阐述"强化战略性前沿技术超前布局"时提到"加强量子通信、未来网络、类脑计算、人工智能、全息显示、虚拟现实、大数据认知分析、新型非易失性存储、无人驾驶交通工具、区块链、基因编辑等新技术基础研发和前沿布局……"区块链首次作为战略性前沿技术被写入国家规划。《2022 年区块链基础设施研究报告》《全球区块链产业发展报告（2021—2022 年）》等显示正有越来越多的国家将区块链上升到国家战略层面，鼓励区块链产业发展。

2.4.1 区块链的基本概况

区块链是一种按照时间顺序将数据区块用类似链表的方式组成的数据结构，以数据库作为数据存储载体，以 P2P 网络作为通信载体，并以密码学方式保证不可篡改和不可伪造的分布式去中心化账本，能够安全存储简单的、有先后关系的、能在系统内进行验证的数据。

区块链的出现解决了数字货币的两大问题：双重支付问题以及拜占庭将军问题（Byzantine generals problem）。双重支付问题是指同一笔钱被使用了超过一次，是在原有的以物理实体（纸币）为基础的传统金融体系中自然可避免的问题。在区块链出现之前的数字货币，都是通过可信任的中心化第三方机构来保证，以前是银行，现在是支付宝、微信支付等。区块链技术通过共识机制和分布式账本，不需要可信第三方就可以解决双重支付的问题，是数字货币的一大突破；拜占庭将军问题是在缺少可信中心节点的情况下，分布式节点怎么达成共识建立互信的问题。区块链使用"工作量证明"（proof of work，PoW）及"权益证明"（proof of stake，PoS）等共识机制，实现了一个无须信任某个中心网络节点的共识网络系统。

区块链具有去中心化、不可逆、灵活性、安全可信等特点。首先，区块链采用纯数学的方法建立分布式节点间的信任关系，形成去中心化的可信分布式系统，产生交易、验证交易、记录交易信息、进行同步等活动均是基于分布式网络完成的，是彻彻底底地去中心化。其次，区块链采用独特的经济激励机制来吸引节点完成工作（如挖矿），促使节点提供算力或其他资源，保证整个分布式网络的顺利运行。整个分布式网络所容纳的节点越多，其稳定性越强，除非一半以上的节点同时出现问题，否则分布式网络将会一直安全运行。再次，区块链提供用户可编程的脚本系统，大大增加了区块链应用的灵活性。最后，区块链的安全性是非对称加密技术所保证的，整个分布式网络所提供的算力是非常惊人的，想要篡改区块链中的数据，不仅是在理论上不可行，而且所花费的电力、设备等成本也是得不偿失的。

2.4.2　区块链的基本技术

区块链是一项分布式总账技术，具备去中心化、公开透明化、自动化、集体化、安全防护等功能，即使在不可信的竞争环境下，也能以低成本构建信任关系，促进交易的完成。

区块链领域有三大基础核心技术——密码学、共识机制和P2P网络。

区块链密码学使用数字签名技术加密法构建数据链，来确定所属权，区块链处于一个去中心化的环境中，各个节点在分布式结构里，账本由网络各节点共同维护，因此交易信息需要向各节点证明自己的身份，会在一定时间段内打包交易数据、生成区块并传播到全网，所有节点都会参与生成区块数据的验证环节、存储环节和维护环节，用户将私匙保存在自己手中，生成签名，将公匙发布到区块链各个节点上，各节点通过公匙验证用户身份，私匙对应平时交易中的密码，公匙则对应账号。除此之外，区块链密码学使用非对称工具，对交易进行匿名化处理，有效保护用户个人信息。

区块链系统的核心是区块链账本数据的维护，因此共识的过程是各节点验证及更新账本的过程，共识的结果是系统对外提供一份统一的账本。区块链系统共识基于分布式系统共识，包含节点数据自处理以及节点间交互的过程，也可以理解为领导者选取和复制的过程，但是由于区块链系统中参与者互不了解、互不信任，可能存在欺骗、作恶的可能，所以区块链系统共识机制可以限制节点更新账户的行为，如PoW机制依靠分布式节点间的算力竞争来保证全网区块链数据的一致性和安全性，但算力竞争毫无意义地消耗了大量计算资源和电力能源，所以大部分公司级的联盟链应用无须消耗计算资源和电力资源的PBFT（实用拜占庭容错）算法。

区块链中使用了基于互联网的P2P网络架构，P2P网络通常也称对等网络，网络中每个参与节点相互对等，具有平等、自治、分布等特性，所有节点以扁平拓扑结构相互连通，不存在任何中心化的权威节点和层级结构，各自贡献一部分计算能力、存储能力、网络连接能力。通过网络，这些能力作为共享资源可被其他对等节点直接访问。访问过程中不需要再经过中间实体，所以每个节点既是资源和服务的使用者，又是整个资源和服务的提供者。整个网络中无特殊地位的节点，每个节点都可对任意对等节点作出响应、提供资源。

2.4.3　区块链在金融领域的应用

在实体经济中，区块链在中小公司融资方面有着广阔的应用前景，区块链技术与供应链金融非常相匹配，为解决中小公司融资难题提供了新的解决路径。传统供应链金融虽然在一定程度上缓解了中小公司融资难、融资贵的问题，但也同时存在一些问题。

（1）信息不透明导致信用风险高。当前，供应链金融交易已从线下不断转为线上，其中的信贷风险也随之提高，因为线上用户数量多而且信用良莠不齐，尤其中小公司更是具有缺少抵押资产、违约成本低的特点，难以有效控制信用风险。

（2）业务流程不透明导致信息泄露风险高。供应链业务涵盖原材料购买、产品生产、流通销售等多个环节，涉及多家公司，掌握更多的信息，才能作出准确的财务决策，但由于业务流程不透明，公司往往担心信息泄露，出现问题极易造成公司、银行等相互推诿，难以定责和追溯。

（3）交易程序烦琐导致操作风险高。目前，供应链金融业务电子化程度低，大部分仍然采用人工在线审核大量交易单据、纸质文件，审批时间较长，导致金融机构放贷缓慢，在这种形式下，出现操作失误的风险较大。

区块链的分布式账本和加密算法具有技术优势，并且具有去中心化、分布式存储、信息不可篡改、智能合约等特点来对人的行为进行约束，在一定程度上有效地改善了传统供应链金融存在的问题。

金融机构可以在区块链平台上收集数据，并自动执行记录的查询和计算，记录整个用户交易过程，进而获得更加完整的客户信用信息，同时可以将数据共享给链上所有的参与者，并实现信用背书，能够有效地降低信用风险；另外，区块链平台将原来的合同、仓单、票据等转化为标准化的数字单据，有效避免"一票多卖"等问题，为供应链公司提供了信用保证，也可防止发生信用风险。区块链的智能合约使人与智能可以进行交互，对供应链金融进行穿透式管理，不再使用人工核算，避免了由人来执行时产生的作弊行为，降低了操作风险；由于区块链基于平台集体维护分布式共享账本和加密储存的方式，能够很好地隐藏节点数据保存信息，进行访问的用户要共享网络各节点的信息，这样可以保证在信息不被泄露和篡改的前提下，实现所有节点的数据存储、共享和可追溯，解决供应链金融业务存在的信息孤岛问题。

2.4.4　区块链的发展历程和现状

1. 区块链 1.0（核心：货币）

区块链 1.0 阶段也可以被称为可编程数字货币阶段，对应的经济形态是虚拟货币，应用与货币相关，常用功能为货币转移、汇兑和支付等。区块链使互不信任的人在没有任何机构监督或服务器验证的情况下，可以直接使用虚拟货币进行交易。电子货币使得跨国支付、随时交易和去中心化成为可能，数字货币对传统金融造成了强烈的冲击。

分布式账本技术的实施导致其第一个明显的应用：加密货币。这允许基于区块链技术或分布式账本技术进行金融交易，其中比特币是该细分市场中最突出的例子。它被用作"互联网现金"，一种数字支付系统，可以被视为"货币互联网"的推动者。

2. 区块链 2.0（核心：智能合约）

区块链 2.0 阶段可以被称为可编程金融阶段，对应的经济形态 Fusion 是智能合约主导的去中心化应用，人们开始尝试将区块链应用到包括股票、清算、私募股权等其他的金融领域。区块链 2.0 以以太坊为代表实现了更复杂的分布式合约记录——智能合约，合约记录在区块链中，一旦满足合约的触发条件，预定义的代码逻辑能够自主执行，执行后的结果上链不可更改。

有了智能合约系统的支撑，区块链的应用范围从单一的货币业务扩大到涉及合约功能的金融业务。在区块链 2.0 时代，率先将区块链技术商业化应用的是银行业。R3 区块链联盟成立于 2015 年 9 月，联盟成员几乎遍布全球，截至 2022 年上半年，R3 联盟已包括超过 40 家国际银行组织。这个联盟借鉴了区块链技术的思想，探索全球银行分布式账本技术，从而提升业务流程效率。除此之外，银行业还开始探索采用区块链技术来开发数字票据，借助智能合约实现价值传递。这一时期，知名区块链项目瑞波采用区块链技术，推出了跨境支付业务。在区块链 2.0 时代，继银行业之后，证券行业也开始采用区块链技术来进行清算和结算方面的探索。2015 年 10 月，Ripple 公司提出跨链协议——Interledger，该协议旨在打造全球统一的支付标准，简化跨境支付流程。区块链技术的应用使金融行业有希望摆脱人工清算、复杂流程、标准不统一等带来的低效和高成本，使传统金融行业发生颠覆性改变。

区块链 2.0 增加了链上实用程序和可扩展性的新可扩展功能。区块链 2.0 不是将区块链视为货币和支付分散的一部分，而是扩大了技术的范围，使更广泛的市场分散化，并且通过提供证书与权利和义务的登记，交易将涉及其他类型的资产，如房地产、知识产权、汽车、艺术品等。由于区块链 2.0 是代码，因此新应用程序被称为在一组新协议上运行（区块链 2.0 协议）。与因特网协议及其堆栈层的比较说明了区块链 1.0 和区块链 2.0 之间的关系。前者可以被视为 TCP/IP（传输控制协议 / 网际协议）传输层，而后者可以被视为 HTTP（超文本传输协议）、SMTP（简单邮件传输协议）和 FTP（文件传输协议）。在这种情况下，区块链 2.0 应用程序类似于浏览器，社交网络和文件共享服务。

3. 区块链 3.0（核心：信用平台）

按照亿欧智库《2018 年区块链行业应用研究报告》描述，区块链发展大致经历了三个阶段，从 1.0 时代的数字货币，到 2.0 时代的智能合约，再到 3.0 时代对区块链技术全面应用的畅想。区块链 1.0 是以莱特币等为代表的加密货币，是与转账、汇款和数字化支付相关的密码学货币应用数字货币时代。区块链 2.0 是以以太坊为代表的智能合约，是经济、市场和金融领域的区块链应用智能合约时代。区块链 3.0 是区块链技术在社会领域下的应用场景实现，为各种行业提供去中心化解决方案大规模应用时代。因此，区块链 1.0 是数字现金，区块链 2.0 是数字资产，而区块链 3.0 是应用的平台。区块链 3.0 阶段可以被称为可编程社会阶段，将区块链的应用领域扩展到现实场景中，与物联网等其他技术相结合，使人类在社会生活中不再依靠某个第三方机构获得信任。例如，应用区块链匿名性特点的匿名投票领域，利用区块链溯源特点的供应链、物流等领域，以及物联网、智慧医疗、智慧城市、5G、人工智能等领域。区块链将不可避免地对未来的互联网以及社会产生巨大的影响。区块链 3.0 可能是价值交易的云服务平台，即不是把区块链看成运行应用的操作系统，而是将之看成类似亚马逊云、阿里云等的云服务平台。在区块链 1.0，为了创建一种新的数字货币，开发者修改加密货币源代码，形成新的区块链和替代币。在区块链 2.0，即以太坊占据主导的时期，区块链的主要应用依然是创建数字货币，但不再需要建立自己的区块链，而是可以编写以太坊的智能合约、在其上创建通证。这些通证在技术上的有效性是靠以太坊的分布式网络来保障的。以太坊曾把自己定位为一台"全球分布式计算机"。在《区块链革命》中，商业思想家唐·塔普斯科特这样写道："区块链上运行的所有计算资源可以在整体上视为一台计算机。"对区块链3.0，除了管理链上原生的、映射自线上的、映射自线下的各种数字资产之外，在区块链上能运行复杂的价值交易应用，也即从区块链2.0的一个个通证进化到区块链3.0的一个个应用。

区块链1.0时代，人们更关注数字货币，此时数字货币的买入卖出是人们参与区块链最主要的形式，该阶段鲜有人关注数字货币的应用价值，更多的关注点在于数字货币的回报率，从另一个层面来看，这个阶段无异于换个盘面买股票，只不过这只股票比较活跃，回报率惊人，当然，也曾哀鸿遍野。区块链2.0在之前的基础上加入智能合约等一系列的见证协议，成为真正意义上可编程化区块链，我们通常所说的区块链2.0时代的主要形式是以太坊，此阶段支持图灵完备的脚本语言，为开发者在其设置的"操作系统"之上开发任意应用提供了必要的基础设施，实现了虚拟世界的应用实际落地化。如果说区块链1.0、2.0时代是人们已经或者正在经历的，那么区块链3.0时代便可以称得上是人们对未来虚拟数字货币经济的一种理想化愿景，在区块链3.0里，人们真正能实现资产上链，在一个大的底层框架内构筑各式各样的应用，打造一个无信任成本、具备超强交易能力、风险极低的平台，可用于实现全球范围内日趋自动化的物理资源和人力资产的分配，促进科学、健康、教育等领域的大规模协作。区块链3.0时代可以说是一个充满巨大变革的时代，扩展到了生活中的方方面面，如沃尔玛的大量区块链专利，腾讯、阿里巴巴、百度等各种大小型公司的参与，各种区块链城市的建立，生活中只要是你能想到的问题，都能利用区块链来解决，区块链就像万能钥匙一样无所不能。迅雷链相关人员说道，区块链3.0时代是一个共识时代，区块链的本质降低了信任的成本，而商业的基础是信任，区块链是信任的纽带、商业的纽带，区别于互联网应用的特点让区块链有了被肯定的未来。共识机制，就是区块链信任特性的本质。共识机制包括三层含义：①共识机制是指机器共识，即共识算法，使区块链记账节点之间达成一致。②是市场共识，即人们对这款应用价值和产品的认可。③规则的共识也就是治理共识，让参与方都认可产品的运作和运转方式，大家团结协作，使各个参与方的利益诉求得到满足，包括技术、产品、组织结构、市场运营等多个方面。

2.5　元宇宙

Metaverse 一词由前缀 meta（意为"超越""元"）和词根 verse（源于 universe "宇宙"）组成，直译而来便是"元宇宙"。这一概念最早出自尼尔·斯蒂芬森 1992 年出版的科幻小说《雪崩》（Snow Crash），指在一个脱离于物理世界，却始终在线的平行数字世界中，人们能够在其中以虚拟人物角色（avatar）自由生活。

"元宇宙"的内涵是吸纳了信息革命（5G/6G）、互联网革命（Web 3.0）、人工智能革命，以及 VR（虚拟现实）、AR（增强现实）、MR（融合现实），特别是游戏引擎在内的虚拟现实技术革命的成果，向人类展现出构建与传统物理世界平行的全息数字世界的可能性；引发了信息科学、量子科学、数学和生命科学的互动，改变科学范式；推动了传统的哲学、社会学甚至人文科学体系的突破；囊括了所有的数字技术，包括区块链技术成就；丰富了数字经济（digital economy）转型模式，融合 DeFi、NFT 等数字金融成果。

2.5.1　元宇宙的概念

元宇宙是整合多种新技术而产生的新型虚实相融的互联网应用和社会形态，它基于扩展现实技术提供沉浸式体验，基于数字孪生技术生成现实世界的镜像，基于区块链技术搭建经济体系，将虚拟世界与现实世界在经济系统、社交系统、身份系统上密切融合，并且允许每个用户进行内容生产和世界编辑。当前，元宇宙仍是一个不断发展、演变的概念，参与者以自己的方式不断丰富着其含义。

通过图 2-5 我们可以将人类生存维度的世界和人类感官维度的世界进行一个简单对比。同样，我们也可以将元宇宙想象成这样一个虚拟的场景：假如你生活在一个小岛上，每天打工做任务，并且出售自己设计的家具和服装，用挣来的钱

图 2-5　现实世界与元宇宙世界

叫了一份外卖，还买了一个虚拟艺人演唱会的票。在演唱会上你认识了几个朋友，并相约在线下见面……

因此，元宇宙是一个平行于现实世界又独立于现实世界的虚拟空间，是映射现实世界的在线虚拟世界，是越来越真实的数字虚拟世界。元宇宙不是电子游戏，元宇宙＝大型多人在线游戏＋开放式任务＋可编辑世界＋XR（扩展现实）入口＋人工智能内容生成＋经济系统＋社交系统＋化身系统＋去中心化认证系统＋现实元素……元宇宙也不是虚拟世界，元宇宙＝虚拟世界＋现实世界。元宇宙是融宇宙，融合现实与虚拟，同时元宇宙也是超宇宙，超越于现实宇宙。元宇宙应该具备身份、朋友、沉浸感、低延迟、多元化、随地、经济系统、文明等要素。

2.5.2　元宇宙与现实的关系

现实世界是唯一的，它只能"是其所是"，但意义只有在比较中才浮现，"只活一次等于没活"。而虚构世界可以"是其所不是"，从而挖掘出存在的多种可能性。因此，虚构一直是人类文明的底层冲动。正如米兰·昆德拉所言，"人永远都无法知道自己该要什么，因为人只能活一次，既不能拿它跟前世相比，也不能在来生加以修正。没有任何方法可以检验哪种抉择是好的，因为不存在任何比较。一切都是马上经历，仅此一次，不能准备"。人在现实世界所缺失的，将努力在虚拟世界进行补偿，在有可能的时候，我们会在现实世界实现虚拟世界中的补偿。人类正在从绘声绘色的古代文学、绘画、戏剧，到视听造梦的近代电影，再到如临其境的 VR 世界，最终即将走进虚拟现实补偿论的沉浸感、参与感和补偿感的元宇宙世界。

基于"虚拟现实补偿论"，假定一个文明为了得到补偿而创造虚拟世界的冲动是永恒的，那么在长时段的发展中就必然会创造出一个个虚拟世界，其自身所处的世界也极有可能是上层设计者打造的，这就是 Nick Bostrom、Elon Musk 等人相信的"世界模拟"论。Elon Musk 认为："从统计学角度，在如此漫长的时间内，很有可能存在一个文明，而且他们找到了非常可信的模拟方法，这种情况一旦存在，那么他们建立自己的虚拟多重空间就只是一个时间问题了。"

2.5.3　元宇宙的技术基础：BIGANT

在技术视角下，技术意义的"元宇宙"包括了区块链系统、操作系统、内容系统以及最终展现为超越屏幕限制的 3D（三维）显示系统，其所代表的是继 PC 时代、移动时代之后的另外一个时代，即全息平台时代。本书基于支持"元宇宙"的技术群，对元宇宙的核心技术提出一种新的称呼：BIGANT，它们分别是：区块链（B）、交互技术（I）、虚拟游戏（G）、人工智能（A）、非同质化代币（N）和物联网（T）。

（1）区块链（B）。从现实到虚拟世界的映射，意味着可以在不同的虚拟空间里有不同的分身，而这个虚拟世界所创造的价值都可以以数据确权，也就是资产。当越来越多的个体在这个世界中，交易市场就开始形成了，也就是形成了一个数据交易市场。基于去中心化网络的虚拟货币，使得元宇宙中的价值归属、流通、变现和虚拟身份的认证成为可能。其具有稳定、高效、规则透明、确定的优点。通过智能合约，去中心化的清结算平台和价值传递机制，保障价值归属与流转，实现经济系统运行的稳定、高效、透明和确定性。

（2）交互技术（I）。它主要就是 XR 交互技术，包括虚拟世界完全置换现实世界的 VR、现实环境与虚拟环境相互混合的 MR、虚拟世界叠加在现实世界上的 AR。VR 提供沉浸式体验，通过全面接管人类的视觉、听觉、触觉以及动作捕捉来实现元宇宙中的信息输入输出。AR 则在保留现实世界的基础上叠加一层虚拟信息。MR 通过向视网膜投射光场，可以实现虚拟与真实之间的部分保留和自由切换。同时，机器人通过仿真肉身成为连通元宇宙的另一种交互渠道。另外，脑机接口技术的应用正在成为科技巨头争夺的焦点，目前主要应用于医学领域。

（3）虚拟游戏（G）。电子游戏技术，如支持游戏的程序代码和资源（图像、声音、动画）的游戏引擎，通往元宇宙的路径是沉浸+叠加，线上生活由原先短时期的例外状态成为常态，由现实世界的补充变成了与现实世界平行的世界，通过游戏技术，将线上与线下打通，人类的现实生活开始大规模向虚拟世界迁移。

（4）人工智能（A）。人工智能的核心是机器学习，机器学习让机器拥有与人一样的学习能力，专门研究计算机如何模拟或实现人的学习行为，从而获得新的知识或技能，重组已有的知识结构。在虚拟世界和现实世界不断融合重叠的过程中，人工智能的算法及学习模型为我们提供最底层的支撑，说到底，元宇宙服务的主要群体是创作者，即 UGC（用户生成内容），只有创作者不断创造出可以让用户体验更好的应用，并带动用户一同进行持续创作，才能让元宇宙更快地到来。帮助创作者服务的根本就是人工智能，可以通过计算机视觉、机器学习、自然语言处理、智能语音等功能为创作者提供便捷的服务工具和可持续学习的能力。

（5）非同质化代币（N）。NFT技术是元宇宙发展的基础。NFT通常是指开发者在以太坊平台上根据ERC721标准所发行的代币。与NFT对应的FT，即同质化代币，虚拟货币中的大多数代币都是属于同质化代币，即同类代币之间没有差别，是可以互换的，就像同样的一块钱没有任何价值差异一样，其类似于民法典中的种类物。而NFT则类似于民法典中的特定物，NFT的特征主要体现便是唯一性、可溯源、不可分割等。正是由于NFT的这些特征，其主要作用便是通过区块链技术来给数字资产发行特定编号和证书，用于表示数字资产的唯一加密令牌，就类似于虚拟世界中数字资产的权属证书和身份证明，以此证明该数字资产的唯一归属权。目前其主要应用于游戏、艺术品、收藏品、虚拟资产、身份特征、数字音乐、数字证书等领域。

（6）物联网（T）。物联网是一种计算设备、机器、数码机器之间相互联系的技术。元宇宙的一个要求就是容易访问。所以，人们将不再局限于移动电话和计算机进行交互。通过各类可穿戴设备，汽车、家庭等都将接入网络。正如Facebook（Meta）公告视频中所展示的那样，我们看到了一个公寓的重建，用户只需看着它并做一个手势就可以打开电视。物联网将使其成为一个无缝的现实，使我们能够控制XR系统之外的其他系统，并避免使用虚拟助手进行语音命令的限制，通过物联网完成人类五感的延伸，使得元宇宙世界从外部获得更多的信息。

本章小结

本章介绍了大数据的概念，结合时代背景对大数据进行了概述，并重点阐述了大数据的核心技术，包括大数据采集、大数据处理、大数据存储及大数据计算；对机器学习和人工智能的概念、区别以及常用算法进行了详细阐述，最后给出了机器学习算法在金融领域的主要应用；介绍了云计算的概念、服务模式及部署模式；介绍了区块链的概念、技术特点、发展历程，并给出了区块链在金融领域的应用；最后介绍了元宇宙的概念、元宇宙与现实世界的关系，同时重点讲解了元宇宙的技术基础。

思考题

1. 简述对称密钥和非对称密钥的优缺点。

2. 机器学习与神经网络有什么区别?

3. 云计算的部署方式包括哪几种?

4. 为什么区块链被称作元宇宙发展的核心?

即测即练

参考文献

[1] 任泽平 . 中国金融科技报告 2020 [R]. 恒大研究院,2020.

[2] 王文海,等 . 密码学理论与应用基础 [M]. 北京:国防工业出版社,2009.

[3] 刘宁,沈大海 . 解密比特币 [M]. 北京:机械工业出版社,2014.

[4] 谢平,石午光 . 数字加密货币研究:一个文献综述 [J]. 金融研究,2015(1):
1–15.

[5] YERMACK D. Is bitcoina real currency? An economic appraisal [R]. NBER Working
Paper,No.19747,2015.

[6] JIANG Z Y,XU D X,LIANG J J. A deep reinforcement learning framework for the
financial portfolio management problem [Z]. ArXiv:1706.10059,2017.

[7] 郭上铜,王瑞锦,张凤荔 . 区块链技术原理与应用综述 [J]. 计算机科学,2021,
48(2):271–281.

[8] 杨正洪,周发武 . 云计算和物联网 [M]. 北京:清华大学出版社,2011.

[9] 清华大学新媒体研究中心 . 2020—2021 年元宇宙发展研究报告 [R]. 2021.

[10] 刘森 . 云计算技术的价值创造及作用机理研究 [D]. 杭州:浙江大学,2014.

[11] 姜栋瀚,刘晓平,吴作栋 . 云计算技术发展现状研究综述 [J]. 信息与电脑(理
论版),2019(8):170–171.

[12] 肖亮 . 浅析云计算中虚拟化技术发展 [J]. 电子元器件与信息技术,2020,4
(6):95–96.

[13] 中国信息通信研究院 . 云计算白皮书(2022 年)[R]. 2022.

[14] 袁勇,王飞跃 . 区块链技术发展现状与展望 [J]. 自动化学报,2016,42(4):
481–494.

[15] 邵奇峰,金澈清,张召,等 . 区块链技术:架构及进展 [J]. 计算机学报,2018,

41（5）：969–988.

[16] 沈鑫，裴庆祺，刘雪峰 . 区块链技术综述 [J]. 网络与信息安全学报，2016，2（11）：11–20.

[17] 林晓轩 . 区块链技术在金融业的应用 [J]. 中国金融，2016（8）：17–18.

[18] 朱兴雄，何清素，郭善琪 . 区块链技术在供应链金融中的应用 [J]. 中国流通经济，2018，32（3）：111–119.

第 2 篇　金融科技和传统金融行业的融合与发展

第3章 银行业数字化转型与互联网银行

学习目标

1. 了解银行业数字化转型的背景、实践现状。

2. 了解互联网银行的技术架构。

3. 熟悉银行业数字化转型的特征、未来发展的方向。

4. 熟悉互联网银行的实践情况与未来发展方向。

5. 掌握互联网银行的定义与特征。

6. 掌握互联网银行的业务模式。

能力目标

1. 了解国内外银行业数字化转型的现状与痛点。

2. 熟悉国内外银行业数字化转型的特征。

3. 熟悉国内外互联网银行的业务发展状况。

思政目标

1. 了解校园贷对自身征信以及社会的危害，了解大数据时代背景的特征，了解银行从业者应具有的基本职业技能与职业道德。

2. 了解改革开放后我国银行业的发展历程和取得的伟大成绩，理解银行体系在我国经济发展过程中发挥的重要作用。

思维导图

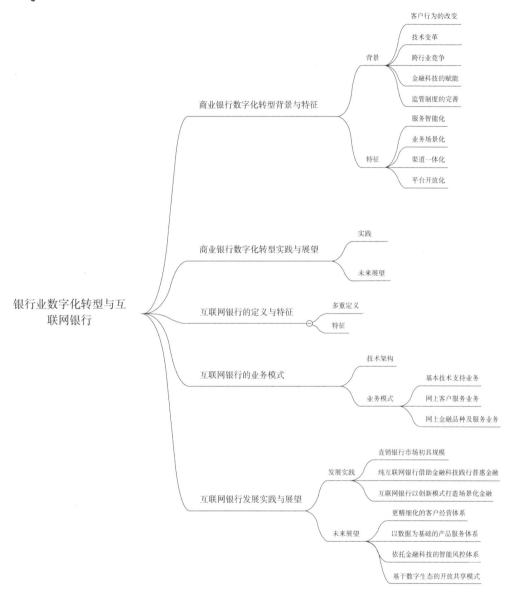

导入案例

平安集团：金融壹账通

金融壹账通是平安集团孵化的金融科技公司，是中国领先的金融全产业链科技服务云平台，成立于 2015 年末，是金融全产业链科技服务平台。作为平安集团"金融＋科技"双驱动战略的重要承载者，其为银行、保险、投资等全行业金融机构提供智能营销、智能产品、智能风控、智能运营等端到端的解决方案。它旨在为金融机构提供"技术＋业务"的解决方案，助力客户增加收入、管控风险、提升效率、提高服务质量和降低成本，实现数字化转型。其依托平安集团30年金融行业的丰富经验，精准把握金融机构需求，通过独特的"技术＋业务"双赋能模式，为银行、保险、投资等多个金融垂直领域提供端到端的服务。金融壹账通共有16大解决方案，覆盖从营销获客、风险管理到运营客服的全流程服务，以及从数据管理、程序开发到云平台的底层技术服务。

金融壹账通包含多个核心产品，这些产品都是建立在银行传统业务与新技术结合的基础上创新的。例如，移动银行。移动银行解决方案使客户提高销售效率，增强对终端客户的了解，并提供移动银行功能，为客户提供业务发起服务，帮助发展金融产品业务并为公司创造收益。再如，智能风控。智能风控是一种端到端零售银行业务风险管理解决方案。该方案将有助于零售银行简化贷款业务、改进信贷分析、降低拖欠风险和提高贷后绩效。该解决方案为模块化结构，能够根据客户需求量身定制，也能根据需求提供整合的解决方案，从而提供整个贷款全生命周期的服务。

截至2018年末，公司已累计为3 289家金融机构提供服务（国内银行590家、保险公司72家、107家投资客户，超2 500家其他金融机构），其中包括5家国有大型银行、12家股份制银行，以及保险、投资和其他金融机构的全覆盖。参与发起的中小银行互联网金融联盟覆盖国内260家中小银行，总资产规模超过47万亿元。2021年上半年，金融壹账通营收近17.88亿元，同比增长31.9%。以数字科技为主导的新一轮科技革命在全球加速推进，经济金融的数字化转型成为"发展主旋律"。2021年3月，"十四五"规划出台，提出要"稳妥发展金融科技，加快金融机构数字化转型"。数字化转型将有效提高金融机构服务实体经济的能力和水平，已经成为金融机构实现高质量发展的核心驱动力。

【案例思考】

1. 阅读案例并在互联网搜索相关资料，说明平安银行通过创新为银行端和客户端带来哪些好处。

2. 阅读案例并在互联网搜索相关资料，说明平安银行此创新业务模式体现了数字银行的哪些特征。

3.1　商业银行数字化转型的背景与特征

银行数字化转型就是指银行机构利用技术对数据进行分析从而提高银行内部的运营效率。随着数字金融浪潮的蓬勃兴起，我国的商业银行纷纷踏上数字化转型的道路，开展了许多有益实践。商业银行数字化转型是科技发展、时代进步的必然要求。一方面，商业银行旨在为客户提供便捷、高效、普惠、安全的多样化、定制化、人性化金融产品和金融服务；另一方面，银行此番数字化进程则是商业银行为了建设数字银行进行的技术能力建设、业务科技融合、体制机制转型等一系列创新与发展的过程。近几年来，随着金融科技的发展，商业银行纷纷提出金融科技发展战略，加大金融科技投入力度。新型冠状病毒感染疫情期间，商业银行依托现有金融科技力量在强化线上服务的同时，也日渐认识到进一步发展金融科技、拓展线上服务渠道的重要性。银行业更是纷纷借助技术手段，将线下业务逐步向线上转移，通过科技赋能助力公司正常运行。

3.1.1　商业银行数字化转型的背景

推动银行数字化转型的关键词是"技术"，数字金融时代下商业银行依托于人工智能、语音识别设备、5G通信、区块链等创新型技术手段的发展和普及，使得数字化商业银行成为流行。商业银行数字化转型的背景可以归纳为以下五个方面。

1. 银行客户数字化行为与新需求的产生

数字化（消费）行为是通过移动终端、互联网等平台进行消费，如在电商消费、在知乎平台学知识消费等；此外，近年来，随着科学技术的发展以及新型冠状病毒感染疫情的暴发，人们对生活方式、理财方式等日常事务有了全新的需求。

（1）疫情背景下人们对"移动银行"的强烈需求与依赖。人们应对疫情常用的措施之一就是足不出户、物理空间相互隔离，以防止通过接触等形式形成交叉传染。对于商业银行而言，商业银行从业人员之间、商业银行与服务对象间都无法像原来没有疫情时那样频繁进行面对面的沟通与交流。按照传统的线下思维模式，银行与客户之间的交易必须在固定的物理营业场所实现，而通过数字化，物理场所已经变成线上，银行与客户也可以突破空间的限制来完成交易，而且可以突破传统的八小时工作制的时间限制，即通过商业银行的数字化可以使客户所要办理的业务、商业银行承办的业务都在网络空间实现。手机银行可以办理绝大部分的日常业务，如转账、理财产品的购买、风险承受能力的评估、消费贷款的选择等。除了手机银行外，多家商业银行也开始鼓励客户经理通过微信联络客户，为客户答疑解惑。以招商银行零售业务为例，招商银行实现从交易服务到信息服务的转变。围绕替客户管账、帮客户理财，招商银行推出了收支分析、专项账本、预算管理、月度账单等功能，提供实时的现金流管理能力，现在每个月有超过1 600万人使用招商银行的收支服务，已是招商银行 App 第二大服务功能；围绕理财的售前、售后，从理财资讯社区、财富体检、摩羯智投再到昨日收益、收益报告，打造信息服务闭环，截至2021年末，招商银行 App 的理财投资销售金额达6.12万亿元，同比增长26.85%，占全行理财投资销售金额的84.19%；掌上生活推出 E 智贷智能引擎，协助用户作出最佳的融资决策。截至2022年6月底，招商银行累计立项金融科技创新项目2 868个，累计上线项目2 126个，覆盖零售、批发、风险、科技及组织文化转型的各个领域，显示该行引领数字化银行战略的决心。长期来看，疫情将推动银行业加速向 O2O（线上到线下）领域布局。2003年的"非典"疫情催生了以淘宝为代表的电子商务行业，网上银行和电子支付也飞速普及。新型冠状病毒感染疫情恰逢中国互联网人口红利的终结，中国互联网的下半场正式开启。2021年，中国生鲜电商交易规模达到4 658.1亿元，同比增长27.92%。当互联网公司试图从线上走到线下时，银行则在试图从线下走到线上，两条原来看起来似乎并不直接相关的业务转型并行线交汇于今天。

（2）支付结算业务逐渐向客户靠拢贴近。支付结算业务方面，往往在商业银行的各种业务中不太被重视，这也是中国的第三方支付公司崛起的一个客观原因，凭借技术创新和更贴近场景的服务，这些第三方支付公司获取了大量客户；在存款理财方面，余额宝、腾讯理财通等产品涌现，通过余额理财的方式实现了小额"长尾"资金的理财需求。这类产品在收益水平、方便程度和提现能力上都有明显优势，直接影响到商业银行的存款、储蓄、理财产品及其利润水平，这种竞争也推进了利率市场化进程；在贷款、融资方面，数字金融还客观上产生了一种脱媒的效果。例如 P2P 的初衷就是出借人和借款人在线上直接交易，不再需要银行参与，这意味着其金融中介作用的淡化甚至消失。

（3）人们离柜办理业务的需求逐渐强烈。银行原有的"重资产"模式为线下渠道、营业网点，这些原本是它们的核心优势，但如今网络成为接触用户的主要方式，物理网点的重要性逐渐削弱。这主要有两个原因：①高净值客户更青睐网上操作，因为更加便捷，24 小时无休，尤其是新一代的潜在高净值客户成长于网络时代，一开始就习惯了在网上办理业务。②低净值客户可能反而更习惯去网点处理业务。在这种趋势下，网点的营利性削弱，但成本并没有同步降低，所以现在银行的物理网点已经逐步从过去的利润中心变成了成本中心。伴随着金融科技能力的增强和数字化转型的深入推进，全国银行网点整体扩张趋势在 2017 年按下"顿点"，自此之后网点总量开始做"减法"，持续缩减。银保监会金融许可证信息数据显示，截至 2022 年 6 月末，全国银行网点数量共 223 383 个（除去政策性银行、财务公司、非网点运营 / 信用卡中心等数据），较 2021 年末减少 252 个，连续5 年呈现缩减趋势。

（4）客户非金融消费行为的数字化与新需求的产生对银行数字化的进程起到了推动作用。经过近几年的快速发展，我国非金融支付市场已具相当规模。非金融支付作为一种全新的支付模式，扩大了金融消费者的选择权，使消费者享受快捷、便利的金融服务。银行业与客户非金融消费的紧密联系主要体现在第三方移动支付这一方面。第三方移动支付的客户主要是 30 岁以下的年轻人群，以"90 后"和千禧一代为代表的年轻客户更具有自主性和独立决策力，更少依赖外界辅助，对传统金融机构服务要更不满，因此年轻客户更乐于接受移动应用。商业银行需要通过外拓场景不断扩展服务的边界，实现金融与生活场景更密切的连接。目前招商银行在饭票和影票取得了比较好的进展。截至 2021 年 6 月底，平均每个月有819 万客户使用招商银行的饭票和影票的服务，比 2020 年同期增长 30.66%。此外，随着各种线上购物节的兴起，第三方移动支付支持着淘宝、天猫、拼多多和京东等在线购物平台的运营，除线上消费外，使用第三方移动支付还可以缴纳话费、燃气、水电等生活费用。我国目前第三方移动支付市场的主要参与者包括支付宝、财付通、壹钱包、银联商务、快钱、苏宁支付和联动优势。

2. 技术变革

近些年来，5G、移动互联、物联网、大数据、云计算、区块链等技术名词不绝于耳，这些新技术加速改变着人们的生活，也对各行各业产生了积极而深远的影响。银行业作为典型的技术密集型和数据密集型行业，科技创新始终是银行家们高度关注的课题。随着数字经济的发展，新兴的核心技术正在给我国银行业带来巨变。近年来，银行在建设数据中心、建立数据湖、清理数据等方面投入大量资金，通过软件和数据技术的应用构建高级分析能力，着手创建并实施一些分析密集型应用——从预算工具和基于目标的自动财务规划工具到针对员工和客户的"下一步最佳行动"引擎。通过上述举措，银行正努力迈向"没有数据浪费"的新阶段。客户管理系统的记录将会自动进入一个共享的数据湖中，每次业务交互产生的数据经分析处理后，将反馈到客户和员工应用程序及工具中。根据数据的收集、处理及应用的技术革新，银行端可以及时更新统一丰富完整的客户资料，并反馈至所有面向客户的应用程序中，如客户管理系统、智能助理和聊天机器人、咨询引擎等；除此之外，这些数据也为客户和银行员工提供实时、智能的服务体验，同时确保数据的安全性和保密性。

新科技对银行的影响绝不仅仅局限于渠道的电子化或 IT 系统的升级换代，而是需要银行积极利用新技术，打造端到端的数字化能力，全面提升客户体验。这些技术的出现逐渐催生出全新的金融服务业态。例如银行零售业务的智能化产物——智能投顾。智能投顾是将人工智能导入传统的理财顾问服务，通过网络线上互动，依据需求者设定的投资目的及风险承受度，借助计算机程序的算法，提供自动化的投资组合建议，其目的在于提升效率。再如大数据与区块链技术的产物——骗保识别与快速理赔等。

3. 跨行业竞争

过去 40 余年，银行持续深耕信息化建设，在渠道形态、业务处理方式、竞争方式等方面取得重大突破。如今已进入数字化时代，随着人工智能、大数据、云计算、移动互联网、区块链等信息技术的快速发展，金融行业的竞争已不仅是传统金融公司之间的竞争。互联网金融公司利用互联网思维和大数据思维，凭借优秀的客户体验和低廉的运营成本，迅速抢占"存、贷、汇、投"等金融业务的市场份额。不仅如此，互联网金融的第三方支付模式也切断了银行与客户之间的传统联系，银行难以分辨客户习惯，丧失对市场的敏感度，进一步导致银行金融中介功能的边缘化。从 2003 年阿里巴巴推出第三方支付起，开始触碰"汇"这一银行传统领地，正式打响跨行业竞争第一枪，"硝烟"渐渐升起，一众互联网科技公司加入竞争行列。银行需转变观念，充分利用自身信息化先行优势，在数字化时代自我革新，在数字化时代竞争中继续领跑。基于上述背景，依托于金融科技的银行数字化转型被提升至最高级别的公司战略层面，描绘数字化转型一系列举措的画卷徐徐展开。

银行数字化转型起于战略转型，由转变思维开始，包括业务思维和技术思维的转变。业务思维转变需对客户、业务模式、竞争者、监管者以及技术重新认识；技术思维转变需对技术应用体系、基础研究以及业务重新认识，再依托构建适合自身的公司级架构进行战略落地。商业银行数字化转型的关键在于实现业务和技术深度融合。在这一过程中，顶层设计尤为重要，通过战略转型—架构转型—技术转型—业务转型的实施路径，更好地服务客户，实现主营业务的持续增长。

4. 金融科技加快颠覆传统金融业态

从欧洲的实践来看，大数据、人工智能、云计算等是近年来金融科技进展较快的领域，已经给传统银行服务模式带来较大的冲击。特别是随着大数据的广泛应用，数据已经成为当今世界最有价值的资产，被视为"新的石油"。一些初创公司通过数据挖掘，为不同类型的客户提供独特的体验。例如，外国某短贷平台使用第三方数据进行风险评估，客户仅需提供个人基本资料、银行或信用卡信息，就能够在数秒内完成贷款获批。计算机深度学习、机器人顾问、智能投顾、语音银行等人工智能技术已越来越成熟。瑞银集团为高净值客户建立了专门系统，只要客户发出调整资产结构的指令，系统几秒内就能完成，较此前的平均 45 分钟大幅提升。区块链技术在金融领域具有广阔的应用前景。汇丰银行和荷兰国际集团已经在 Corda 区块链平台上执行实时贸易融资交易。云计算作为数据的计算、存储处理和共享的一种技术，在银行业也有广泛的应用空间。例如，英国劳埃德银行已经将超过 100 个系统迁移到云上；绝大多数以"挑战者"身份出现的各类金融科技银行将数据部署在公有云上，少数金融科技银行将数据部署在私有云上。

面对金融业态和金融生态的深刻变化，传统银行业要在数字化变革中生存下来，成为未来金融服务行业的主导，必须高度重视金融科技应用，主动谋求数字化变革，适应数字时代发展要求。

5. 监管创新为银行业数字化转型提供重要支撑

以银行业数字化转型的发源地欧洲为例，监管在欧洲金融科技创新和数字化转型中发挥了重要的引导作用。欧洲金融业前瞻性地出台了数据开放和监管沙盒等监管政策，鼓励金融科技创新，营造有竞争的市场氛围，为金融创新营造了良好的监管环境。

数据开放方面，欧盟从鼓励数据共享、银行竞争等角度，提出了"开放银行"的概念，并于 2015 年 11 月发布了新支付指令（PSD2），规定欧洲各国以银行为代表的支付机构，在客户同意的前提下，要向第三方开放用户的账户和交易数据，但无须第三方与银行签订协议。随后，各国制定了相关的法律法规和监管措施。其中，英国监管框架经历三个阶段：一是将 PSD2 转化为相关法律；二是财政部牵头成立开放银行工作组，以 PDS2 为基础，发布了《开放银行标准框架》；三是成立开放银行实施组织，细化标准框架细则，对市场和竞争进行监管。

同时，为促进金融创新，以英国为代表的欧洲国家还设立了监管沙盒，帮助新的市场进入者适应监管规则。监管沙盒实质是一个受监督的安全测试区，通过对测试设立限制性条件和制定消费者权益保护措施，允许公司在真实的市场环境中，以真实的消费者为对象测试创新性产品、服务和商业模式。这相当于为新业态、新模式提供了创新监管试验区。

国内的金融监管创新也为我国数字银行发展提供了指南。2019 年 8 月，中国人民银行印发《金融科技（FinTech）发展规划（2019—2021 年）》，提出了金融与科技融合的战略，数字化、网络化、智能化服务成为金融业的主要目标。目前，国内数字化银行的监管生态在技术、规则、人才以及风险管理上还有待完善，需要向欧洲、新加坡等先进的数字银行监管模式学习。目前，北京正在致力于建设面向全球的国家级金融科技与专业服务创新示范区，央行统筹的三年金融科技规划以及北京地区已启动金融科技监管沙盒等试点，农业银行、中信银行等纷纷投入试点项目，这些银行将成为数字银行最早的试验者、闯关者。而上海、深圳等均开启了国际金融中心建设。

3.1.2 商业银行数字化转型的特征

1. 服务智能化

商业银行经营智能化指商业银行的业务处理与经营管理日益广泛地使用电子计算机技术和信息技术，建立并完善银行业务处理自动化和管理信息系统。那么商业银行服务的智能化则是指运用人工智能、大数据等手段准确刻画客户画像，识别分析客户需求和风险等级；同时，辅之以人脸、声纹、指静脉等生物识别技术，形成"能听会说、能看会学、能感知会反馈"的智能化服务体系。商业银行服务的智能化可以体现在以下三方面。

（1）业务办理的自助化。智能终端的使用大大减少了客户服务处理的等待时间，并且智能运营模式以多种方式降低客户成本，提高客户满意度。如个人卡开通、卡更换、激活、电子银行签名、密码、挂失业务、余额查询、印刷流程、投资和财富管理、转账汇款、信用卡服务等都可在智能终端进行操作，目前智能化服务客户可以削减时间成本并提高业务处理效率。

（2）服务流程的人性化。目前，银行智能服务实体机器人逐渐渗透并参与智能银行系统的建设，成为其中不可或缺的一部分，银行智能实体机器人在客户服务中进行大量的聊天和娱乐互动，银行专业知识库的创建使机器人开始自我回答并处理银行业务问题，人力的释放使更多的客户享受到良好的"售后"服务，进而提高服务质量。银行服务方式也从"窗口式"转化为"肩并肩式"沟通，满足了客户对"方便、富余、尊重"的需求。

（3）金融服务的专业化。商业银行的金融服务包括金融顾问以及商业咨询和信用报告服务，金融服务是基于银行的基本功能开发而形成的。

以银行为代表的传统金融机构也在加快与智能服务实体机器人等金融技术巨头的合作步伐。目前，借助人工智能和大数据收集与验证客户身份信息，通过多渠道、多维度的客户信息数据访问，智能化的信用报告和审批可以大大加快银行信贷业务速度、限制增量风险、减少信息不对称。

2. 业务场景化

场景化是依托移动互联网、大数据、传感等技术将银行业务融入生活的各个场景中，也就是说，银行服务覆盖了人们的各个场景，只要人们需要，就可以提供服务。因此，场景化金融的重要作用便是扩展了金融服务的范围，从时间到地点再到客户，这是全方位、三维式的提升，大大提高了金融服务的效率。

银行利用小步迭代的数字化产品开发模式，将银行服务深度嵌入多维度、高频次的场景中，从日常的生活缴费到供应链的资金融通，银行能够全方位紧密陪伴客户，深刻理解客户需求，增强客户黏性，形成敏捷银行服务体系。

3. 渠道一体化

银行服务从物理网点搬到线上，把原本独立的服务和功能模块化后，可以像拼乐高积木一样根据客户需求进行快速编排整合，使得产品创新快速实施和落地，实现量身定制综合解决方案，提供线上线下相结合的"一站式"金融服务渠道。

商业银行数字化转型时代下，众多银行已提出渠道一体化融合发展的对策建议，包括建立组织保障机制、推动线下物理网点转型与效能提升、加强渠道创新、完善线上渠道布局、推动线上线下渠道有效融合等。

4. 平台开放化

银行逐渐向"协同合作"的开放平台转型，利用 API、SDK 等技术将数据、服务标准化、组件化后向外部合作伙伴输出，实现跨界批量化引流获客，提升潜在客群转化率，形成开放银行体系。

在全球银行业，开放银行是一个方兴未艾的重要趋势。开放银行指银行在客户允许的情况下将客户数据共享给第三方机构，以开发应用和服务，包括实时支付、帮客户更好地管理金融账户、市场营销和交叉销售机会等。开放银行允许客户在其他服务场景中（如金融科技场景）使用银行服务，从而创新性地将银行功能模块和非银行功能模块融合在一起。银行与客户之间关系在开放银行下将发生根本变化，从"拥有客户"变为"共享客户"。

3.2   商业银行数字化转型实践与展望

3.2.1   商业银行数字化转型实践

全球主要银行市场收入增速均出现显著下滑，平均增速仅为 5% 左右。全球银行业净资产收益率在 2008 年到 2017 年连续 10 年低于 10%，加之 3.1 节提到的众多因素导致全球商业银行不得不向数字化转型迈进。麦肯锡开展的国际银行业调研显示，全球领先银行已经将税前利润的 17% ~ 20% 用作研发经费布局颠覆性技术，加速数字化转型，这些银行均已收获显著成效，但同时数字化转型对于众多银行来说也存在着各种未知与挑战。

（1）数字化战略正在推进，但由于认知不足导致战略大而不精。大型商业银行数字化从早期的观望和参与到现如今的主导，显示出大型商业银行推进数字化战略的紧迫性和前瞻性。这主要是因为近几年来，大型商业银行的运营成本居高不下，金融服务效率以及业务流程复杂等制约了金融服务水平。与新兴的互联网金融、民营银行相比，其灵活性较差，对于市场和客户的反应更为迟钝，导致业务增长、服务口碑、客户黏性丧失优势。传统意义上，大型商业银行倾向于集团公司、投资银行以及私人银行业务，对于"长尾客户"获客、多元化产品营销、线上渠道和经营缺乏创新思维，而同业竞争的加剧、互联网金融的冲击和大型商业银行自身发展的"钝化"触发了转型的动机。

经过数字化转型，大型商业银行将数字化经营提升到新的高度：①将数字化上升到银行集团战略层面，成为上市公司年报、工作部署的核心内容，包括中国建设银行、中国工商银行、中国银行等纷纷设立数字金融部门、金融科技研究院，整合数字化战略资源，从系统内外搭建数字化架构。②寻求与互联网巨头的合作，包括阿里巴巴、腾讯、京东等与大型商业银行的合作涵盖了大数据、云计算、人工智能、区块链等各个层面，充分利用互联网巨头的用户流量、金融科技研发、丰富的渠道资源，打破金融与非金融服务的界限。③数字化改造已经从核心系统、智能化网点设备、软件开发等硬要素深化为跨条线数字化组织、金融科技人才工程等软要素，数字化成为大型商业银行转型的文化内核。大型商业银行将是中国数字化银行战略的引领者，也将是数字经济崛起的金融力量，中国建设银行、中国银行、交通银行等银行在各类信息披露文件中多次强调数字化转型战略目标，并进行了具体部署，数字化战略加速推进。

欧洲银行业普遍把数字化转型作为最重要的战略，将适应金融科技发展与商业银行自身定位、发展目标、经营环境相结合，从顶层设计上制定了战略转型规划。例如，汇丰银行明确数字化战略目标为"从根本上将业务模式和公司组织数字化，全面推进以客户为中心、以数字化为驱动的客户旅程再造"，并把打造以手机为中心的未来智能银行作为重要任务。西班牙对外银行以"成为全球数字银行的领军者"为发展愿景，通过整体布局、分步推进转型，欲成为数字化转型的急先锋。

由于仅依靠原有的部门设置无法兼顾常规业务的运营和数字化转型战略的推进，相当一部分欧洲商业银行在数字化转型过程中对组织架构进行了调整，设置首席转型官或首席数字官，专门负责转型中的部门协调、预算管理以及人员组织等工作。有的银行还组建了数字化战略推进委员会或办公室，将数字化转型的战略目标层层分解到具体的项目和模块，密切追踪、监控进展，确保数字化转型举措切实可行。

劳埃德银行在组织架构调整方面走在了前列。该行于 2013 年就对组织架构进行了调整，增设数字化部门，调动 18 000 人专职从事转型相关工作，占全行总人数的 1/4；同时还从组织架构上，将原有四大业务条线中与数字化相关的职能全部抽取出来，设置专门的数字化部门，负责包括产品创新、线上渠道搭建等职能在内的数字化业务。西班牙对外银行则由董事长和 CEO（首席执行官）直接领导全行数字化创新业务，在总部设立全球数字化委员会，全程负责跟进转型，在各地成立转型执行委员会，确保各项战略举措有效落地，建立了强有力的数字化转型战略执行机制。

但是由于整体基础不同，各类银行对"数字化转型"的认知和要求截然不同。国内领先银行较早意识到了转型的必要性，对数字化银行的认知已从模糊的概念逐步清晰化、具体化，能够结合行内业务规划、信息化基础等现状，从数据分析场景、系统平台建设、组织人才转型等方面着手，全面构建符合自身特点的数字化转型路径。例如，中国工商银行从 IT 架构转型、互联网金融战略、科技组织架构入手构建智慧银行，招商银行则提出了清晰的做"金融科技银行"的战略目标。相比之下，部分银行则停留在模糊的概念认知阶段，要么尚未制定数字化转型规划，整体投入不足；要么规划的形式以与领先银行进行简单的对标复制为主，未结合自身优势和特点，可以说对数字化转型的认识不足，就是银行的领导力不足。由于整体认知不足，此类银行往往过于追求数字化转型的短期效益，缺乏对长期数字化能力的构建。

对此实践痛点，银行业应在未来整合行业专家力量，在监管指引的大方向明确下，为了做好后续的实践和落地，可成立行业专家委员会，聚合头部机构力量，把好的想法和行业内做得好的实践经验总结起来，共同探索创新解决方案，推动行业良性循环。同时各家机构可以以行业优秀实践作为基础，并结合各自实际情况找到适合的转型策略和路径。以战略眼光布局数字化转型，以落地的思路推动目标实现。数字化转型能够在未来逐步实现对业务的赋能，但在转型当期，则面临相当大的转型成本。站在行业竞争日益激烈的背景下，若决策者对数字化转型的必要性缺乏深刻认识，则极容易导致重视业务发展而轻视数据投入、重视短期效益而缺乏长远布局的结果。因此同时建议银行管理者：一方面展望未来，以战略发展的视角积极拥抱大数据，构建未来核心竞争力；另一方面立足当下，加强对数字化转型的研究，构建转型项目评估、全流程管理、试点与推广方面的保障机制，确保转型规划的有效落地。

（2）数据处理能力和大数据相关技术亟待增强。首先，是数据质量的问题。实现数字化转型的前提是具备良好的数据基础，这对银行数据治理能力提出了较高要求。当前银行业的数据管理能力正在逐步提升，但具体离标准化、体系化的管理尚有差距：①数据质量问题广泛存在，由于数据标准不一、数据质量问题成因定位困难、数据责任归口不清，无法从根源上实现数据质量整改。

②数据安全与外部数据管理面临两难困境。银行业作为信息高度敏感行业，数据安全是不可逾越的红线，但随着大数据时代的来临，通过外部数据进一步丰富银行数据源的需求亦不容忽视，如何在保证数据安全的前提下实现外部数据的接入、数据资源的置换等，是各行面临的另一挑战。其次，构建数据应用场景是银行数字化转型的重要内容，但受制于数据能力不足、基础设施支撑有限、整体规划布局缺乏等原因，数据分析流于形式。能力方面，数字化转型需要银行数据人才具备数据统计、数据分析与建模、数据架构、数据治理等多种能力，而当前银行数据人员能力多集中在统计与简单分析，难以开展高级的数据分析与挖掘工作。基础设施方面，银行多以报表系统为主流的数据分析展现形式，需要进一步构建嵌入业务流程、嵌入移动端产品的多元化落地形式，以支持流程自动化、移动化等业务场景。数据分析场景整体规划方面，当前银行数字化多由业务部门零散的数据应用需求驱动，局限在单一业务类型、单一维度、单一应用主体，数据部门难以主动地、系统地、前瞻性地满足业务部门需求。

银行业未来竞争力的核心在于大数据能力，这一领域的技术可用于多个维度，为银行创造可观的价值。大数据技术不仅可以帮助银行提升交叉销售业务量，而且能够降低信贷成本和后台营运成本。包括第一资本、联合圣保罗银行在内的国际领先银行纷纷将建设大数据能力作为一项核心发展战略，注重全行数据的统筹和治理，并且大力推动基于用例的大数据洞见挖掘和应用推广。2020 年 4 月发布的《中共中央 国务院关于构建更加完善的要素市场化配置体制机制的意见》中，已将数据作为新型生产要素。当前商业银行拥有大量数据，但是在完整性、准确性、及时性方面存在很大的改善空间，甚至直接影响了数据的使用。如何实现数据资产的管理和应用、让数据真正创造价值是其面临的重要课题。针对这一实践痛点，商业银行应在未来加强数据资产的管理和应用：①明确所有者及其职责，建立健全数据采集、管理、应用的制度和流程，尤其要加强数据归户管理、用户和员工的行为数据采集、外部数据引入等。②培养数据思维，尤其要提升业务人员善于运用数据设计产品、营销运营、决策管理的能力，提升对数据的敏感性。③提升数据便捷服务能力，提供产品化、工具化、平台化的数据服务，实现数据应用的"拖拉拽"，增加业务人员使用积极性。④建立公司级数据标准体系，破解"数据孤岛"难题，将数据汇总到数据中台，统一对外提供服务。⑤持续强化基础设施建设，加强大数据平台、数据集市、数据中台等基础设施的建设。

（3）数字化转型推动困难、组织人员体系有待优化。银行数字化转型绝不仅是数据部门的工作，而是一项需要行领导牵头、组织体系支撑、业务部门与科技部门共同参与的全行性工作。当前银行业开展数字化转型，在组织体系方面存在诸多限制：①组织流程缺乏配套机制、数据团队定位不清晰，导致实际工作推动困难。例如，前线队伍离客户近，最了解客户需求，但往往要层层审批到总行层面，导致最后的政策可能并不是以客户为中心的。类似这一类的决策链条、研发体系和组织文化与数字化转型其实是不相容的。在数字化转型中，文化塑造、敏捷研发、创新容错这些组织机制是非常重要的。②数据工作协同机制缺失，数据分析成果难以快速、规模化地赋能业务发展。银行普遍面临数据工作协同不足的现状，总行与分行间数据工作割裂，总行推动转型难以全面满足分行需求；数据部门与业务部门沟通存在壁垒，数据分析缺少业务输入或者落地场景；数据部门与科技部门开发流程复杂，执行效率缓慢，经常出现项目延迟上线甚至难产的情况。③数据能力建设策略不明确、高级数据人才缺失。当前银行数据人员多以单一知识背景为主，复合型人才比例较低；以基础型数据人员为主，高级数据分析人才缺乏；以外包人员为主，内部专家储备有限。适合数字化转型的人才，既要懂金融、懂合规，又要懂新型科技。现实情况往往会遇到两个方面的问题：一方面，金融机构大部分的科技人才主要是以合规和流程为中心，距离用户及业务一线较远，往往难以做到以用户为中心；另一方面，新型科技人才大部分都在互联网和科技平台公司，即使是从科技公司引入的人才，也往往缺乏合规和风险意识。以平安银行为例，在平安银行转型之初，做法是从阿里巴巴、蚂蚁金服、微众银行等有过金融背景或金融公司引入了一批人才，这些人才很多曾经在银行工作过，懂科技也懂银行，是真正符合转型需要的人才；同时，以这些核心人才为支点，快速壮大了科技人才队伍。截至 2021 年，平安银行 IT 人力已超 8 000人，其中零售人力占一半。

3.2.2　商业银行数字化转型未来展望

针对此实践痛点，商业银行未来应统一全行对数字化转型的认知，并进一步考虑各方利益的协调。国内商业银行传统组织架构下，前中后台各部门之间协同效率不高，难以形成数字化转型合力。商业银行可以通过系统中心对业务中心进行整合，建立与用户中心、客户中心、产品中心、营销中心、风控中心、运营中心等相匹配的组织架构，以快速支撑产品、营销、风控、场景等前台活动，提高响应效率与能力。需强调的是，那些希望通过研发新系统来弥补不合理组织架构缺陷的想法是不切实际的。同时，商业银行应不断优化线上线下人员结构，提高产品经理、数据分析师、IT 人员占比，增强银行从业者数据思维和分析应用能力。可以断定，银行从业人员未来如果没有数据思维能力，就像 30 年前进银行不会算盘、20 年前进银行不懂计算机一样，将会被历史淘汰。数字化转型既会给全行带来降本增效、精细化运营、风控能力提升等诸多益处，同时也使其面临业务模式颠覆、部分岗位减少、局部工作量提升等对部分个体实际利益的影响。建议管理层首先统一全行对数字化转型本质与价值的认知，包括高层管理人员与董事会认知的统一、高层管理人员与基层人员认知的统一、业务部门与数据部门认知的统一，以及内部员工与外部合作机构认知的统一。在认知统一的基础上，建议进一步明确对各方利益的影响及相应的协调之法，降低转型过程中的摩擦，使得转型更为顺利地推进。换而言之，银行必须打破部门间的壁垒，实现快速决策。"敏捷组织"成为很多银行实现跨越式发展的重要手段。几家西方银行纷纷开展了敏捷组织的转型，打破固有部门壁垒，成立跨条线人员联合作业的"敏捷小队"，通过敏捷管理模式进行项目开发。其开发速度从传统银行的以年为单位计量提速到以月和星期为周期，实现产品创新面向市场的快速响应。

3.3　互联网银行的定义与特征

从 20 世纪 90 年代中期开始，互联网在全世界社会经济活动中得到大力发展与普及应用，基于互联网平台的电子商务也蓬勃兴起，全球经济从传统经济迅速向以网络特别是互联网为平台特征的数字经济过渡。这既给现代的电子银行体系带来全新的挑战，又为电子银行的进一步发展，特别是服务方式与内容的拓展，开辟了一个广阔的发展空间。电子银行通过与互联网的 Web 应用技术结合，推出互联网银行服务，并逐渐从实体银行向虚拟的互联网银行发展。

在学术界，对于互联网银行的定义没有一个统一的答案。互联网银行可以指借助现代数字通信、互联网、移动通信及物联网技术吸收存款、发放贷款、做结算支付等业务的新时代银行，也可以指通过云计算、大数据等方式在线实现为客户提供存款、贷款、支付、结算、汇转、电子票证、电子信用、账户管理、货币互换、P2P 金融、投资理财、金融信息等全方位无缝、快捷、安全和高效的互联网金融服务机构，还可以指以高科技、高智能为支持的"AAA"式银行服务，即在任何时候（anytime）、任何地方（anywhere）、以任何方式（anyhow）为客户提供服务的银行。互联网银行又称网上银行，包含两个层次的含义：一个是机构概念，指通过互联网开办业务的银行；另一个是业务概念，指银行通过互联网提供的金融服务，包括传统银行业务与信息技术应用带来的新兴业务。在日常生活和工作中，我们提及的互联网银行，更多的是业务概念即网上银行的概念。互联网银行业务不仅仅是传统银行产品简单地在互联网上交易，其他服务方式和内涵也发生了一定的变化，而且由于信息技术的应用，又产生了全新的业务品种。

互联网银行具有人员少、运作费用低、无纸化操作的特点，可实现有效成本控制，增强产品价格竞争力，体现了"绿色"银行的理念。互联网银行与传统商业银行相比，更容易进行成本控制，因为只需建立基于互联网的客户中心和数据收集、处理及储存库。除此之外，互联网银行可提供跨区域的 24 小时服务，由于互联网银行的信息技术优势，可保证为客户提供每天 24 小时、全年无休的全天候跨区域服务。

3.4 互联网银行的业务模式

概括来说，互联网银行的系统架构主要由互联网银行技术架构、管理架构、业务平台架构三部分组成，与电子银行的架构相似，只是增加了 Web 技术与相应工具的应用。当然，随着未来互联网银行业务的进一步拓展，相应的系统结构也将可能调整与拓展，但核心框架在可预见的将来不会有太大的变化。例如，无线网络技术的应用将支持无线或移动金融业务（如移动支付、移动办公）的开展，相应的互联网银行系统框架中将加入无线应用支持模块。

互联网银行的技术架构是根据银行的业务需求及其现有 IT 系统，基于证书颁发机构（certification authority，CA）证书安全体系的互联网银行建设架构。它采取"客户 / 互联网银行中心 / 后台业务系统"三层体系结构，提供信息服务、客户服务、账务查询和网络支付转账功能，其中信息服务和客户服务由银行指定管理部门在全行范围内规划、运作和管理，互联网银行中心具体实现账务查询和实时交易功能并实现银行后台业务主机系统与互联网银行中心的实时连接，为互联网银行中心开展网络金融业务提供支持。互联网银行中心是互联网银行顺利运作的核心，其架构一般由 Web 服务器、应用服务器、数据库服务器、路由器、防火墙及内部管理和业务操作工作台组成。互联网银行系统的具体业务功能，通常由银行端 Web 服务器和两台互为备份的应用服务器及数据库服务器完成。在银行系统建立一个统一的互联网银行中心，不仅有利于提高互联网银行的管理效率和互联网银行系统的安全系数，也有利于互联网银行向客户提供更高质量的金融服务。

互联网银行根据主要客户的需求变化，设置网上的金融服务品种和业务流程，根据服务品种和业务流程，构筑互联网银行的具体业务内容。当然，互联网银行的业务领域也会随着互联网银行的发展和不断完善而更加丰富多彩。总结国内外互联网银行业务的开展情况，目前的基本业务架构可分为三类。

（1）基本技术支持业务。基本技术支持业务如网络技术、数据库技术、系统软件和应用软件技术等网络交易安全技术的支持是最基本的要求。

（2）网上客户服务业务。网上客户服务业务如客户身份认证、客户交易安全管理、客户信用卡 / 银行卡等电子货币管理及客户咨询业务，还有结算中心、业务代理、业务调度、客户服务统计查询、决策。

（3）网上金融品种及服务业务。网上金融品种及服务业务是互联网银行的核心业务，如电子货币业务、网络支付与结算业务、网上股票交易、网上财经信息查询、网上理财及综合网上金融服务等业务。

3.5　互联网银行发展实践与展望

3.5.1　互联网银行的发展实践

回顾互联网银行在全球的发展轨迹，可以发现互联网银行在金融生态中扮演着多种角色，也将重塑未来的银行生态。凭借技术赋能、创新为先的基因，互联网银行能够为客户提供更具竞争力的价格、更便捷的服务、更优质的体验。对于互联网银行自身而言，在科技助力业务创新的同时，回归金融本源、立足客户需求、稳健持续经营，才是长期制胜的关键。毕竟真正有影响力的金融创新，恰恰是最终被广泛应用直至习以为常的那些。我国互联网银行实践现状体现为以下三方面。

（1）直销银行市场初具规模。作为互联网银行的一种表现形式，我国直销银行经历了从起步到初创期、快速成长期、平稳发展期等阶段，形成了百舸争流的竞争格局。2013年9月，北京银行首次建立直销银行，宣布与ING（荷兰国际集团）合作开展直销银行业务。2014年2月，中国民生银行推出纯线上的直销银行服务平台，成为国内第一家真正实践直销银行新模式的商业银行。国内最初设立直销银行多以"差异化获客，弥补线下网点不足"为战略目标，以简单、有竞争力的存贷产品吸引客户。随后更多的银行将直销银行作为转型抓手，直销银行数量快速上升，截至2022年，全国开展过直销银行业务的银行已超过100家。

（2）纯互联网银行借助金融科技践行普惠金融。以微众银行、网商银行、新网银行为代表的纯互联网银行发展势头强劲，专注以数字化、技术化手段深耕普惠金融市场，持续提升服务质效。截至2022年6月，微众银行已累计为全国3.4亿个人客户和近280万家小微企业提供了线上银行账户、存款理财、小额信贷和支付等服务；网商银行背靠阿里生态（包括淘宝、天猫等应用场景），已累计服务4900万小微经营者，服务对象已经覆盖电商、码商、供应链商家、经营性农户等；新网银行依托随心存等投资类产品，智能存款、好人贷等存贷款产品，资金存管等服务，累计服务客户已突破7000万。

（3）互联网银行以创新模式打造场景化金融。传统商业银行的直销银行、纯互联网银行以及独立法人形式的直销银行等广义的联网银行不断创新产品与服务模式，形成差异化优势，并通过与政府、互联网金融企业平等的合作，打造场景化金融。例如，中国工商银行融e行着力打造开放式直销银行综合服务平台，为客户提供个性化直销银行服务，并广泛布局医疗挂号、交通违规罚款和水电气费缴纳等生活服务场景，加快推进金融与"互联网＋生活"的深度融合。新型冠状病毒感染疫情期间，融e行与"1药网"平台开展场景合作，提供疫情实时动态及在线问诊服务，打造便捷的智慧金融服务新体验；广州农商银行积极挖掘利用行业"互联网＋"转型机会，通过输出e账通电子账户切入专业市场、社区、高校教育等场景，向第三方输出开户、支付、理财、贷款、增值服务等标准化产品，关联合作方业务，开拓并深化智慧商圈、智慧社区、智慧校园等生态金融服务模式，为客户提供不止于金融的一站式线上服务；百信银行依托互联网和金融科技优势，通过"开放银行＋"的生态策略，发力场景金融，持续布局车生态、内容娱乐、新消费、大健康等场景生态，输出可定制化 API，赋能消费和产业互联网平台，构建金融生活生态圈。

在成熟的监管下，英国互联网银行呈现成熟市场上的"百花齐放"。自英国银行监管变革以来，有 6 家互联网银行申请者先后获得银行牌照，其中最早的 Tandem Bank 成立于 2013 年，最晚的 Zopa 筹建于 2018 年，银行牌照的发放集中于 2015—2018 年。与传统银行巨头相比，互联网银行的服务聚焦在核心银行功能，即存款和贷款，注重为个人用户和公司用户提供性价比更高的服务，这些创新银行关注互联网时代下的用户体验，在 IT 系统改进、运营优化、UI（用户界面）美化等基础上，为客户提供简单便捷、稳定好用的银行服务。但英国互联网银行仍面临一些挑战：①产品设计较为单一，客户黏性不强。互联网银行主打高利率、功能较为单一的储蓄账户，同质性较强，一旦利率不及预期，容易发生客户流失。②商业模式的可持续性有待验证，目前除 OakNorth 外的其他互联网银行无一实现盈利。③银行规模化发展的潜力也值得探索。

美国呈现出实业、互联网与银行的深度结合。目前美国的互联网银行大概可以根据其成立的背景分为三类：①传统银行为了业务扩张，积极向互联网零售业务转型所设立的分支机构，这一类型比较有代表性的案例就是荷兰国际集团旗下的互联网银行 ING Direct，为了拓展国际业务，以 ING Direct 的形式打入美国市场，这类机构一般具有雄厚的资金基础，产品形态也比较成熟，比起其他更加创新的互联网银行，更像是传统银行的直销渠道。②非传统银行类金融机构，如汽车金融公司、保险公司等，为了丰富产品线，提高竞争力，发起了互联网银行业务，如 Ally Bank 的母公司 Ally Financial 前身为通用汽车金融服务公司，这类互联网银行可利用现有业务的特点，具有天然的客户流量优势。③完全由无金融服务经验的机构发起的纯互联网银行，在资金和客户流量上都不具备先天优势，但更注重产品的差异化创新，目前还在逐步发展阶段，这类互联网银行中，已经在纳斯达克上市的 Axos Bank 可谓佼佼者。通过整理一些美国持牌互联网银行的基本信息，可以发现大多数都在 20 世纪 90 年代中后期成立，除了第一类传统银行成立的互联网银行，第二类中规模较大的 Ally Bank 和 Discover Bank 都获得商业银行牌照，其他规模较小的互联网银行获得了储蓄牌照。而无论拿到哪种牌照，这些互联网银行在经营范围上基本是一致的，多数都在资金端提供储蓄、定期存单和个人退休金账户，在资产端提供抵押、无抵押贷款服务，部分银行提供信用卡服务。

3.5.2　互联网银行的未来展望

（1）更精细化的客户经营体系。通过对客户资源和银行服务渠道的有效整合，精细化经营客户，形成一体化的客户经营体系。一方面，互联网银行的技术布局可以替代传统客户经理的人海战术，快速拓展服务广度和深度，推进金融服务触达更广范围的客户群体，挖掘客户更深层次的金融服务需求；另一方面，开发"长尾客户"潜力，并凭借边际成本递减的优势，批量经营客户，降低获客、活客、留客成本。

（2）以数据为基础的产品服务体系。赋能商业数字化转型，要着力提升数据使用效率，挖掘数据内在价值，推动数据要素流转和融合，从而更好地发挥其在消费金融、小微金融服务方面的积极作用。互联网银行将改变商业银行的产品设计模式，从多个渠道和过程节点获取客户更多的数据，从而奠定银行感知客户、理解客户的基础。此外，互联网银行通过云计算、大数据、人工智能等新技术，主动挖掘用户需求、分析用户偏好，开展数据驱动的产品设计活动，制定精准营销体系。未来，互联网银行将更加注重数据，依托数据资产，在安全可控的环境下为客户提供一体化、定制化的金融服务。

（3）依托金融科技的智能风控体系。风控是商业银行经营的根本，也是互联网银行现在以及未来经营的重点。互联网银行基于其风控技术和能力，将充分运用金融科技手段，构建全新的智能风控体系，重塑商业银行的核心竞争力。与传统风控模式相比，智能风控体系可以收集、积累、整合交易数据、经营数据及财务数据等，减少对人力和经验的依赖，将有效提升银行传统风控算法和模型的效率与精度，建立全新的风险管控模式，在高度自动化的运营过程中实现大数据风险管控。

（4）基于数字生态的开放共享模式。未来，商业银行竞争不再只是单一银行之间的竞争，而是生态圈之间的竞争。从生态系统的角度来看，互联网银行一方面要构建与同业、科技公司、政府、核心公司及上下游之间的全链条、全平台，与生态系统的伙伴形成更加紧密的耦合关系，嵌入客户所在的各种生产生活场景中，并基于真实场景实现金融业务的线上实时交易，为客户提供一站式金融解决方案。

本章小结

本章介绍了商业银行数字化转型的背景与特征，结合时代背景详细阐述了银行业数字化转型的必要性和紧迫性。从战略部署、数据与技术能力、组织架构与人员部署三个方面阐述了商业银行数字化转型实践并对未来进行展望。本章还介绍了金融科技新兴业态——互联网银行的含义与特征，并对互联网银行与传统银行在业务模式方面的差异进行了阐述，最后介绍了互联网银行国内外实践与未来发展方向。

思考题

1. 我国商业银行数字化转型面临的挑战有哪些？

2. 互联网银行与传统银行相比有哪些优缺点？

3. 我国互联网银行的实践道路与国外有何不同？

4. 商业银行数字化转型的必要性体现在哪些方面？

即测即练

参考文献

[1] 徐雪峰 . 电子支付与互联网银行 [M]. 上海：上海财经大学出版社，2014.

[2] 曾学文，荣九勇 . 欧洲银行业数字化转型启示 [J]. 中国金融，2020（3）：3.

[3] 孙军正，孙鹏程 . 互联网时代银行存量客户的价值挖掘技巧 [M]. 北京：中国财富出版社，2018.

[4] 张钊瑜 . 浅谈互联网金融对银行的冲击与发展策略 [J]. 商情，2017（36）：66，70.

[5] 徐明 . 互联网金融风险及风险管理分析 [J]. 中国商论，2017（1）：40-41.

第4章 证券业数字化转型与智能投顾

学习目标

1. 了解证券业数字化转型的背景。

2. 了解证券业数字化转型的历程和主要阶段。

3. 了解智能投顾的发展阶段。

4. 熟悉智能投顾的基本定义和主要应用。

5. 掌握智能投顾的技术基础。

6. 了解中美智能投顾的发展现状及对比。

能力目标

1. 了解证券业数字化转型的现存问题。

2. 熟悉国内外证券业数字化转型的特征。

3. 熟悉智能投顾的理论基础。

4. 掌握智能投顾的分类。

5. 熟悉智能投顾的业务模式。

思政目标

了解证券业数字化转型所带来的机遇，深刻体会我国经济高质量发展的内涵。

思维导图

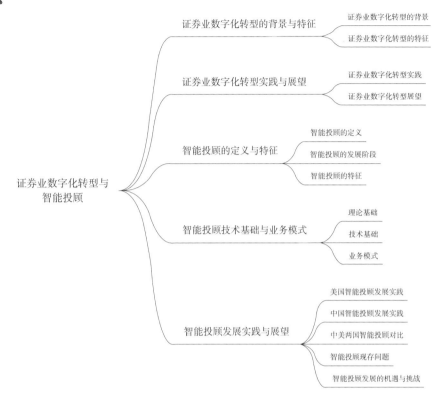

导入案例

2022 年伊始，华林证券于 2 月 21 日披露已与北京字节跳动网络技术有限公司（以下简称"字节跳动"）签署协议，以 2 000 万元受让字节跳动旗下文星在线 100% 股权。文星在线为海豚股票 App 运营主体，由江苏今日头条全资控股。海豚股票 App 是文星在线的一款股票行情软件，为用户提供股票行情和金融资讯服务，包含智能盯盘、高速行情、经营分析、实时监测等亮点功能。随着华林证券的受让，未来海豚股票 App 将从一款"股票行情"软件升级为"证券交易"软件。据字节跳动披露，截至 2021 年 9 月，海豚股票 App 的平台用户数约为 1 246 万。此次收购，将有望帮助华林证券实现线上用户增加上千万，同时进一步提升华林证券的科技研发与产品创新竞争力，加速推动公司实现数字化转型的战略。

华林证券的前身为 1988 年成立的江门证券，于 2003 年增资扩股并更名为华林证券。随着我国资本市场改革的不断深入，作为中小券商的华林证券盈利能力也在逐年稳步增长。但自 2021 年以来，华林证券业绩大幅滑坡。面对业绩压力和行业的激烈竞争，2021年4月华林证券推出金融科技转型战略，提出打造"国内领先的科技金融公司"的愿景目标，从公司战略、组织架构、人事聘任等方面进行了金融科技转型上的布局。2021年8月17日，华林证券发布公告，称公司将对组织架构进行全面升级，形成职能管控线、科技金融线和传统业务线三线管理模式。其在公司组织架构上推行部落制改革，新增设了乡村振兴部落、FICC（固定收益证券、货币及商品期货）部落、基础平台部落，并撤销了研究所；将原有部门进行更名调整，将原"金融科技中心"和"运营中心"整合为"科技运营部落"。此外，为顺应公司互联网战略转型需要，华林证券进一步优化了营业网点布局，撤销11家营业所；同时，在科技投入和人才聘任上发力，加大了信息技术投入和科技人才引进力度，包括力邀金融科技背景人才担任高管和吸引互联网"大厂"科技人员。截至2021年9月末，华林证券的信息技术投入较2020年同期增加约1.6亿元。这一系列举措引发市场关注，使得华林证券股价持续攀升，体现了市场对其数字化转型的认可和期待。

【案例思考】

1. 什么是证券业的数字化转型？

2. 搜索新闻，举例说明近年来券商推进数字化转型的举措。

4.1　证券业数字化转型的背景与特征

证券业数字化转型，是指证券公司通过大数据、云计算、人工智能、区块链等数字化工具提升经纪业务、自营业务、资产管理业务、投资银行业务的运营效率，完善系统管理、风险控制，提升综合金融服务能力、促进实体经济发展的能力。

4.1.1　证券业数字化转型的背景

大数据、人工智能、区块链、云计算等金融科技的快速发展，带领全球经济打开了数字经济时代的新篇章。数字化转型正成为金融机构增强核心竞争力的重要突破口，为证券公司创新发展带来重大机遇。在激烈的市场竞争格局下，证券公司积极运用金融科技的技术优势，推动数字化转型，有利于为实体经济发展提供优质、高效的金融服务，为经济创新转型提供更加多样化的金融工具，推动证券行业高质量发展。

1. 构建新发展格局，发展数字经济的需要

2022 年，党的二十大报告明确提出加快构建新发展格局、着力推动高质量发展的任务目标和战略部署，为金融行业指明了前进方向、提供了根本遵循。2019年，中国人民银行发布《金融科技（FinTech）发展规划（2019—2021 年）》；2022年 1 月，中国人民银行印发《金融科技发展规划（2022—2025 年）》，标志着国家对金融科技的重视上升到战略新高度。2021 年，习近平总书记在中共中央政治局第三十四次集体学习上指出："近年来，互联网、大数据、云计算、人工智能、区块链等技术加速创新，日益融入经济社会发展各领域全过程，各国竞相制定数字经济发展战略、出台鼓励政策，数字经济发展速度之快、辐射范围之广、影响程度之深前所未有，正在成为重组全球要素资源、重塑全球经济结构、改变全球竞争格局的关键力量。"作为金融科技发展的重要参与主体，证券业通过数字化转型提升服务效率和质量，助力资本市场高质量服务实体经济，是发展数字经济的重要举措。

2. 推动高质量发展，提升核心竞争力的需要

近年来，面对复杂严峻的国内外形势，中国金融业始终坚持高水平对外开放。高盛、瑞银、摩根士丹利等国际大型投资银行正在踊跃进入中国市场，对国内的证券公司将会形成较大的冲击。在数字化浪潮方兴未艾的新形势下，推动证券行业数字化转型，不断为实体经济提供更高质量、更高效率的金融服务，进一步为客户提供多样化、差异化的创新型金融产品，将有利于提升中国证券公司的核心竞争力，是我国证券行业高质量发展的必由之路。

3. 科技的发展为数字化转型提供了技术手段和可能性

人工智能技术为证券公司进行客户身份识别、数字化营销、智能投顾、风险控制提供了新的工具，极大地提高了工作效率。区块链具有去中心化、分布式、可追溯等特点，便于证券公司对业务流程中产生的资金进行风险监控，形成有效的追溯机制，提升风险的识别、防范和控制能力。云计算技术使得证券公司通过搭建云平台对业务和运行系统进行集中化管理，大幅提高了管理效率，降低了管理成本。证券公司拥有的巨量的客户数据和交易数据，可通过大数据技术应用，通过挖掘数据价值进行精准营销和风险控制，有效提升证券公司的经营管理效率。

4.1.2　证券业数字化转型的特征

传统券商业务包括经纪业务、自营业务、投行业务、投资咨询以及资产管理等。随着金融科技应用场景的不断丰富，人工智能、大数据、云计算等新兴技术不断赋能证券业各业务条线，深入券商日常经营管理的各方面，使得证券业服务呈现出与传统服务不同的鲜明特征（表4-1）。

表 4-1　证券业数字化转型特征

应用领域		金融科技方法	转型优势	特征
客户服务	客户分类	人工智能	精准地捕捉客户需求，提升营销和服务效率	智能化
	智能客服	人工智能	人工智能算法替代客服工作人员，降低运营成本	
	智能投顾	大数据、云计算、人工智能	提供智能化的投资组合策略以及一体化解决方案	
交易流程		区块链	简化交易结算流程，提高证券交易的效率	简便化
系统管理		云计算	各异构系统间互联互通	集中化

1. 智能、个性和系统化的客户服务

证券业数字化转型带来证券公司服务模式的重构，从传统通道服务向全面财富管理业务和综合金融服务转变，在资源整合和业务模式全方位革新的基础上，对客户的服务更加智能、个性和系统化。

在客户分类方面，证券公司运用数据挖掘、知识图谱、机器学习等人工智能技术进行用户画像和客户分类，可更加精准地捕捉客户需求，便于证券公司对不同级别的客户提供差异化的服务，同时有效降低信息获取成本和服务成本，提升营销和服务效率。

在智能客服方面，基于语音识别、自然语言理解和知识检索等人工智能技术，使得智能客服可以模拟特定场景下的人类对话，拓展了为客户服务的广度。深度学习算法的应用大幅提升服务的准确率和速度，大幅降低了客服运营成本，使客服人员更能专注处理复杂问题和高净值业务，延伸了为客户服务的深度。

在智能投顾方面，证券公司能结合客户目标及市场变化提供多层次的客户资产组合的动态优化、个性化定制服务，为客户提供全方位、全生命周期的一体化解决方案，有助于提升个性化和系统化的服务。

2. 简便的交易流程

传统模式下的交易结算流程较为繁杂。投资者要以柜台、电话、自助和互联网等方式向证券公司发出委托买卖交易的指令，再由证券公司进入证券交易所进行买卖交易。客户的证券交易结算资金由银行存管，由存管银行负责客户资金的存取与资金交收，中国证券登记结算公司则为证券交易提供集中的登记、托管与结算服务。证券交易产生的数据信息需要中央结算机构、银行、券商及交易所的确认和清算，流程烦琐且易使交易存在时滞，影响证券交易效率。

随着资本市场的快速发展，证券行业掌握的客户资料、交易记录及后台服务等数据信息呈现爆炸式增长。通过金融科技手段对这些海量数据信息加以综合分析利用，可以大幅简化交易结算流程，提高证券交易的效率。

在证券系统中，区块链能够将证券的种类、准入的资历条件、转让的限制条件等通过事先编制好的数字程序纳入智能合约中，凭借区块链技术去中心化、去信任化的独特优势，促成买卖双方交易的自动化、智能化。利用区块链技术，可以实现在没有第三方清算机构的情况下，单独进行账簿记载和清算结算工作，促使业务流程发生根本性的变化，同时对终止净额结算制度、降低结算风险发挥着积极作用。相对于传统证券交易模式，区块链技术的介入使得买卖双方交易趋于自动化、智能化，并能简化结算流程，抑制结算风险。

3. 集中的系统管理

随着证券公司创新业务的不断开展，需要部署的信息系统也越来越多，如核心交易系统、第三方存管、网上交易系统、网页交易系统、电话委托系统以及CRM（客户关系管理）系统、投资顾问平台、呼叫中心等系统。信息系统、硬件设备、机房面积、能耗等都在快速膨胀，相应的硬件、软件、电力、场地、人力等投入也越来越大。传统的信息系统体系架构存在较大的滞后性，各信息系统之间相对独立，不能适应以大数据为背景的全方位客户服务的需要。随着云计算技术的发展与普及，云计算的低成本和高效率为建设集中、统一的信息系统提供了前所未有的条件和机遇。

证券公司利用"云计算"模式，对各类服务器基础设施应用进行集成，形成能够高度复用与统一管理的IT资源池，对外提供统一硬件资源服务；在信息系统整合方面，通过建立基于PaaS的系统整合平台，能实现各异构系统间的互联互通，从而进行集中化的系统管理。

4.2　证券业数字化转型实践与展望

　　2020 年 8 月，中国证券业协会发布了《关于推进证券行业数字化转型发展的研究报告》（以下简称"报告"），报告以行业调研为基础，从证券行业数字化转型的必要性角度出发，分析了行业数字化转型现状及所面临的挑战，提出要利用以人工智能、区块链、云计算、大数据等为代表的数字技术探索证券行业"新业态、新模式"，推进证券业数字化转型。

　　自 1990 年沪、深两市开业，我国证券业已历经 30 多年的发展。这 30 多年也见证了证券业在技术发展下不断创新的历程。近年来，随着金融科技的发展，证券行业的产业元素、服务业态和商业模式都在发生变化，证券行业对信息技术的投入不断上升。报告指出，2017 年至 2019 年末，证券业对信息技术的累计投入达550.42 亿元。其中，2019 年为 205.01 亿元，同比增长 10.49%。截至 2019 年末，证券行业 IT 人才为 1.3 万余人，占行业注册人员数量的 3.75%。在数字化浪潮下，证券业的数字化转型已成为行业共识和趋势。

4.2.1　证券业数字化转型实践

　　1. 证券业数字化转型历程

　　1）国外的证券业数字化转型

　　（1）销售业务线上化。20 世纪 90 年代，传统券商开始进行财富管理转型，搭建金融产品超市，构建线上线下相结合的投顾体系，通过线上体验和超低费率快速积累客户。

　　（2）机构业务数字化。21 世纪初，一些投行开始进行多业务的数字化转型，包括前端机构客户平台、销售管理平台、电子化交易平台，以及后台运营与风险控制平台。相较于国内证券业，国外固定收益业务的信息化水平较高，领先投行更着力投入建设跨市场、全品种、多币种的前中后一体化交易平台。

　　（3）全面数字化建设。随着大数据、人工智能、云计算、区块链等技术的发展，国际投行开始加速进行数字化转型，围绕零售、机构、投行、资管等各业务，实现流程自动化、运营智能化、管理精细化。目前，零售业务的财富管理数字化水平较高，不断提升数字化体验已成为所有券商发展零售业务的基本要求。

　　与国内大多数证券公司使用数字技术提供并优化远程开户、在线交易、智能投顾、智能客服等服务相比，国外领先投行的数字技术应用水平更为领先，通过数字技术实现在财富管理、支付与结算、数据分析、区块链、数字货币等领域的应用，将大数据、人工智能、云计算等数字技术更为高效地融合。表 4-2 为国外部分投行数字化转型案例。

表 4-2　国外部分投行数字化转型案例

机构名称	应用技术	应用案例
瑞银	大数据	2012 年，瑞银开始构建财富管理大平台 One WMP，旨在将瑞银所有产品、服务和能力整合到一个平台
	云计算	2017 年 4 月，瑞银通过使用微软 Azure 云解决方案提高业务敏捷性，降低成本并获得竞争优势
摩根士丹利	大数据、人工智能	NBA（Next Best Action，下一步最优行动）是公司财富管理业务的核心平台，可以为投资者提供投资建议，为操作者提供操作预警，同时也可以解决客户日常事务
	云计算	MIFID Ⅱ ISIN/TOTV Services 系统
高盛	区块链	CLSNet 由 Linux Foundation 的 Hyperledger Fabric 区块链框架提供支持，CLSNet 是一个标准化、自动化的双边支付净额计算服务，供买方和卖方机构使用。作为一个集中的基础设施，它为用户提供了一个关于其净支付义务的单一共同记录，以简化交易后的匹配和净结算过程
	人工智能	Deal Link 平台，帮助分析师自动化管理工作流程，通过机器人流程自动化技术将 IPO（首次公开募股）流程中的一般步骤实现自动化并集成至平台上
花旗集团	区块链	2019 年投资区块链技术平台 Symbiont，推动数据管理、抵押贷款、私募股权和联合贷款等业务的发展
	人工智能	2018 年投资英国大数据隐私保护服务商 Privitar，使用机器学习和云计算，帮助客户作出快速、数据化的决策，同时确保数据的安全性和隐私性

2）我国的证券业数字化转型

（1）业务电子化。20 世纪 90 年代，国内证券业的业务模式逐渐发生转变，电子化开始取代纸质化，如无纸化登记结算、柜台业务电子化等，电子化业务模式有效地提高了业务处理效率。证券业在进行业务电子化转变的同时，也进行了技术架构的改造和升级，建立的覆盖全国的卫星通信网络促进了电子化交易市场的最终形成。

（2）线上线下融合发展。2000 年起，国内证券业开始全面信息化建设，通过互联网技术和平台建设帮助高效率地实现证券的发行、定价、销售、交易等，业务范围包括经纪业务、理财产品代销、证券发行承销、衍生品交易、自营投资等传统证券业务。同时，大型券商开始自建信息化平台，自主研发移动客户端 App，打造可双向互动的个人理财平台，通过互联网应用以及结合自身的业务，联合第三方服务商为客户提供资讯、交流社区、投资工具等周边服务。

（3）金融科技引领。从 2015 年开始，国内部分大型证券公司开始将金融科技作为公司战略的一部分。随着人工智能、云计算、大数据等新兴数字技术在证券领域的逐渐应用，证券公司的经营模式逐渐从传统的"通道式服务"向"以客户为中心，以个性化、多样化服务为特色"的经营模式转型。同时，数字技术也有效地运用在风险防范、精细管理和安全管控等领域。

现阶段国内大部分券商的数字化手段主要应用于业务支持方面，运用技术手段满足业务最基本的系统平台需求，为机构本身带来业务价值，实现降本或创收。国内部分证券公司数字化转型案例见表 4-3。

表 4-3　国内部分证券公司数字化转型案例

应用技术	机构名称	应用案例
人工智能	广发证券	"智慧广发"项目：语音、语义、图像/视频/文字识别、机器学习、网络爬虫、知识图谱等多项智慧能力
	国金证券	佣金宝：利用人工智能分析技术进行投资策略和相关产品开发
大数据	中泰证券	股票交易平台 XTP 极速交易系统：可以实现沪 A/深 A 股票交易、全市场 ETF（交易型开放式指数基金）买卖、申购赎回、国债逆回购等多项功能
	平安证券	人工智能慧炒股：对股票进行综合量化分析，为客户提供持仓、个股诊断和换股建议，形成差异化智能资产配置方案和智能辅助决策工具
云计算	海通证券	混合金融云平台：混合金融云平台通过提供一系列的聚合服务，充分发挥了规模化、集团化、专业化的优势

2. 国内证券业数字化转型存在的问题

（1）系统整合程度低。由于目前对于信息管理系统的技术尚未有统一规定或标准，证券公司在使用信息管理系统时不能将每一部分的管理系统有效地整合，没有进行统一的架构管理，使得各个系统在数据标准、流程等方面缺乏整合管理控制，各模块管理业务系统协调性较低，这制约了数据之间的互联互通，增加了管理者获取数据的难度。

（2）数据价值挖掘程度低。证券公司所记录的产品数据、交易数据、风险数据等的准确性、可靠性需要进一步提高，数据的准确性在很大程度上影响着证券公司数字化应用程度。同时，各个业务系统中，数据应用大多数停留在表层的基础性分析，只有很少一部分数据涉及证券公司业务发展的预测性分析，数据的挖掘程度较低，没有有效利用数据更深层次的价值。

（3）人才缺失。数字化人才培养是加速证券公司数字化转型的关键所在。在进行数字化转型的过程中，提高证券公司的核心软件开发能力、数据管理能力和营运能力需要具有专业知识与专业素养的人员参与。目前，既掌握证券业务知识，又具备 IT 技能，同时又有数字化思维和营运能力的复合型人才仍较为紧缺。

（4）公司内部数字化转型机制不完善。证券公司的数字化转型，不仅需要科技层面的支撑，更需要保障机制。如今，大多数证券公司已经意识到数字化转型是未来不可避免的发展趋势，但许多证券公司没有较为完善的数字化转型机制，从而影响数字化转型的进程和应用效果。业务部门和 IT 团队沟通性不强，不能有效协作，导致数字化对证券公司业务创新发展的引领性不足。证券公司内部对业务部门和 IT 团队的考核与激励缺乏挂钩机制，不利于调动员工的工作积极性，也难以形成工作合力。

4.2.2　证券业数字化转型展望

随着金融科技发展的逐步深入，证券业"数字化＋平台"业务和管理模式将逐渐成为主流，金融科技与证券业务的融合方式也将从简单"拼接"向深度"融合"纵深演进，数据治理能力进一步加强，数据化生态环境进一步改善，证券业将迎来数字化转型的新时代。深化证券业数字化转型，需要做好平台建设，进行持续的智能化建设，同时健全数字化监管机制。

1. 做好平台建设

平台化建设可避免系统和数据隔离，实现技术可重复利用，形成资源整合，将单一型业务形态转变为复杂型业务形态。基于开放平台的统一技术结构，可以连接系统数据，提高服务能力复用率，迅速响应需求。建立数字化运营平台，能有效促进中后台高效运行。

2. 持续的智能化建设

人工智能、云计算、大数据等新兴数字技术不断扩宽在证券领域的应用场景，改造并创新金融产品服务、经营模式、业务流程等，包括以产品为中心到以客户为中心的服务模式转变、线上线下流程和资源的融合贯通、智能化的展业和数字化的营运手段建立、生态化的财富管理拓展等。通过大数据技术可以开拓证券市场数据应用边界，基于规模化的数据处理可以实现智能营销等。未来人工智能将能更好地融入业务运营，可以实现从用户、渠道、平台、活动等维度的精准运营。

3. 健全数字化监管机制

在资本市场改革、监管转型、市场向好、创新业务加快发展的大环境下，合规经营和风险控制的重要性日益凸显。2023 年，国务院机构改革将证监会调整为国务院直属机构，其在政策制定和监管方面的作用更加突出，同时有利于与其他部门的协调和合作，共同推动数字化转型，实现数字化发展的协同效应。监管部门应出台与业务发展最新实践相匹配的投资咨询监管政策法规，持续完善基金投顾业务试点相关监管政策，在防范利益冲突、强化业务开展各环节管控要求等方面进一步明确、细化相应规则，提供证券业数字化转型的保障机制。

4.3 智能投顾的定义与特征

智能投顾是金融科技应用于投资管理的成功案例，是证券业数字化转型的重要领域。智能投顾于 2010 年首先兴起于美国，随着金融科技浪潮的兴起，智能投顾获得了充足的资本支持。根据 Statista 的数据，2021 年全球智能投顾管理资产规模高达 1.43 万亿美元，拥有近 3 亿客户，用户平均资产规模达 4 876 美元，预计到 2026 年，管理资产规模将达到 3.13 万亿美元，全球拥有超 5 亿客户，渗透率高达 6.4%。以充足的资本作为后盾，智能投顾平台吸引了大量投资和高层次科技人才，技术与规模迅速发展。

4.3.1 智能投顾的定义

投资顾问是指在金融投资、房地产投资、商品投资等各类投资领域提供专业建议的专业人士，他们通过与客户全面深入交流，了解客户偏好、风险承受能力、财富水平等信息，从而针对性地为客户选择资产配置组合，并基于客户财富水平的变化与市场波动提供实时建议。投资顾问从客户需求出发，为客户定制投资策略，是联结金融产品端与用户端的纽带。

智能投资顾问（robo-advisor），简称智能投顾，在实践中有狭义和广义之分。狭义的智能投顾是指利用云计算、智能算法、机器学习等技术，基于现代资产组合理论、资产定价理论、行为金融理论等构建应用模型，结合投资者个人财务状况、风险偏好、收益目标和投资期等大数据个性化特征，为投资者提供理财建议。这也是国外智能投顾的主流。国内对智能投顾的界定具有更广阔的外延，涉及上述技术和理论模型在两个领域的应用：一是个人账户管理、信贷管理、税务筹划和投资理财等面向个人投资者的应用；二是服务于机构和资本市场，涉及交易系统、财务分析模型、金融大数据等的应用。

4.3.2　智能投顾的发展阶段

智能投顾的发展经历了以下三个阶段，体现了人工智能、大数据等金融科技运用的逐步深入和投资者对智能投顾接受度日益增加的态势。

（1）反向过滤阶段。自 20 世纪 90 年代后期至 2007 年，智能投顾作为面向个人和机构投资者的辅助投资工具走向市场。2005 年，美国证券商学会颁布法律文件，允许证券经纪人借助投资分析工具帮客户理财，智能投顾平台应运而生。通过在智能投顾平台上回答问卷或手动选择标签，用户可排除不合适的投资理财产品。智能投顾平台基于投资理论或模型，从剩余投资产品中计算出适合该用户的投资组合。在这一阶段，智能投顾平台对投资组合的选择是基于用户问卷或标签的排除项，该阶段被称为反向过滤阶段。在该阶段，智能投顾平台采用企业对消费者（business to customer，B2C）的运营模式，主要与客户对接并提供投资组合建议。这一阶段投资产品的类别包括股票、债券、基金等。

（2）半自动智能投顾阶段。2008 年金融危机以后，科技公司开始布局金融行业，主要形式为给客户提供多样化的投资辅助工具。用户通过在平台上回答问卷来测试风险承受能力并筛选投资产品。基于预定义的产品风险系数，智能投顾平台推荐符合用户风险承受能力的产品。这一阶段，用户可以在智能投顾平台上开户并交易。此时的智能投顾已属于半自动化投顾，即机器决策与人工决策相结合。随着传统金融机构布局智能投顾，智能投顾平台的客户资源更加丰富。智能投顾平台基于大数据分析、量化金融模型计算出的投资组合模型更加智能化，并实现了投资产品的动态监测。

（3）全自动智能投顾阶段。这个阶段是结合人工智能、深度学习、云计算驱动的全自动智能投顾系统。在该阶段，人工智能算法基于用户提交的问卷捕捉其风险偏好并自动提供适配的投资理财产品。智能算法可以基于用户的操作记录实时捕捉用户的偏好变化，同时基于投资产品的历史数据和当前动态变化来预测投资产品的未来趋势。智能投顾系统基于动态变化的用户偏好和动态调整的市场风险实现资产组合的实时更新。全自动智能投顾可以直接帮助用户进行财富管理，无须用户的过多操作。

4.3.3　智能投顾的特征

（1）低门槛。传统金融机构私人理财部门门槛相当高，最低投资限额动辄上百万元，因此服务面窄；而智能投顾的最低起投资金额仅数千元甚至数百元，能彻底覆盖投资理财的中小客户。

（2）低费率。由于较高的人力成本，传统投顾的管理费率普遍高于1%，且边际成本下降不明显；而目前智能投顾的管理费率普遍位于0.1%～0.5%的区间，而且借助智能算法，边际成本随着客户的增多而下降，具有显著的边际效应，因此智能投顾平台可以通过扩大服务群体来降低平均成本。

（3）高透明。传统投资顾问的信息披露晦涩难懂，且金融产品供应商与客户之间可能存在利益冲突；而智能投顾充分披露投资模式、金融产品可选范围、收费标准等信息，且客户能够即时获取投资信息。智投平台的高透明性既保障了客户的利益，又提高了智投产品的竞争力。

（4）高便利。传统投顾以线下服务为主，时间和场地受限，部分需要提前预约；而智能投顾的全部流程均可以通过互联网实现，不仅能精准、高效地匹配客户需求和资产管理目标，还能7天×24小时随时响应客户需求。

（5）定制化。智能投顾提供丰富的定制化场景，能满足客户对于个性化财富管理服务的需求。智能投顾平台依托大数据和云计算，能够为用户提供个性化的风险测评，并满足客户个性化财富管理的需求。

（6）理性客观。智能投顾基于算法制定策略，有固定阈值、止损、止盈的设定，达到条件阈值或止损、止盈的边际会自动触发操作，进行程序化交易而不易受主观因素影响。传统投顾受人们追涨杀跌心理影响较大，容易被人性弱点误导，市场波动时做决策易受恐慌情绪影响。

（7）高度分散化。智能投顾的投资决策以及资产组合管理由人工智能完成，可同时管理多个投资标的，产品的配置范围广、分散程度高；而传统模式受人力限制，只能对有限投资标的进行维护管理。

图 4–1 从主要渠道、目标客户、服务时间、销售模式和投资策略等方面对智能投顾和传统投顾做了比较，并总结了智能投顾的优势。

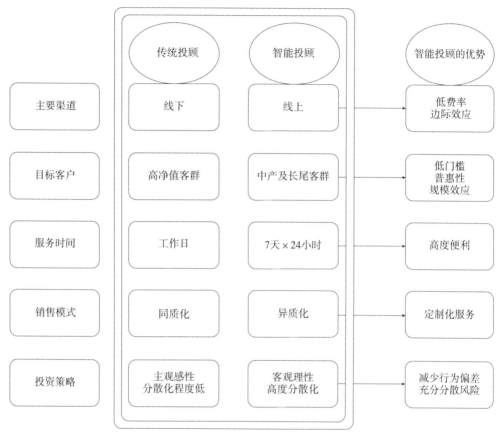

图 4–1　智能投顾与传统投顾的比较

4.4　智能投顾技术基础与业务模式

4.4.1　智能投顾的理论基础

智能投顾以经典的现代投资组合理论和资产定价模型为理论基础，由于投资组合理论在实践应用上对市场数据和期望收益率非常敏感，因此不少智能投顾平台在隐含市场收益率和分析师主观预测信息的基础上，也采用贝叶斯收缩和Black–Litterman 模型等现代技术解决投资组合模型中的参数敏感等问题。

投资者以及人力顾问都有可能表现出行为偏差，这种行为偏差可能导致投资的分散化程度不够、市场调整的投资组合收益以及风险调整的交易收益不够高等问题。行为金融对这些行为偏差带来的影响有深入研究。研究表明，智能投顾可以显著减少投资者的行为偏差，获取更好的业绩（D'Acunto 等人，2019）。

1. 马科维茨资产组合理论

马科维茨（Markowitz）（1952）提出的现代投资组合理论研究在不确定的投资回报条件下的投资组合决策，是第一种显示了投资多样化好处的定量方法。基于风险与收益之间的矛盾，现代投资组合理论采用二次规划方法来平衡收益与风险，提出投资者应当在投资组合的均值 – 方差最优化下，按照自己的偏好准确地选择投资组合。

马科维茨均值方差分析方法将投资组合问题转化为如式（4-1）的优化问题：

$$\text{Min.}\,\boldsymbol{\omega}^{\mathrm{T}}\sum\boldsymbol{\omega}$$

$$\text{s.t.}\,\boldsymbol{\omega}^{\mathrm{T}}\boldsymbol{E}(r)=r_p^* \tag{4-1}$$

式中，$\boldsymbol{\omega}$ 为资产的权重向量；$\sum$ 为资产的协方差矩阵；$\boldsymbol{E}(r)$ 为资产期望收益率向量；r_p^* 为投资者要求的投资组合收益率。基于均值方差分析方法，即可以得到投资组合的可行集与有效集，如图 4-2 所示。

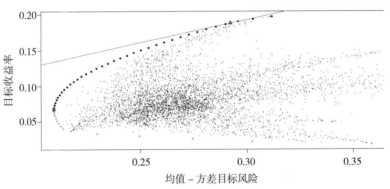

图 4-2　马科维茨投资组合可行集与有效集

图 4-2 是基于 10 家上交所上市公司 2010—2020 年度收益率绘制的。黑色上边界与灰色下边界表示投资组合的可行集。可行集包络区域以内是没有充分分散的投资组合，可行集包络区域以外是不可能实现的投资组合。其中黑色上边界表示有效集，有效集上的每一点都能在给定的风险水平下获得最大的投资组合收益。可行集包络区域内的黑色实点表示蒙特卡洛模拟的资产组合。有效集最左侧的圆点为最小方差资产组合，向上倾斜的直线为资本配置线，有效集上的三角形为资

本配置线与有效集的切点，即马科维茨均值方差最优资产组合，该资产组合能获得最大的夏普比率（Sharpe Ratio）：

$$\text{Sharpe Ratio} = \frac{E(r) - r_f}{\sigma} \qquad (4\text{-}2)$$

式中，$E(r)$ 为资产的期望收益率；σ 为资产收益的标准方差；r_f 为无风险收益率。夏普比率是衡量单个资产或资产组合表现的指标，综合考量了单个资产或资产组合的风险与收益。夏普比率越大，表明单个资产或资产组合的风险调整后的收益越高。

2. 资本资产定价模型

在马科维茨资产组合理论的基础上，夏普（1964）提出了资本资产定价模型（Capital Asset Pricing Model，CAPM）。夏普创造性地把资产风险进一步分为系统性风险和非系统性风险两个部分，并指出分散化投资只能消除非系统性风险，而不能消除系统性风险。因此仅有系统性风险会被市场定价。CAPM 不是用方差作为资产的风险度量，而是以资产收益与市场资产组合收益的协方差作为资产风险的度量（系数）。这不仅简化了马科维茨模型中关于风险值的计算工作，而且可以对过去难以估价的证券资产的风险价格进行定价。CAPM 有如下的假设。

（1）投资者能事先知道投资收益率的概率分布为正态分布。

（2）投资风险用投资收益率的方差或标准差标识。

（3）影响投资决策的主要因素为期望收益率和风险。

（4）所有投资者都是理性的，并寻求尽可能少的投资收益方差。当投资者面对相同风险的两种组合时，他们选择预期收益较高的组合。

（5）资本市场是有效市场，所有信息都是公开的，所有投资者可以及时免费获得充分的市场信息。资产是可分割的，投资者可以购买任何数量的资产。

（6）没有任何税收或交易费用，投资者可以获得无风险利率下的贷款，并以固定和安全的利率借入或借出任何数量的资产。

（7）所有投资者都是价格的接受者，个人投资者的行为不会影响证券价格。所有投资者在相同的持有期间规划自己的投资组合且对证券和经济状况的看法相同，对预期收益、标准差和证券协方差的看法相同，即所有投资者存在一致性预期。

在满足假设的情况下，CAPM 体现了单一资产的风险溢价与其所承担的系统性风险（即系数）正相关，用公式表示为

$$E(r_i) = r_f + \beta_i [E(r_m) - r_f] \qquad (4\text{-}3)$$

式中，$E(r_i)$ 为资产的期望收益率；$E(r_m)$ 为市场投资组合的期望收益率。

3. 套利定价理论

虽然建立在均值–方差分析理论上的 CAPM 是一个很好的模型，但是由于它的假设太多、要求太严格，所以常常只能存在于理论中而难以运用于实践。Ross（1976）创立的套利定价理论（Arbitrage Pricing Theory，APT），就是从另一个角度处理资产的定价问题。相比较 CAPM 作为一个基于一系列假设的非常理想的模型，APT 的假设少很多。

（1）因素模型能描述证券收益。

（2）市场上有足够的证券来分散风险。

（3）完善的证券市场不允许任何套利机会存在。

APT 模型提出了在理想的市场条件下各资产定价应该满足的表达式。这里所说的理想市场条件指市场没有交易成本，市场中的交易者都是风险厌恶的，并且对于资产的预期报酬有一致性看法。资产的定价满足表达式（4-4）：

$$r_i = \alpha_i + \beta_i^{(1)} F_1 + \beta_i^{(2)} F_2 + \cdots + \beta_i^{(K)} F_K + \varepsilon_i \qquad (4\text{-}4)$$

式中，F_K 为第 K 个定价因子。

作为 CAPM 的延伸，APT 提供了一种用于衡量各种因素的变化如何影响资产价格变化的模型，该模型以预期收益的多指标线性回归模型为基础，并采用了一种平衡的概念定义收益。

4. Black–Litterman 模型

马科维茨资产组合理论在实践中有两个局限：①对模型的输入非常严苛，必须提供期望收益率和协方差。②最优资产配置权重对期望收益率非常敏感。这使得模型的应用在实践中非常受限。

为了解决这两个问题，Black 和 Litterman（1992）提出了资产配置模型（Black–Litterman 模型）。该模型以市场均衡假设推出的资产收益率为出发点，结合投资者对不同投资品收益率的主动判断，最终确定投资品的收益率和最佳的投资组合配置。

通过分析市场中实际交易的历史数据，可以获取市场均衡收益的期望值。研究报告包含机构投资者的期望，而报纸杂志、网络媒体等新闻或社交平台则包含个人投资者的期望。投资者基于各种信息形成自己的主观判断，但这种主观判断并不能百分之百确定。投资者对自己主观判断的信心越大，主观期望收益的权重越大，资产的期望收益也就越接近主观期望收益。

Black–Litterman 模型联结了先验信息与历史信息，是一种典型的贝叶斯分析方法，其核心是对收益率进行贝叶斯收缩。以某种方法得出的期望收益率作为先验，以最近 T 期收益率数据求出样本期望收益率作为信息，结合前两者最终计算出后验期望收益率。该方法以最优的比例使基于信息的预测向先验预测收缩，使得后验期望收益率的误差最小。求出后验期望收益率之后，便可以推出 Black–Litterman 模型下的最优投资组合权重向量。

5. 行为金融

现代投资组合理论、资本资产定价模型、套利定价理论等传统的金融投资理论并未考虑投资者行为偏差。投资者可能错误分析和应对金融市场的信息，导致金融市场非有效，从而产生套利机会。富勒 – 泰勒资产管理公司（Fuller & Thaler Asset Management）正是利用投资者的行为偏差和市场的非有效性构建投资策略，从而获取超额回报。

行为金融学作为一门横跨金融学、心理学、行为和社会学的学科，对金融市场上投资者的不合理行为和决策模式做了深入研究。根据行为金融学理论，证券的市场价格不仅由证券本身的价值决定，而且在很大程度上由投资者的行为决定。投资者的思维和行为对股票市场的定价与价格演变有着重大影响，这一理论符合有效市场的假设。行为金融学试图以微观个体行为以及产生这种行为的心理机制来解释金融现象和研究金融市场的异动并预测金融市场的发展趋势。投资者心理偏差和非理性在市场上的典型表现有如下类型。

（1）过度自信。过度自信指投资者始终相信自己的能力和判断，从而低估证券的实际风险并过度交易。

（2）羊群效应。羊群效应指社会性的压力使得人们之间的行为趋向一致，从而引发基于从众心理的羊群效应。

（3）处置效应。处置效应指投资者倾向于更快地卖出表现更好的股票而过长地持有表现最差的股票。

（4）动量效应。动量效应指股票收益率有延续原来的运动方向的趋势，即过去一段时间收益率较高的股票在未来获得的收益率仍会高于过去收益率较低的股票。

4.4.2 智能投顾的技术基础

区块链、大数据、云计算、人工智能等金融科技底层技术共同构成了智能投顾的技术基础。从技术核心来看，有基于大数据的用户画像构建、基于区块链的交易平台搭建、基于云计算的大数据承载以及基于机器学习的人工智能算法投资模型或评价体系等。

1. 区块链

广义的区块链技术是基于块链式数据结构进行数据的存储与验证、基于分布式节点共识算法进行数据的生成与更新、基于加密算法为数据的传输与访问提供安全保障、基于智能合约对数据编程与操作的一种分布式基础架构与计算范式。从本质上讲，区块链就是去中心化的分布式账本。去中心化是指网络中的每个节点都具有高度自治的特征，节点之间可以自由连接。分布式账本是指网络中的每一个节点都会复制并存储整个账本的数据并保持独立更新。

智能投顾中投资者呈现分散化特征，这与区块链的去中心化相契合。基于区块链技术的证券交易与结算体系省去了第三方中介，从而大幅提高资本市场运作效率。区块链技术应用于证券交易与结算，不仅可以降低数据管理与协调成本，还能增强安全性。区块链技术作为一个去中心化的分布式账本，采用非对称加密算法和迭代哈希，具有不可篡改的特性，为证券交易、结算乃至清算提供了强有力的安全保障机制。区块链采用信息链、交易链双链结构，保证交易内容的不可篡改性及公开透明性，也保证了智能投顾的交易安全。区块链技术使得投资者和服务机构成为去中心化网络结构中的节点，节点之间的信息互相传输，投资者和服务机构在信息相对对称的前提下进行公平交易，有效降低由信息不对称造成的逆向选择和道德风险，有利于智能投顾业务的发展。

2. 大数据

信息技术与基础材料的发展，推动着大数据时代的到来。数据存储设备技术的迅速发展，离不开基础材料的突破。CPU 的性能不断提升带来了数据处理与分析能力的提高，网络宽带的不断增加为数据的传输与应用提供了重要支撑。

随着信息技术的发展与网络的普及，全球数据总量爆炸式增长，数据量从 TB 级别增长到 PB 级别并接近 ZB 级别。相比传统数据，大数据的类型呈现多样化的特征，不仅有传统的结构化数据，更多的还有未经加工的半结构化和非结构化数据。高价值的数据分散在海量的异构数据中，其价值密度远低于传统的关系型数据库，这对于数据的处理效率和分析提出了更高的要求，使得大数据技术的价值凸显在对数据的高效处理中。

大数据发展推动了证券业的转型与升级。传统证券投资基金的数据覆盖面基本局限在历史交易、技术分析指标、公司财务指标、宏观经济指标等结构化数据，而大数据证券投资基金将可利用的信息拓展至社交媒体、搜索引擎、电商平台等领域。大数据技术从新闻事件、交易行为等非结构化数据中挖掘金融信息，能够表现出更好的投资绩效。大数据技术应用于基于用户的社交网络、消费行为、浏览记录等信息构建多维度的用户画像，使智能投资顾问实现产品的精准定位和推荐，能更好地支持客户的投资决策。

3. 云计算

云计算是一种基于互联网的计算方式，本质上是一种提供资源、按使用量付费的网络。技术层面上，云计算可以看成大数据产业中的基础设施技术，是承载大数据的平台。云计算可以分为三个子层：基础设施即服务层、平台即服务层、软件即服务层。

基于云计算技术构建的平台能减少数据异构性，实现系统间的互通互联与信息共享，使得金融机构、上市公司、科技平台、投资者、监管机构之间的联系日益密切，有效降低了机构之间的沟通成本，提高信息的透明度，降低系统性风险。使用云计算作为基础设施的智能投顾，可以金融交易、用户行为等大数据为基础，构建基于人工智能的数据处理、资产配置、交易优化等系列算法，同时面向海量用户提供定制化服务。

4. 人工智能

人工智能的目标是在揭示人类智能机理的基础上，使用人造智能机器或智能系统模拟、延伸、扩展人类的智能。机器学习则是人工智能的一种实现方式。

监督学习（supervised learning）通过让机器学习带有标签的样本数据，并对基于样本数据训练出的模型进行反馈，不断优化监督学习模型。监督学习的主要任务包括回归（regression）和分类（classification）。回归的目标是基于输入返回模型的预测值，如根据时间序列特征预测股票价格、基于公司财务指标预测股票收益等。分类的目标是基于模型输入返回类别，如判断公司是否存在舞弊行为。

无监督学习（unsupervised learning）通过让机器学习无标签的样本数据训练模型。无监督学习的主要任务包括聚类（clustering）和降维（dimensionality reduction）。聚类用于把输入数据划分为若干个类簇，如基于均值的 K-Means 聚类、DBSCAN（density-based spatial clustering of applications with noise，具有噪声的基于密度的聚类算法）等。降维用于降低数据的维度，如主成分分析（principal components analysis）、探索性因子分析（exploratory factor analysis）等。

集成学习（ensemble learning）的基本思想是通过组合多个弱监督模型以获得一个强监督模型。集成学习主要有装袋（bagging）和提升（boosting）两种方法。装袋法通过对原始训练集采用 Bootstrap 重抽样，为每个基模型构造出与原始训练集容量相等但各不相同的训练集，对基于不同训练集的基模型进行组合，即可获得一个强监督模型。随机森林便是对不同的决策树采用装袋法得到的集成学习模型。装袋法中每个基模型之间是相互独立的，而提升法的基模型存在顺位继承的关系，即提升法中的后续基模型依赖于之前的模型。比较著名的基于提升法的集成学习算法有自适应提升（adaptive boosting，AdaBoost）、梯度提升决策树（Gradient Boosting Decision Tree，GBDT）等。

强化学习（reinforcement learning）是指通过设置奖励条件和奖励规则，引导智能体在与环境交互过程中行为的学习策略。强化学习的基本概念包括环境（environment）、智能体（agent）、状态（state）、行动（action）和奖励（reward）。强化学习能解决非凸优化问题，在金融科技领域应用于投资组合优化和自动交易系统搭建。某种意义上，遗传算法（genetic algorithm，GA）也可以看成是一种强化学习模型。

深度学习（deep learning）是机器学习的一种范式，更接近人工智能的目标。以多层感知机为基础的全连接神经网络（fully connected neural network）是最基础的深度神经网络。基于反向传播算法（backward propagation，BP），全连接神经网络能在训练数据上学习并纠正误差。卷积神经网络用于专门处理拥有类似网络结构的数据，在图像识别中大放异彩。循环神经网络能高效学习时间序列的非线性特征，应用于机器翻译和情感分析等领域。

证券投资基金以公司财务指标、技术指标、宏观经济指标等结构化数据以及公司新闻、市场舆情等非结构化数据作为输入特征，以马科维茨资产组合理论、因子模型、行为金融学等为理论基础，基于长短时记忆、支持向量回归（support vector regression，SVR）等机器学习算法构建并训练模型，基于元学习（meta learning）、对抗学习（adversarial learning）、集成学习（ensemble learning）、参数学习（parameterized learning）、迁移学习（transfer learning）等学习范式不断优化模型并提升模型对股价波动与市场走势的预测能力，从而发现市场的错误定价及投资机会，提供投资回报率。

4.4.3　智能投顾的业务模式

智能投顾的业务模式包括大类资产配置、投资策略、社交跟投等。其中大类资产配置以现代资产组合理论为基础，结合用户的风险承受能力、风险偏好、财务状况等信息，在全球范围内最优化配置各种大类投资产品。而投资策略更侧重策略与交易，可以进一步分为量化策略与主题策略。社交跟投则涉及投资咨询服务，为用户提供社交网络中的投资策略。智能投顾的业务模式可以按照不同类别区分。

1. 基于自动化程度分类

从市场分析到智能交易，各个资产管理业务的方向都由人工智能赋能。按是否需要人工参与，现在的智能投顾的业务模式可以分为半自动和全自动两种。

（1）半自动智能投顾。半自动投顾资产配置计划作为一种智能投顾给出的投资参考，必须经过专业投资顾问的检查、处理后才能供用户使用。半自动智能投顾的运作模式分为四步——设定投资目标、资产管理与资产配置分析、对接传统理财师、制定个性化投资策略。在半自动智能投顾模式下，传统投资顾问会更加全面地了解客户的偏好和需求。资深投资者会仅将半自动智能投顾平台给出的投资建议作为参考，最终的交易由投资者自行操作。这类服务不仅涵盖投资，还包括了银行账户管理、贷款、养老金等个人理财方面。典型的有先锋领航集团旗下个人投顾服务（Personal Advisor Service，PAS）、嘉信理财的智能投顾平台 SIP（Schwab Intelligent Portfolios，Schwab 智能投资组合）。

（2）全自动智能投顾。全自动智能投顾不需要用户过多地参与，便能帮助用户管理财富。全自动智能投顾的运作模式分为三步——设定投资目标、生成投资组合策略、资金投入与收益。

智能投顾广泛应用于智能资产配置和管理。绝大多数智能资产配置都基于现代投资组合理论和贝叶斯收缩模型完成。智能投顾为客户提供的投资组合包含多种资产，这种多样化的投资组合能充分降低系统性风险，并提高投资组合的风险调整收益。投资组合一般涉及股票、债券、市场可交易基金（ETF）、外汇甚至加密货币等。基于不同的资产组合和客户的风险偏好，智能投顾平台为客户提供适合的投资组合产品，具有成本低、自动配置、自动调仓、税收优化的特点。全自动智能投顾典型的公司代表是 Betterment、Wealthfront、Collective2、iSystems 等。

2. 基于客户类型分类

按服务客户的类型，智能投顾的业务模式主要分为三类：① 2B（business to business，企业对企业）模式：服务于资管公司等金融机构，包括中台的投研系统（如盈米蜂鸟）、后台的财富管理 IT 系统（如恒生电子）、前中后台一体化系统解决方案（如恒生电子）等。② 2C 模式：直接服务于 C 端个人用户，提供股票智能投顾（如华泰）、公募基金智能投顾（如东方财富的天天基金、蚂蚁财富的"帮你投"）、全品类金融产品资产配置服务（盈米基金的且慢）。③ 2B2C（business to business to customer，企业对企业对消费者）模式：赋能机构或投顾等渠道方，间接服务 C 端客户，如投顾管理赋能（华泰证券的投顾云平台）、基金投顾超市（天天基金的投顾管家）、一站式基金投顾系统解决方案（盈米的启明）。

4.5   智能投顾发展实践与展望

4.5.1   美国智能投顾发展实践

"智能投顾"概念的提出始于 2008 年，由美国的 Betterment 等创业公司发起。由于大众对投资理财顾问有普遍和强烈需求，但专业机构理财顾问的人工服务费用又让人望而却步，因此，以低成本服务众多客户的智能投顾业务应运而生。

最早的智能投顾市场由 Betterment、Wealthfront 等专做量化投资的金融科技公司主导。Betterment 成立于 2008 年，是最早的数字投资管理公司之一。作为智能投顾行业的先驱者，Betterment 也是最早使用科技来推荐投资组合并实现投资流程自动化的公司之一。Betterment 具有丰富的教学资源，平台直观且易于使用，非常适合刚接触投顾产品的投资者。Betterment 能对各种资金规模的用户提供基于资本损失的避税服务，具有比较充足的安全性。Wealthfront 成立于 2011 年，能以相对较低的价格提供完整的投资目标设定和投资方案，投资种类甚至包括以太坊基金，于 2020 年获得 Investopedia 颁布的智能投顾最高奖项。

根据 2018 年 Statista 发布的《美国智能投顾市场报告》，预计 2019—2023 年美国资产管理规模的复合增长率为 18.7%，到 2023 年资产管理规模将达到 14 862.57 亿美元，用户数量将达到 1 378.21 万人，渗透率达 4.1%。

4.5.2　中国智能投顾发展实践

近年来，中国居民人均可支配收入的增加拉动了居民资产管理和金融投资理财的需求，互联网金融的发展也使投资者更适应网络金融，使得智能投顾在中国虽然起步晚，但发展迅速。2015—2019 年，中国智能投顾资管规模从 209 亿元增长到 4 426 亿元，年均复合增长率达到 114.5%。据头豹研究院的预测，2024 年我国智能投顾市场资产管理规模将达到 29 577 亿元。

国内最早的智能投顾平台出现在 2014 年，行业整体在第三方财富管理公司的带领下开始发展，之后商业银行、证券公司、基金公司和大型科技公司也开始陆续跟进，并基于自身在客户资源、产品创新能力、数字技术等不同方面的优势发展相应的产品。2016 年，智能投顾首次进入高潮阶段，由于当时监管的缺失和不完善，很多机构假借"智能投顾"开展非合规的基金业务。随着我国加大对金融机构的监管力度，以及中美贸易战带来的不确定因素增加，我国股票市场进入熊市，智能投顾行业开始回落，并逐渐进入低谷期。直到 2019 年末，随着基金投顾试点牌照的发放，以及互联网巨头和外资机构的进入，整个行业再次进入新发展阶段。

智能投顾在海外是一项与传统投顾互为竞争的产品，两者互为替代品。但在中国，由于进行传统投顾的投资者大多数是高净值人群，而普通投资者尚未形成较为成熟的投资咨询习惯，故传统投顾和智能投顾并不构成互为替代的关系。中国智能投顾公司可采用智能投顾与传统投顾相结合的方法，做到既吸引高净值人群，又吸引普通投资者，扩大投资者人群规模，从而提高公司收入，这两者的结合将加快智能投顾市场的发展。

针对不同人群的投资需求和投资习惯，通过智能投顾与传统投顾相结合的方法开发不同层次智能投顾产品是智能投顾行业的短期重要发展方向。对于高净值人群，智能投顾公司可提供高人工服务水平的高端产品，如提供一对一人工服务、定制化研究报告等，将传统投顾业务场景嵌入 App、网页等互联网交互框架，并提高智能交互服务水平，逐步提升高净值人群对智能投顾产品的认可度。对于普通投资者，智能投顾公司可提供服务相对简化的智能投顾产品，更注重产品的易操作性、界面交互友好性等，以吸引更多普通投资者参与使用。

4.5.3　中美两国智能投顾对比

美国智能投顾的特征体现在人工为主、智能为辅；特点包括全线上、低成本、模型驱动、指数投资等；流程一般包括客户问卷调查、匹配资产配置解决方案、客户投资、投资组合再平衡。

国内的基金投顾一开始是线上化程度高、线下投顾为辅。蚂蚁和 Vanguard 合作的"帮你投"是典型的智能投顾模式，而其他机构的投顾，从流程和模式来看，可认为是人机结合的投顾模式。其中，人工投顾参与较多的是券商和银行等有大量线下网点的机构。公募基金和三方销售以线上模式为主。

4.5.4　智能投顾现存问题

1. 认可度尚待提高

智能投顾的兴起不过 10 年，其对于投资顾问行业无疑是一次彻底的颠覆和变革。然而，相当数量的个人和机构投资者尚不认可智能投顾的业务模式。这种不信任主要源于：①人们早已习惯传统金融机构的人力投资顾问模式。②部分智投平台由 P2P 平台转型，存在假借智投推销 P2P 产品的风险，难以确保投资理财建议的客观性。③智能投顾发展时间较短，难以全面有效地捕捉市场规律。

2. 技术不成熟，存在人才缺口

智能投顾基于机器学习、大数据和人工智能算法提供投资理财服务，因此平台的数据分析能力依赖于数据的积累。海量数据的积累不断在模型中反馈，从而使得算法的有效性提升。另外，算法有效性的验证也是一个长期而又复杂的过程。目前，人工智能的发展阶段还比较低级，智能投顾作为 AI 在金融投资领域的应用更是一次尝试，存在技术和人才缺口，很难及时、有效地对"黑天鹅事件"作出反应。

3. 同质化风险大

大规模的资产都是基于相同的算法进行管理，提供的投资理财建议也呈现明显的趋同特征，这是市场异常波动的一个重要原因，也可能隐含难以控制的风险。另外，大部分智投平台设计的问卷不够全面、科学，无法有效平衡投资的风险和收益。

4.5.5　智能投顾发展的机遇与挑战

1. 机遇

（1）市场需求高。随着中国居民人均可支配收入的增加，居民对资产管理和金融投资的需求必将不断上升。智能投顾具有专业高效、低门槛、公开透明等优

势，更能灵活适应规模小但量大的"长尾"市场，满足大量中国居民的投资需求。在证券业数字化转型和个人投资者的双重需求拉动下，中国智能投顾的市场规模必将持续增长。

（2）发展空间大。智能投顾的算法与时俱进。伴随着机器学习、大数据、人工智能等领域的技术突破，智能投顾的发展也将迎来飞跃。未来智能投顾将能够自动获取资产标的、实现智能投顾系统的自主学习。人工智能、区块链、金融云等技术不仅能系统地解决信用欺诈等问题，还可以追溯所有金融操作，提升金融系统的开放程度，形成一个边界逐渐模糊的业态融合生态体系，进一步推动智能投顾的稳健发展与全面落地。

（3）易于推广。市场对互联网产品的接受程度不断提高，为智能投顾的进一步推广创造了条件。另外，第三方科技公司与传统金融机构均开始陆续布局智能投顾，业界的共识对于智能投顾的推广发挥着重要的作用。

（4）政策导向。党的二十大提出一系列涉及科技创新、金融监管、机构优化的政策改革措施，包括组建科学技术部、组建国家金融监督管理总局、深化地方金融监管体制改革、统筹推进中国人民银行分支机构改革、组建国家数据局等。新的改革措施通过促进数据资源的信息共享与加强知识产权的保护力度，助推新技术的研发和新模式的应用，从而推动智能投顾业务的创新和优化，开发出更加符合市场需求的智能投顾产品。此外，这些措施将金融管理部门纳入国家公务员统一规范管理，并对金融机构进行精简与优化，完善金融行业的监督管理体系，引导智能投顾企业遵守相关法律法规，规范业务运营行为，从而提高整个智能投顾行业的运行安全和可靠性，为客户提供优质的服务体验。

2. 挑战

（1）监管模式不清晰。智能投顾是纯粹的线上理财方式，其实际活动中产生的资金池、募资方式、信息披露、风险转移效应等问题都是监管的重点和难点。因此，尽快完善相关法律法规，明确监管部门及其职责，对智能投顾的稳健发展具有十分重要的意义。

目前国内外对于智能投顾平台的监管存在较大差异。在美国，智能投顾受美国证券交易委员会监管。无论是智能投顾还是传统投顾，都受到美国 1940 年《投资顾问法》（*Investment Advisers Act*）的约束。根据该法案，开展网络业务的投资顾问公司，一律必须成为美国证券交易委员会的注册投资顾问。

2015 年 11 月 10 日，英国金融行为监管局针对智能投顾等金融创新公司发布了监管沙盒。监管沙盒在不立即受到监管约束的前提下提供了测试创新的金融产品、服务和商业模式的安全空间。在严防风险外溢的前提下，监管沙盒可以主动放宽监管要求，减少金融创新的障碍。

相比美国和英国，中国在智能投顾领域的监管模式尚不清晰：①中国目前尚未出台适用于智能投顾的法律法规。②在我国金融分业监管政策的大背景下，智投平台配置的投资产品的多领域特征，使得监管主体难以界定，增加了监管难度。随着我国金融体系改革的不断深化，金融机构被精简与优化，相应的监管措施也将逐步完善，为智能投顾进一步的蓬勃发展创造条件。

（2）竞争激烈。短短几年间，世界各地出现了众多的智能投顾平台。可以预见的是，随着技术的进步和发展模式的成熟，智能投顾领域的参与者会越来越多，竞争也会越来越激烈，这也给各个平台带来巨大的压力。参与者将不得不持续优化他们的核心算法，不断降低收费水平并提升服务质量，带来进一步转型升级的动力和压力。

本章小结

本章介绍了证券业数字化转型的背景和特征，总结了证券业数字化转型的实践，并对未来发展提出展望。又讨论了智能投顾的定义和特征，介绍其发展的理论和技术基础，归纳了现有的业务模式。最后总结国内外智能投顾的发展实践，并提出了发展智能投顾的机遇和挑战。

思考题

1. 我国证券业的数字化转型经过了什么发展历程？

2. 证券业数字化转型有何特征？

3. 什么是智能投顾？智能投顾有哪些典型的业务模式？

4. 我国智能投顾的发展有哪些机遇和挑战？

即测即练

参考文献

[1] BLACK F, LITTERMAN R. Global portfolio optimization[J]. Financial analysts journal, 1992, 48（5）: 28–43.

[2] D'ACUNTO F，PRABHALA N，ROSSI A G. The promises and pitfalls of robo-advising[J]. The review of financial studies，2019，32（5）：1983-2020.

[3] MARKOWITZ H M. Portfolio selection[J]. Journal of finance，1952，7（1）：77-91.

[4] ROSS S A. The arbitrage theory of capital asset pricing[J]. Journal of economic theory，1976，13（3）：341-360.

[5] SHARPE W F. Capital asset prices：a theory of market equilibrium under conditions of risk[J]. The journal of finance，1964，19（3）：425-442.

[6] 巴曙松. 大数据通识 [M]. 北京：机械工业出版社，2020.

[7] 陈如钢. 云计算技术在证券行业的应用探索 [J]. 中国科技信息，2013（11）：121-122.

[8] 陈文广. 2021 年中国人工智能在银行业中的应用行业概览 [R]. 南京：头豹研究院，2021.

[9] 冯钦远，陆婕. 智能投顾发展趋势跟踪报告：中美模式的殊途同归 [R]. 成都：川财证券研究所，2017.

[10] 何宝宏，黄伟. 云计算与信息安全通识 [M]. 北京：机械工业出版社，2020.

[11] 胡滨，杨楷. 监管沙盒的应用与启示 [J]. 中国金融，2017，2：68-69.

[12] 朱有为，罗斐，潘聪，等. 证券公司数字化财富管理发展模式与路径研究 [J]. 证券市场导报，2020（4）：2-12.

[13] 李方超，姜仁荣. 金融科技时代下证券公司的数字化转型研究 [J]. 现代商业，2021（22）：100-102.

[14] 李九斤，陈梦雨，徐玉德. 区块链技术在金融领域应用的研究综述 [J]. 会计之友，2021（22）：137-142.

[15] 林熹，张开翔，黄宇翔. 区块链通识 [M]. 北京：机械工业出版社，2020.

[16] 罗军林. 金融科技驱动下证券公司数字化转型研究 [J]. 时代金融，2021（21）：28-30.

[17] 倪以理，曲向军，盛海诺，等. 知易行难：探索券商数字化转型成功之路 [R]. 上海：麦肯锡中国，2021.

[18] 王和俊，孙妙. 智能投顾发展研究 [R]. 昆明：云南国际信托有限公司发展研究部，2016.

[19] 王红兵，付怡. 从美国投顾业务及头部公司特点看国内基金投顾业务发展：基

金投顾及基金组合研究专题报告 [R]. 西安：西部证券，2021.

[20] 王维逸，陈瑶，薛涵 . 匹配需求，化繁为简：智能投顾专题报告 [R]. 深圳：平安证券研究所，2020.

[21] 王轩 . 人工智能通识 [M]. 北京：机械工业出版社，2020.

[22] 徐勉，贾志 . 扩容在即，基金投顾业务再思辨 [R]. 深圳：平安证券研究所，2021.

[23] 徐瑞慧，赵大伟 . 发展人工智能技术 破解证券行业痛点 [J]. 清华金融评论，2020（8）：89-92.

[24] 徐特，王德成，邵长勇，等 . 区块链技术在黄芪产业上的应用展望 [J]. 中国种业，2019（2）：46-50.

[25] 中国证券业协会 . 创新与发展：中国证券业 2020 年论文集 [C]. 北京：中国财政经济出版社，2020.

[26] 郑小林，贲圣林 . 智能投顾：大数据智能驱动投顾创新 [M]. 北京：清华大学出版社，2021.

第5章 保险业数字化转型与保险科技

学习目标

1. 了解保险业数字化转型的时代背景。

2. 了解保险业数字化战略转型的特征。

3. 掌握保险业数字化转型的主要趋势。

4. 熟悉保险科技的发展现状。

5. 熟悉保险科技的定义。

6. 掌握保险科技的发展重点。

能力目标

1. 熟悉保险业数字化转型面临的挑战。

2. 了解保险科技发展的技术基础。

3. 了解保险科技在我国的发展实践。

4. 掌握保险科技的发展重点方向。

思政目标

1. 通过分析保险业数字化转型对我国经济高质量发展的重要意义，把实现民族复兴的理想和责任作为最终指向，激发学生的爱国主义情怀。

2. 通过讲解保险科技的发展可以促进科技惠民政策的实施，把社会主义核心价值观内化到课程内容之中。

🔍 思维导图

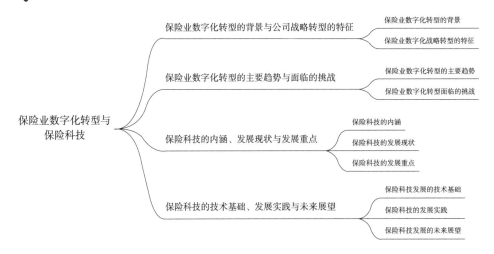

🔍 导入案例

2020 年 9 月 26 日，中国太保旗下中国太保产险与百度智能云联合发布一款车辆智能定损产品"太·AI"。这款被誉为"AI 定损专家"的车辆智能定损产品，将百度领先的 AI 技术与中国太保产险丰富的大数据、专业的理赔经验有机结合，有效提升车险理赔处理效率，大幅改善客户体验，成为保险行业深度应用 AI 技术的标杆案例。

"太·AI"是具有完整车险理赔能力的"全智能、无人工"车辆定损工具，其基于 AI 的深度学习和图片检测技术，模拟人工定损流程，根据静态照片或动态的车辆视频自动检测车辆损伤位置、识别损伤部件、判断损伤类型、评估损伤程度，精准输出维修方案及金额。其中，车辆外观损伤识别技术，包括外观部件识别和部件损伤检测等核心功能，可识别百余种车辆部件、五大类外观损伤（刮擦、凹陷、开裂、褶皱、穿孔）。

传统的车险理赔存在诸多痛点，一方面，对保险公司而言，车险的定损效率取决于事故地点及定损员的个人经验，人效难以提升导致运营成本高居不下；另一方面，投保客户在理赔过程中，也面临着出险后定损慢、理赔周期长等影响体验的问题；再者，因为车险标的数量繁杂，出险频率高且难以预防，车险的保险欺诈情况时有发生，这些现象的出现使得车险理赔的智能化升级迫在眉睫。针对以上这些问题，"太·AI"则是给客户体验带来了"智"的飞跃。客户登录中国太保 App 或"太贴心"小程序的"太·AI"入口，只需拍照上传就能瞬间了解自身车损情况、专业的维修方案及可赔付金额。此外，基于太保的"互信赔"额度，客户不需拨打保险公司电话，自助便可获取赔付，使理赔服务流程时效降至分钟级，让漫长的等待成为过去式。截至 2020 年 12 月，该技术在中国太保产险应用已适用 2.3 万种车型，覆盖 97% 的乘用车品牌，部件识别准确率超过 98%，损伤识别准确率超过 90%，同时在中国太保产险车险理赔的线下（查勘员）、线上（微信后台）渠道全面应用。该技术结合太保的换修逻辑和自助理赔等服务流程，可将客户理赔时间从数天降至分钟级，大大提高了顾客满意度。

另外，智能定损能够更加客观、真实地呈现定损信息，保证信息的透明性，这也将规范理赔交易，减少赔付过程中因信息不对称导致的诈骗现象的发生，降低险企理赔运营成本。

【案例思考】

1. 传统的车险理赔的诸多痛点是什么？

2. 智能定损的优势在哪里？

5.1 保险业数字化转型的背景与公司战略转型的特征

随着大数据、区块链等新技术的实现与应用，数字化时代已经到来，要了解保险业数字化转型，必须从分析保险业数字化转型背景开始。

5.1.1 保险业数字化转型的背景

当今世界正在发生更广泛、更深层次的技术革命，新一代的信息化技术正推动着新一轮的工业变革，大数据、区块链、共享经济、物联网等加快兴起，对数据的处理、利用水平已成为衡量公司竞争力的重要标志。传统产业运行体系正在进行剧烈变革。世界经济结构正发生着巨大的变化，在这一次的转型和升级中，传统保险业必须重新定位自己的角色，打造竞争新优势。

1. 数字转型成为我国经济高质量发展的强引擎

党的二十大报告对加快建设网络强国、数字中国作出了重要部署。报告提出，要加快发展数字经济，促进数字经济和实体经济深度融合。我国经济正处在转变发展方式、优化经济结构、转换增长动力的攻关期。"十四五"时期，我国产业结构将持续转型升级，经济社会发展以高质量发展为主题，需要发挥信息化的优势，打造新的经济增长点。公司是国家经济的基础组成单位，没有产业结构的变革和提升，就无法实现经济发展的根本性转变。经济发展模式也将对传统保险行业形成倒逼压力，迫使保险业进行数字化转型。

当前经济下行压力不断增大，正在从经济快速增长向高质量发展转变，党的二十大报告为保险科技的发展指明了方向，也提出了要求。保险行业需要紧跟经济社会发展需求，发挥数字化创新优势，积极推进数字化转型，打造新的经济增长点，推动经济高质量发展。

2. 数字转型成为全球争夺竞争制高点的新赛道

目前，全球格局发生深刻而又错综复杂的变化，全球经济发展面临严峻考验，存在诸多不确定问题，单边主义、保护主义明显上升，现有的国际规则与多边贸易体系面临严峻的考验。面对复杂多变的外部环境，主要国家和经济体积极应对，纷纷出台各项政策，把数字化当作国家发展战略，积极推进数字化进程。数字化转型成为全球争夺竞争制高点的新赛道。

数字经济已经是全球经济体的重要战略。在新的经济环境下，发达国家推进数字化战略部署，并积极出台一系列的措施。美国作为世界信息技术工业的领先国家，在技术创新、基础设施建设、数据共享、隐私保护、创新生态体系建设等领域将大数据纳入国家发展的战略部署，推进数字化转型。《英国数字战略》重点强调了数字化基础、技能与平台服务，以此打造数字化公司，实现数字化治理等。德国出台了《数字战略 2025》，其中包括数字化技术、云服务、数字平台、信息安全等数字化关键领域。

各行业领军公司也主动适应时代发展，主动进行数字化战略部署。微软、苹果、通用、IBM 等，作为数字化变革的先行者，加速了大数据、车联网、物联网、AI 等数字化的技术创新和应用推广。

3. 新型冠状病毒感染疫情成为产业数字化催化剂

新型冠状病毒感染疫情的暴发，推动了传统行业的数字化发展，传统的线下采购受阻，迫使传统行业开发数字化平台对服务和商品进行推广与采购，同时也促使 5G 技术和 AI 技术的进一步发展，随着人们对网络的依赖性加强，产业互联网、人工智能、虚拟现实等新技术将更加普及，产业的数字化发展迫使传统行业的经营思维模式发生改变。传统行业的数字化过程一直在推进，但是相对缓慢，而此次疫情带来的生活方式的巨大转变，迫使传统行业行动起来，加快数字化进程。在疫情期间，很多传统行业都在试图利用数字化平台，通过互联网，为客户提供更好的产品。而公司本身，为提高公司效率，从而将大数据、人工智能、区块链、云计算、物联网等数字技术运用到日常办公中。对于保险业而言，这一突发事件加快了传统保险公司在数字业务上的部署。在此次疫情中，自助服务门户网站、即时响应交互系统、手机保单服务和索赔软件等数字化服务都发挥了重要的作用，成为保险行业的竞争优势点。虚拟检查、自主索赔、智能定损、虚拟争议处理等都是保险业关注的重点。

4. 保险产业竞争格局改变

在我国的发展过程中，保险业的参与者越来越多元化，保险业的法律法规也在不断发生变化。随着数字化技术的出现，保险的种类和业务种类不断扩大，一些互联网公司和房地产公司抓住发展契机，成为新的保险行业参与者。随着网络市场竞争日益激烈，传统的保险业在收集和传递信息等方面的职能作用逐渐减弱。同时，政府监管部门也在不断地调整和引导保险业的发展，推动和完善保险业的数字化进程，主战场慢慢转为数字化平台，为公司的发展提供有力的支撑。在传统保险公司、互联网公司、保险科技公司和保险监管部门的联合作用下，保险行业的运行格局和竞争格局正在发生变化。随着我国竞争格局的改变，保险业必须加速实施数字营销策略，以期取得持续的竞争优势。

5. 保险公司自身发展需求

从市场营销角度，长期以来，保险业的市场营销依赖于人海战术和大量的销售支出，而传统的经营模式则是以规模扩张来促进公司的发展。随着数字化的发展，传统的保险营销模式的缺陷越来越明显。如银行保险渠道的显性成本和隐性成本较高、保险代理人队伍专业素养不高、不实宣传、购买人群拓展难度大等。随着信息化技术的发展，通过多元化的数字媒体，保险公司能够将各种渠道整合起来，实现线上、线下的全方位的体验。运用大数据技术，挖掘海量的顾客信息，并将其转化为完善营销手段的切入点，从而促进保险公司的精准营销，使市场营销步入人工智能时代。

从公司创新能力角度，我国保险业在快速扩张、快速积累的过程中，出现了客户不满、产品同质化、行业形象差、发展速度放缓等问题。究其根源，是保险公司在提供保险产品服务、管理模式、提供个性化险种等诸多创新方面的问题。在创新发展的时代契机下，保险公司必须紧紧把握数字化转型的发展契机，借助数字思维与技术创新，发展思维、产品、服务、商业模式，为保险公司培育新的增长点。

从保险公司风险管理角度，保险作为一项提供风险保障业务的行业，其自身的特征决定了风险管理与预测在行业中的重要性。随着中国数字经济的迅猛发展，实体经济的数字化转型和升级也带来新的风险。保险业要适应新的风险管理需求，必须在数字化转型过程中，充分发挥其核心作用，为全社会提供更好的风险保障。利用新的数字技术，可以提高风险的识别、定价、评估、管理等能力，将原本无法承保的风险转化为可保风险。

5.1.2　保险业数字化战略转型的特征

保险业的数字化战略转变是一个动态、集成性的概念，它是从公司发展的规律和战略转变的基本逻辑出发，为数字化时代下保险业的发展趋势指明了发展方向。其数字化战略特征主要体现在战略思维、业务流程、组织形态和组织产出方面。

1. 战略思维，向互联网思维转变

战略是公司经营的最高层面，关系到公司的生存和发展。传统保险业的特征是大规模销售、大规模生产的传统工业化思想。在数字化发展的今天，公司需要培养互联网思维，从战略上认同互联网思维，从而达到不断创新、探寻新的经济增长点的最终目标。互联网思维是一种哲学理论，包括开放、平等、协作、共享的互联网精神、打破虚拟实体、打破时空限制、用户本位等互联网观念。只有在战略思想上与时俱进，才能在未来的发展中取得持续的竞争优势。保险公司实施数字化战略的关键在于战略思维的创新。

2. 业务流程，打造全价值数字链

数字化对传统保险业务流程改造的同时，也在重塑保险业的价值生态链，实现从传统的业务流程到数字化的全价值链转变。价值链是公司为顾客创造价值的主要环节及相关支持的活动。保险公司要积极探索非核心业务的网络化、智能化的外包，减轻运营负担。同时，保险公司要积极利用大数据、物联网、云平台等数字化技术，在风险控制、提供服务和资本运用等核心价值链上实现数字化转型。例如，运用大数据方法，筛选目标客户，实现精准营销和风险预测；借助车联网技术，实现智能理赔等。

3. 组织形态，向平台化转变

保险公司为适应传统业务发展，一般采取"科层制"的组织体系。在数字化时代下，科层制的多层次结构已不能适应快速反应的需求。未来的保险公司组织结构应该具有平台化、柔性化、扁平化、网络化等特点。百度、阿里巴巴、腾讯、海尔等互联网公司，都是数字化经济时代的典型。组织平台化可以使公司更灵活地应对不断变化的市场环境，在低成本的情况下进行尝试和快速的创新，从而容易地实现规模扩张和快速的业务发展。要使整个保险价值链进行数字化重构，就必须利用网络的思想对公司进行重组，构建一个平台化的组织结构，取得持续的竞争优势，进而实现高质量发展。

4. 组织产出，提供个性化产品和服务

传统的保险产品同质化比较严重：①由于保险产品的品种太过单一，难以满足客户的不同需要。②由于保险产品不能获得专利权，而且监管机构要求对保险产品的信息必须做到公开、透明，因此，各保险公司的产品往往会出现同质化的情况，这不仅会使保险业的创新能力大打折扣，也会使消费者对其个性化的保险需求有所忽略。数字化时代对保险产品的差异化、个性化，以及服务的智能化和精准化提出了更高的要求。单一的传统保险产品很难适应当前日益变化的市场需求。因此保险公司必须利用大数据、AI 等从传统组织产出单一化、同质化产品向个性化、差异化发展。

5.2　保险业数字化转型的主要趋势与面临的挑战

本节主要分析保险业数字化转型的主要趋势与数字化转型所面临的挑战。

5.2.1　保险业数字化转型的主要趋势

保险业数字化转型的趋势主要包括前瞻分析、服务自动化、完善补充市场、营销方式的转变、区块链技术的应用、个性化服务以及智能核保与快速理赔等方面。

1. 前瞻分析

在保险行业的数字化转型过程中，前瞻分析会被更广泛地使用。前瞻分析是利用统计原理对人的行为和将来的活动进行预测。其主要是基于历史数据对未来进行预测。在我国保险业的数字化转型过程中，运用前瞻分析的手段，可以让保险公司对市场的需求有一个清晰的认识，并能更好地满足当前的市场需要。通过机器学习以及大数据分析，可以预测人的将来活动或发展规律，从而设计出更符合市场需求的险种。另外，通过前瞻分析预测风险、实现精准定价，可以使保险公司在险种设计上确保最大收益。

2. 服务自动化

结合大数据、机器学习等技术，保险业不但能够提供定制化的险种，还可以引进自动化的索赔服务机器人，以提高客户索赔流程效率、缩短客户响应时间，从而达到提升客户满意度的目的。同时，自动化的服务也会让客户更容易地买到网上的保险。保险业的数字化转型，使客户在网上购买保险更为便捷，客户可以在网上选择、比较、购买各种保险产品。网上投保流程省去了客户与保险代理人见面的麻烦，也省去了客户打电话咨询保险产品的麻烦。

3. 完善补充市场

在传统的保险业发展过程中，产品的同质化现象严重，各种保险产品大多以事后赔付、风险补偿为主，使其在市场上的竞争能力大大降低。未来保险业的数字化转型将弥补风险敞口，给客户更多生活质量上的关怀。自新型冠状病毒感染疫情暴发后，各类公司都有停业的危险，个人保险业在应对大规模传染病、支付大额医疗风险等问题上还有敞口存在。将来有望通过数字技术，扩大服务范围，增强保障能力，补充市场需求，增强保险公司产品竞争力。

4. 营销方式的转变

网络平台的应用有望拓宽保险营销渠道。随着数字时代的到来，保险公司和客户之间的交流也在不断地改变，客户可以通过更为广泛的信息平台获取保险产品的信息。在疫情期间，保险短视频、网络直播营销借助微博、抖音、小红书、快手等短视频和直播软件使得交流更为便捷与清晰，凭借其特有的表现形式、传播速度、交互性等优势，在一定程度上减轻了疫情对保险经营的影响。通过数字化平台，利用 App、微信等渠道多管齐下，可以实现多渠道营销。另外在保险业数字化转型中，聊天机器人是一个必不可少的环节，它能让客户在短时间内获取到更多信息，减轻人工客服的压力，缓解运营成本的同时服务更多的客户资源。

5. 区块链技术的应用

区块链可以建立一种无法修改的电子账簿，通过这种技术，保险公司可以减少对投保方的审核时间和审核费用，降低运营成本。例如，医疗领域的保险公司可以通过使用区块链技术远程验证投保客户病例、投保历史，从而达到快速投保以及迅速理赔，并且可以减少投保信息不透明带来的保险纠纷，节约成本和人力资源。

6. 个性化服务

保险业数字化转型的趋势之一，就是将顾客置于保险业的核心地位。利用大数据处理，保险公司能够更好地收集客户的资料，进而更好地理解客户的需要，为客户量身定做个性化的建议，这样就能涵盖从咨询到定价的全过程。未来的保险公司会把顾客看作个体而非顾客群体。这种个性化的服务可以让顾客和保险公司都获益，个性化定制服务使得保险公司精准评估风险和利润，从而达到利益最大化。

7. 智能核保与快速理赔

人脸识别等技术的应用，使保险公司可以对用户的身份进行远程验证，还可以实现 24 小时全天候的保险办理业务，并通过 AI 技术，打造 AI 核保机器人，实现高精度、智能化保险核保服务。这会使智能化保险的理赔效率得到提升。传统的人寿保险索赔通常要求具备医学背景的专家参加审核，时间、人力成本都很高。而现在借助大数据、AI 等数字化手段，保险公司的理赔审核，无须具备医学背景的专业审核人员，通过医疗票据信息的录入和分析处理，数字化系统可以自动计算理赔结果，实现快速理赔，节约成本的同时提升服务质量和用户体验。

5.2.2　保险业数字化转型面临的挑战

保险业数字化转型也面临着很多的挑战，主要是资金、人才、传统方式与新技术的磨合以及信息安全的问题。

1. 保险业数字化转型需要足够的资金支持

保险业的数字化基础建设较差，难以支持保险业快速发展，数字化转型需要资金支持。当保险公司的内部管理、业务流程和投资策略需要数字化的时候，往往需要支付大量的项目资金，这对大多数保险公司来说都是一项严峻的挑战。普遍认为，只有那些能够支付巨额预算的保险公司才能实现数字化转型，但这并非完全正确。保险公司应该从小规模做起，在某个产品、某个部门同时考虑数字化转型，一旦保险公司推出的产品被认可，那么保险公司的数字化转型就会降低成本。另外，由于保险数字化对整个保险业来说是一个重大的机遇，因此，它需要全行业的共同努力。

2. 专业化人才不足

保险业数字化转型需要工作人员具备相应的数字化处理能力和数字化平台应用能力，这就要求保险业重视新形势下人才储备不足的问题。随着数字化转型的深入，保险公司将面临数字化薄弱的痛点。因此，保险公司应该有意识地构建数字化平台团队，一方面，积极扩大招聘范围，而不要局限于保险业人才，要积极吸纳具有理工科背景的编程人才；另一方面，积极培训现有人员数字化转型，及时调整职业规划和绩效考核。随着全球保险业数字化进程的加快，我国保险公司在完成数字化转型过程中，应不断积累具有数字化模式的公司文化。

3. 传统方式与新技术有待磨合

保险业数字化能够促使保险业精简业务、提高效率，但与传统保险公司的磨合仍需时间。传统的依靠保险代理人和中间人的销售方式会受到数字渠道购买方式的影响，客户和保险公司之间的互动距离也会缩短。利用互联网为客户提供保险服务，从购买、续保到提出索赔，几乎所有的流程都通过数字化流程简化，需要传统销售方式与数字化技术相互融合。

4. 客户信息安全的问题

在保险信息化转型过程中，保险行业需要平衡并制定相关条款来保护客户的隐私。保险公司需要清楚地告知客户，在何种情况下，隐私数据将用于分析和决策。同时，监管机构必须明确制定符合市场需求和保护消费者需求的隐私权法规，以更好地应对保险数字化进程。并且保险公司在进行云计算分析的过程中，也需要对网络进行安全升级，避免客户信息泄露，打造客户信息安全。保险公司可以采取与信息技术公司结盟的手段，签订合作协议支撑保险业数字化转型的信息安全。

5.3 保险科技的内涵、发展现状与发展重点

5.3.1 保险科技的内涵

保险科技起源于数字经济，随着大数据时代的到来，海量的数据信息的处理和提取成为可能。云计算、机器学习技术的运用使得数字经济成为新一轮的经济

增长点和驱动力。各国纷纷进行战略部署，数字经济成为新一轮产业竞争的制高点。近些年，数字化产品和服务被越来越多地应用到传统行业中，学者们将这类跨部门的数字化经济形态称为数字经济。

　　保险科技最早是由 FinTech 演化而来。随着大数据、人工智能、区块链等新兴技术的快速发展，这些技术开始应用于保险行业的方方面面，从而诞生了"保险科技"这个概念。《中国保险科技发展白皮书（2017）》给出定义："保险科技首先是科技，其次才是保险。它以包括区块链、人工智能、大数据、云计算、物联网等在内的科技为核心，围绕保险的方方面面进行表现，广泛用于产品创新、保险营销和保险公司内部管理等方面，通过创建新的平台，运用新的技术服务保险消费者。"根据这个定义可知，狭义上来看，保险科技是指应用于保险创新的新科技手段、产品和模式，侧重在非传统保险机构的科技应用创新主体；广义上来看，保险科技是指所有保险及科技应用创新的主体之间所形成的创新成果和生态体系。

　　可以从以下两方面理解保险科技。从科技融合创新的角度来看，自从保险科技概念诞生以来，学界和业界所关注的技术创新主要集中于以下八个领域：大数据、人工智能、区块链、云计算、物联网、互联网与移动技术、基因科技、虚拟现实（复旦大学中国保险科技实验室，2017）。而这些技术通常属于第四次工业革命范畴。以技术融合为主导的第四次工业革命催生了数字经济。只有将数字化技术渗透到保险的各个环节，保险科技才能重塑保险价值链。从保险内涵的延深方面来看，与一般的创新相比，保险科技的目标或前景是实现一种深度创新，表现为保险形态的逐步演变与拓展。首先是保险组织模式的创新，如 P2P 保险的广泛发展正在实现对实体保险组织的去中心化；其次是保险理念的创新，社交平台的蓬勃发展促进了消费者之间的信息沟通，传统的产品导向经营理念开始向消费者导向转变；最后是保险业务模式的颠覆，单纯的产品业务模式即将让位于实时互动式风险管理服务模式。总体来看，保险科技的核心作用是重构保险价值创造及其分配模式。

5.3.2　保险科技的发展现状

　　保险科技是保险和科技融合创新的成果与生态体系。随着科学技术迅速发展，保险机构对保险科技的重视程度越来越高，科技在促进我国保险行业整体高质量发展中发挥着越来越重要的作用。

信息科技投入方面，2021 年，中国保险行业总体信息科技投入规模为 354.8 亿元人民币，相比 2020 年增长了 14.6%，2022 年投入规模超过 500 亿元。2021 年，中国保险业 IT 解决方案市场规模达到 101.2 亿元人民币，与 2020 年相比增长 19.6%。

在信息科技人员方面，截至 2020 年底，行业信息科技正式员工数量超过 2.6 万人，占正式从业人员数量的 2.51%。其中，直保公司信息科技正式员工平均占比为 1.98%，大中型保险公司平均占比为 1.73%，小微型保险公司平均占比为 3.37%。

在信息技术的应用方面，新一轮技术革命和产业变革加速演进，以云计算为代表的数字基础设施建设稳步推进，行业整体采用云计算的比率 76.79%；以大数据和人工智能为代表的保险精准定价和智能营销逐步应用，行业平均承保自动化率 55.77%，核保自动化率 64.71%；以区块链为代表的原保险与再保险公司业务的打通对接，原保险与再保险的实时结算初步实现；以物联网为代表的精准快速理赔初显成效，行业平均理赔自动化率已达 21.48%。

科技在保险领域得到越来越广泛的应用，一系列重大技术变革快速改变保险公司与消费者接触方式，推动客户行为线上化、运营模式数字化和产品形态多样化，截至 2020 年底，实现平均线上客户占比 41.88%，平均线上化产品占比 36.18%。先进技术积极赋能行业发展，保险与科技深度融合已成为新趋势。2018 年至 2021 年末，行业专利申请累计达 9 307 件。与此同时，保险科技将带来营销、服务、运营、竞争模式的深度变革，不断催生新模式、新业态、新产业，成为保险业发展格局演变的高效"催化剂"。

5.3.3 保险科技的发展重点

1. 加强战略部署

加强战略部署，包括加强战略统筹规划、加大科技投入力度、提升科技创新能力、强化组织机构建设。

（1）加强战略统筹规划。加大科技战略支持力度。深入理解保险科技发展的紧迫性、必要性和重要性，立足于国家科技发展战略，以保险业务为核心，结合公司的发展方向和风险偏好，制定科技发展战略，把数字技术融入整个保险行业战略中去。强化科技对保险业务的引领作用，围绕乡村振兴、双碳减排等重大国家部署战略，兼顾特殊人群需求，实现定制化保险产品，增强竞争优势，推动行业数字化进程。

（2）加大科技投入力度。资金是数字转型的基础保障。要加大对保险科技的投资力度，通过采用新技术在保险业务流程、业务模式、营销管理等方面转型升级。推动保险科技和实体经济的深度融合。并且要健全保险科技人才培养，加大培养资金投入，培养具有保险知识和科技素养的创新型人才，为保险科技的发展提供人才保障。

（3）提升科技创新能力。强化科技创新的管理体制建设。加强公司的内部创新和外部合作，增强组织管理的灵活性，探索适合科研成果转化的体制机制。健全对科技创新的激励，强化知识产权保护，通过薪酬奖励等制度激发员工创新驱动力，加强专业技术岗位设置。并且要强化公司内部创新的文化内涵，打造尊重知识、尊重人才、鼓励创新的良好公司文化氛围。

（4）强化组织机构建设。设置科学的组织架构。根据保险科技发展战略需求，推进有利于创新成果应用的轻型化、敏捷化组织体系。优化管理决策流程，引入首席科技官等职位，围绕客户需求，自上而下推动组织流程改造，打破组织壁垒，整合资源效应。提高公司协作能力和效率，发挥科技引领的驱动作用。同时通过与第三方科技公司、研究院等机构开展合作课题，加强跨界合作，优势互补，丰富科技合作形态。

2. 强化保险科技价值赋能

强化保险科技价值赋能，为此要做到加强大数据战略、推动人工智能技术与业务融合发展、重视区块链价值、挖掘物联网应用价值，以及持续关注前沿技术在保险领域的应用。

（1）加强大数据战略。合理构建数据资产管理平台，积极拓展数据利用效率，优化数据使用流程，保障大数据作为基础性战略资源的核心价值。从基础上把控数据采集质量，提高数据应用处理能力，实现数据的标准化处理，打通数据孤岛，使得数据的统一管理、融合共享成为可能。

（2）推动人工智能技术与业务融合发展。推动人工智能技术与业务融合发展，积极探索新一代人工智能技术，夯实人工智能软硬件平台建设，统筹优化数据资源、算法模型、算力支持等核心资产，推动人工智能技术应用与保险业务的深度融合发展。

（3）重视区块链价值。区块链在投保、理赔方面具有重要的应用价值，要推动区块链与大数据、机器学习等技术协同创新，打造新型区块链应用场景，推动智能合约、加密算法、分布式记账系统在保险行业的应用创新。

（4）挖掘物联网应用价值。加强车联网技术应用，推动车险的创新发展，积极尝试物联网与人工智能、区块链的创新融合，提升车险服务水平。推动可穿戴设备在健康保险中的应用，推动智能家居产品在财产险领域的应用，通过智能传感设备预防意外灾害的发生，降低损失，优化保险服务。

（5）探索隐私技术计算。在合规合法的数据安全前提下，探索隐私技术计算，实现"数据可用不可见"促进大数据分析的同时又保护了客户的隐私安全。构建安全可信的隐私计算协作体系，防范数据泄露，促进多方数据安全合规使用。

（6）持续关注前沿技术。持续关注前沿技术在保险领域的应用。利用基因测序、生物识别等技术可以提升健康类保险的数字化水平，实施精准定价和风险测评。推动保险科技在环境中的创新，助力"双碳减排"目标的实现。通过"3S"技术[遥感（RS）、地理信息系统（Geographic Information System，GIS）和全球定位系统（GPS）]解决农业保险和巨灾保险承保理赔难题；借助生物识别和基因技术拓展畜牧与宠物保险服务范围；推动数字人民币在保险领域场景的落地应用。

3. 促进保险业务高质量发展

要促进保险业务高质量发展，主要方式是扩大供给、拓宽保险营销渠道、提升服务质量、完善业务风险防控能力以及科技惠民。

（1）扩大供给。顺应数字化转型趋势，在保障客户隐私安全的基础上，利用深度学习和大数据方法，设计满足客户多样需求的保险产品，提升客户体验，实现精准定价。

（2）拓宽保险营销渠道。充分利用网络平台和自建渠道，构建以 App 和网页版、小程序为代表的线上营销渠道。提供一站式、个性化服务，节约传统营销中的时间成本，提升客户体验。同时要积极拓展外部合作渠道，深化与养老、医疗、汽车、购物等相关上下游公司的跨界合作，实现资源优势互补，延伸保险服务链条。

（3）提升服务质量。推动服务运营数字化转型。建设以客户为中心的服务运营体系，实现购保行为线上化、核保流程智能化、保全环节便利化、理赔环节高效化。推进非接触式服务，利用前沿技术重塑业务全价值链流程，显著提升客户体验与服务效率。

（4）完善业务风险防控能力。运用大数据、人工智能等数字化方法，精准识别客户特征与预测风险等级，提高业务处置能力。构建黑名单、反洗钱、智能合同、欺诈识别、舞弊识别等风险预警或拦截模型，实现可疑交易自动化拦截与风险应急处置，实现覆盖事前、事中、事后的全流程风险控制。同时要加强与银行等机构的合作和信息披露，实现跨行业的风险联动防控机制。

（5）科技惠民。深化保险业供给侧结构性改革，依托大数据、人工智能、区块链等前沿技术创新商业模式，大力发展普惠性保险业务，围绕乡村振兴、中低收入人群、小微公司等特殊保险需求，结合各地区经济发展水平、医疗费用水平、融资信贷水平，更精准地设计和提供一系列成本低、可获得性高的普惠保险产品和服务，使保险发展更多惠及民生。

5.4 保险科技的技术基础、发展实践与未来展望

随着算力的提升、数据的积累以及以深度学习为代表的人工智能大数据等算法层面的提升，信息技术给保险科技的发展带来巨大的契机，为此本节主要从保险科技发展的技术基础、保险科技的发展实践以及保险科技发展的未来展望三个方面进行分析。

5.4.1 保险科技发展的技术基础

我国保险业位居全球第二，庞大的市场需求为保险科技提供了广阔的发展空间。和发达国家相比，我国保险科技产业起步较晚，但发展势头迅猛，大数据、人工智能等已经渗透到保险业务的各个环节。

1. 区块链技术

区块链是一种分布式数字化账本，其表现形式是由多个节点参与共同维护的、由统一共识机制保障的、不可篡改时间有序密码学账本的数据库。而在保险业中，分布式账簿将会重建保险的信用系统，同时也会减少双方的互信摩擦，从而促进更多的保险服务。区块链技术可以让保险公司更好地应对保险诈骗。在分布式账簿中，保险公司可以对交易进行永久性的记录，并对存取权限进行严密的控制，以确保其安全。在分布式共享总账中保存索赔信息，可以增强保险公司之间的协作，发现整个保险系统存在的欺诈行为。

2. 人工智能

人工智能可以代替简单的重复性人工劳动，如保单录入、核保、理赔等，降

低成本提高效率。人工智能可以帮助保险精算师筛选信息，处理海量文件。保险从业人员每天需要处理海量文件，通过人工智能，可以对文件进行预处理，然后将数据和文件发送给指定的专业人员作出决策。未来保险科技的发展方向之一是个性化保险，客户的情况不一样、需求不一样，保险的配置业就不同，人工智能可以帮助保险从业人员为客户定制个性化保险服务。同样地，理赔理算环节采用人工智能技术来识别图像，作出精准匹配，则可以极大提升客户满意度。

3. 物联网

物联网，有时被称为机器对机器（M2M），就是让所有机器、系统、物品连接到互联网上。保险公司可以根据获取的数据信息采取有效预防措施以达到预防损失、避免高昂索赔。例如家庭保险中：家庭中如果安装了摄像头等物联网设备，可以减小小偷闯入的概率；安装水位监测设备的家庭，可以在漏水严重前就及时发现问题；烟雾探测仪可以远程报警，一旦发生火灾可以及时有效减小损失，从而减少保险索赔。

4. 大数据

保险是依赖数据的行业，保险行业需要分析大量的数据，继而从中提取有价值的信息。保险公司的大数据业务包括数据的采集、储存、分析等。而保险公司采集的数据往往包含大量文件、图片、表格等非标准数据，这就需要利用大数据平台处理文字与识别图像，提取关键信息，并整合储存在保险公司数据库中，同时建立搜索引擎，提高数据利用效率。

5. 车联网

车联网是由车辆位置、速度和路线等信息构成的巨大交通网络，保险公司会在车上安装一台微型的远程通信装置，将车辆的行驶信息发送到保险公司的数据系统中，继而对驾驶员行为进行风险评估，将车主的驾驶行为与风险联系起来，使具有安全驾驶行为的车主获得保费上的优惠。

6. 无人驾驶汽车

目前国内外产业界采用较多的为美国汽车工程师学会（SAE）和美国高速公路安全管理局（NHTSA）推出的分类标准。将自动驾驶汽分为6个等级：无自动化（L0）、驾驶支援（L1）、部分自动化（L2）、有条件自动化（L3）、高度自动化（L4）和完全自动化（L5）。目前特拉斯的自动驾驶等级为L2，而真正的无人驾驶汽车技术L5等级尚不成熟。但不可否认的是，汽车自动化的关键之一就是提高安全性。这就意味着未来自动驾驶技术的成熟会带来汽车保险行业业务的流失。保险业需要时刻关注保险科技变化，调整公司业务，开发出适合无人驾驶汽车的新险种。

7. 无人机

在传统保险行业，房屋受损检查工作一般都是由人工执行的，这就造成保险从业人员有时候需要爬到屋顶取证，具有一定的风险性，而无人机技术的应用只需要操纵无人机进行图像采集，然后对采集图像进行分析就可以得出结果，提高效率的同时保障了人身安全。无人机在农业保险中的应用目前主要在农作物面积确定、农作物生长监测等方面。通过无人机结合 GPS，监测农作物长势情况，一旦发生洪涝、冰雹等自然灾害，可以利用无人机拍摄到的数据进行理赔定损。

8. 可穿戴设备

智能手表、血压检测仪、计步器等都是可穿戴设备，通过对人体生物信息的记载，并对收集到的数据进行处理，可以在某种程度上反映人体健康状况。一方面，保险公司可以通过可穿戴设备对被保险人实施健康激励，当被保险人完成当日健康计划，如积累一定的运动时间等，保险公司可以给予一定的保费折扣。另一方面，保险公司也可以通过可穿戴设备获取被保险人的身体状况信息，并为其制定个性化健康险种。

5.4.2　保险科技的发展实践

1. 国外保险科技发展实践

HCS（Human Condition Safety Inc.）利用虚拟现实技术模拟实现事前风险管理。HCS 2014 年成立于美国纽约，是一家信息科技类公司。与传统人身保险公司对事后风险的关注不同，HCS 专注于与保险公司和建筑公司合作，通过虚拟现实技术帮助人身保险公司实现事前风险的管理，从而推动保险业从注重"承保、理赔"到注重"防范、预防"的观念转变，从源头降低保险风险所带来的损失。HCS通过可穿戴设备、人工智能和云计算等技术构造生态系统，帮助工人以及管理人员在意外伤害发生前进行充分的模拟实验，以提高其应对风险和突发状况的能力，为制造业、建筑、仓储配送和能源等容易受到身体伤害的行业提供保障。其具体的运作模式为：建筑公司投保团体意外保险或工伤保险，由 HCS 负责为工人进行模拟训练。在训练过程中，工人佩戴 VR 设备，感受各种极端环境，并完成训练任务。定时、保质完成任务的公司可享受保险公司保费减免的权利。AIG（美国国际集团）和 IBM 为 HCS 的主要投资方。HCS 目前正在与包括 TrueBlue 和 Bechtel 等在内的世界一流公司合作，将产品部署到建筑、制造和重工业领域。相信随着这项运用于风险防范领域的虚拟现实技术的成熟与推广，美国人身保险行业在定价和承保环节将迎来深刻变革，"防范风险、预测风险"的理念与能力将变得更为重要。在互联网、大数据、人工智能、虚拟现实等技术的驱动下，保险科技已全面渗透到展业、投保、核保、理赔和客户服务等保险环节，带来了客户体验的优化，同时也降低了交易成本、道德风险和逆向选择。再者，海量数据沉淀助力保险公司利用深度学习开展保险反欺诈工作；更为重要的是，也带来了保险业从"事后理赔"到"事前预防"的观念转变。保险科技重塑了美国保险行业生态，提高保险公司风险控制的能力，成为行业转向高质量、透明化发展并创造价值的新动能。

Sureify 利用智能可穿戴设备提高寿险公司与客户互动频率。对于保险行业而言，其与客户之间的互动频率比一般的银行、证券类的金融机构要低。而互动频率对于保险公司，尤其对寿险公司而言有着重要的意义。提高互动频率能够使寿险公司在更多环节优化客户体验，从而提高客户忠诚度。更重要的是，寿险保单一般期限较长，在保单存续期间，被保险人的身体状况往往会有较大的变化，导致寿险公司承担较高的道德风险。Sureify 正是为解决这一行业痛点而诞生的新型保险科技公司。该公司成立于 2012 年，致力于成为客户与寿险公司终身沟通桥梁的电子平台。为了提高寿险产品与投保人之间的互动性，Sureify 打造了一款名 Lifetime Platform 的平台。该平台可以让保险公司与超过 250 种可穿戴设备和移动设备连接，在客户允许的前提下，采集和分析客户的运动以及健康信息（心跳、血糖、血压等），评估其健康状态，提供实时保险定价。此外，Sureify 的平台还能与客户手机的健身及饮食类应用程序协同工作，督促投保人按时保质完成健身和饮食计划，并将投保人的计划完成情况与保费挂钩，从而达到激励其锻炼身体、重视健康、合理饮食的目的。这一技术，在承保环节能大大缩短客户的承保时间，并且降低逆向选择发生的概率；在承保后能起到预防和警示的作用，在提高客户健康水平、降低其保险费率的前提下，使得寿险公司在保单存续期间内对投保人的健康状况更为了解，从而降低寿险公司所面临的道德风险和赔付风险。

Wefox Group 则利用网络平台致力于推广精细化保险服务，其总部在德国，是一家线上保险服务平台。Wefox Group 通过金融科技方式有效连接保险公司、保险经理人和客户，帮助他们完成线上保险购买、保单修改和理赔服务。其自营数字化保险平台 ONE 可以根据数据、客户的习惯和地理位置来触发保险产品的选择，它采用模块化设计，让客户可以根据自己的需求和风险偏好挑选保险产品，并选择是否扩大保障覆盖范围。例如，如果客户即将去罗马旅游，那么用户只需要单击"前往罗马"，就可以获得一个保险套餐，并且当用户再次降落在出发地点的机场时，这份保险就会自动失效。与传统保险方式相比，ONE 在很多方面更具优势：客户可以 100% 数字化操作；比同类产品优惠 5% 的保费；保证 3 年内价格稳定；客户可以在 5 分钟内通过手机 App 搞定一单保险产品；客户每月都有一次终止保单的机会，而不是必须长期绑定；客户可以在几分钟内通过手机 App 完成快速理赔。

2. 国内保险科技发展实践

中国太平洋保险针对线上办公方面，基于阿里钉钉底层平台和功能，以保障公司数据安全为前提，打通公司内部系统，嵌入保险业务流程节点，打造在线协同平台"太保钉钉"，提升组织协同增效率、实现员工办公数字化。在线上投保方面，其借助智云保、e 行保等系列云端投保工具，打造在线承保全流程，通过活体人脸识别、OCR、电子签名识别等，实现远程核保；利用 AI 技术，打造智能化在线服务平台。以中国太保寿险旗下的洋洋在线客服为例，通过拟人化的人机交互，可为客户提供全年无休的实时在线解答，打破了传统人工客服的服务时间限制。截至 2021 年 11 月，洋洋在线客服已向 370 万客户提供 518 余万次的解答服务，"主动跟随服务"在续期交费、还款提醒等 8 个通知场景上线，智能应答率高达 97.7%，客户诉求一次性解决率高达 91%，这些举措极大地节省了客户的时间和精力，服务精准性、跟随性让服务便捷性实现了质的飞跃。太保产险通过应用大数据及 AI 技术，将日常运营中耗时、重复性的工作交由"机器人"完成，实现智能运营新模式。例如，在"河南 7·20"暴雨灾害中，RPA 技术的应用有效提升了车险理赔服务时效。查勘员只需要将车辆照片发送到微信群内，就能实时调取承保信息，应用 8 天期间，共支持查询 12 387 次，保单查询时间从案均 10 分钟缩短至 2 秒钟。"太好赔"是太保产险车险理赔服务品牌，以"极速、极易、极暖"的客户体验为目标，打造专业车险理赔服务。通过"线上快赔"实现小额门诊案件在线上传单证、电子签名即可调解，线上完成理赔全流程；"掌上垫付"通过移动端发起申请，后台即时审核，及时解决医疗资金困难；"云调解"针对住院身故伤残案件，在线签署协议，线上电子签名，实现三方免见面调解。

泰康保险通过外部渠道发售小额保险获得曝光率，打开知名度，进而将用户导流至泰康的自有平台上。泰康在线与外卖平台合作推出"骑士意外险"，每天2元保障25小时，配送员每天抢第一单的时候支付2元给泰康在线购买这款保险产品。之所以是"25小时"，是根据外卖配送员的活动时间来定的，而采用每天2元购买保险的方式，也是通过分析外卖配送员的心理来决定的，外卖配送员的工作性质决定了他们的流动性很大，而以25小时计算的短期保险则有很大的推广空间。在自有平台，为了提高用户的活跃度并尽可能多地收集用户的行为数据，泰康在线把积分体系和用户参与度对应起来，用户登录签到的次数多、与平台的互动多（比如参与健康测试），就能取得更多的积分。健康测试、儿童教育测试等问卷吸引了很多客户。测试中留下的信息，经过追踪、计算成为业务员精准营销的线索。这一自有平台以用户为中心，根据用户的使用习惯开展移动化投保、便捷理赔等全方位服务。通过不断提升用户体验，把分散在场景中的用户汇集到自有平台本身，实现有效的用户回流，让场景更有价值。为了顺应移动互联网的发展趋势，泰康在线非常重视自有平台的移动端建设。泰康在线将PC端官网、移动端官网、移动端App以及微信的数据打通，实现四大平台的一体化，以用户为中心，根据用户的使用习惯开展移动化投保、便捷理赔等全方位服务。这不仅让整个保险的购买体验更好，也可以解决保险和用户的黏性问题。

蚂蚁保险作为中国最大的线上保险服务平台，与90多家保险合作机构进行合作，创新了数百种创新型的场景保险。2010年，淘宝退货运费险诞生，在淘宝购物场景下，解决了买家、卖家因退换货而引起的纠纷，不仅增加了保险公司的新业务，更助推了电商行业的发展。2014年"双11"当天，退货运费险的单日保费突破1亿元。蚂蚁保险让保险公司第一次意识到互联网场景保险的价值，而退货运费险也成为互联网保险最具代表性的险种。2014年7月，随着智能手机的普及，蚂蚁保险联合中国人寿首创了手机碎屏险；2015年，蚂蚁保险联合中国人寿财险上线新型航空延误险、外卖延误险；蚂蚁保险在聚划算上推出保价险。2018年5月，蚂蚁集团与人保健康将双方的平台数据、技术优势、用户洞察和产品开发经验相结合，上线了一款百万医疗险——好医保长期医疗险。上线仅2年，好医保的用户数超过3 000万，成为我国销售量最大的单款健康险产品。蚂蚁保险用智能核保系统提升效率；好医保上线之初，蚂蚁保险就通过技术能力帮助保险公司升级系统，大大提升了出单能力，将效率从5秒出1单提升到1秒出1 000单；在理赔环节，好医保利用智能理赔技术识别医疗票据的真伪、信息，最快 3 个工作日可以完成理赔。好医保用互联网属性重新定义了健康险，以高保额和低保费为核心卖点，带动了互联网商业医疗险爆发式增长。中国保险业协会发布的《2021 年度人身险公司互联网保险业务经营情况分析报告》显示，2021 年，互联网人身保险业务保持平稳增长，累计实现规模保费 2 916.7 亿元，较 2020 年同比增长 38.2%。其中，人寿保险仍为互联网人身险的主力险种，占比为 65.1%；年金保险占比为 14.2%，较 2020 年同比下降 9 个百分点；健康保险取代年金保险成为第二大险种，占比为 18.9%。通过科技赋能，各大保险公司都在加速布局线上保险服务，推动"线上 + 线下"渠道融合，提升客户体验。互联网渠道正在成为健康险销售不容小觑的力量。

5.4.3　保险科技发展的未来展望

随着保险行业加快保险科技应用，逐步实现数字化转型，保险科技将给我国保险行业带来诸多变化。

（1）线上化。随着互联网和物联网的发展，保险行业所有涉及客户的业务环节将实现线上化，大幅提高保险业务处理效率。

（2）服务化。作为保险行业由侧重单方面承保向侧重综合型风险保障服务转型的关键支撑，保险科技促使保险业务从事后、低频交易向事前、中高频服务转变，从而大大降低保险风险。

（3）精细化。科技赋能使得风险辨识能力发生革命性飞跃，极大地提高认清保险风险的颗粒度，赋能保险行业为客户提供更精准的个性化服务，更好地满足保险客户需要。

（4）平台化。通过创新平台搭建，创新科技将赋能保险与各相关产业深度融合，构建多方主体开放、共赢的保险生态圈。

（5）智能化。通过人工智能、大数据等新技术应用，将保险应用从线上化向智能化发展，进一步贯通保险价值链，快速提升保险业务效率，全面改善保险客户体验。

本章小结

新一代的信息化技术正推动着新一轮的工业变革，大数据、区块链、共享经济、物联网等技术加快兴起，对数据的处理、利用水平已成为衡量公司竞争力的重要标志。传统保险业运行体系正在剧烈变革，保险产业竞争格局发生改变，网络市场的竞争日益激烈。保险公司需要进行数字化战略转型，转变战略思维，向互联网思维转变；打造数字化业务流程；构建平台化组织形式；提供个性化的产品和服务。要加大对数字化转型的资金投入，积极培养专业化人才、打造数字化平台精简业务流程并且注重信息安全。同时利用大数据、区块链、物联网等先进技术对传统保险业务流程进行数字化升级改造，加强战略部署、强化保险科技价值赋能、促进保险业务高质量发展。

思考题

1. 保险公司数字化战略转型的特征是什么？
2. 保险业数字化转型面临的挑战是什么？
3. 保险科技未来的发展重点有哪些方面？
4. 目前保险科技发展的主要技术基础是什么？

即测即练

参考文献

[1] 吴婷，王向楠. 保险科技：内涵、耦合机理和发展逻辑 [J]. 保险理论与实践，2020（5）：27–41.

[2] 董方冉，周运涛. 如何为保险业数字化注入新动能：访中国金融科技 50 人青年成员、中国人保财险高级主管周运涛 [J]. 中国金融家，2021（5）：66–67.

[3] 王廷科. 积极发挥金融科技作用助力保险业以数字化手段破局图新 [J]. 中国保险，2021（12）：8–10.

[4] 朱禁弢. 保险业数字化转型迎来加速发展新机遇 [J]. 中国保险，2021（12）：50–53.

[5] 陈小虎. 保险业数字化转型思考与建议 [J]. 中国金融电脑，2021（z1）：46–48.

[6] 李涵，成春林. 保险科技研究进展：内涵、动因及效应 [J]. 金融发展研究，2021（11）：73–80.

[7] 唐金成，刘鲁. 保险科技时代"AI+保险"模式应用研究 [J]. 西南金融，2021（5）：63–71.

[8] 何大勇. 应对变革，转型升级，即刻启动：保险业数字化转型 [J]. 上海保险，2019（1）：36–41.

第6章 金融监管数字化转型与监管科技

学习目标

1. 了解金融监管数字化转型的背景与特征。

2. 了解监管科技的基本定义。

3. 熟悉我们为何需要监管科技。

4. 熟悉监管科技的技术基础和模式。

5. 掌握监管科技的发展实践。

6. 对未来的监管科技的发展具有一定的思考。

能力目标

1. 了解监管科技的基本技术、模式。

2. 熟悉监管科技的现阶段基本应用和实践。

3. 掌握对于未来监管科技的预期和展望。

思政目标

1. 树立正确的监管科技理念,掌握金融科技也是把双刃剑的逻辑思辨能力。

2. 建立监管科技的改变要与金融科技的发展紧密相连的科学发展观。

3. 掌握监管科技的发展要与中国金融业、金融科技发展双向协调、共同进步,要在党和政府的引导下,健康有序地发展的基本原则。

思维导图

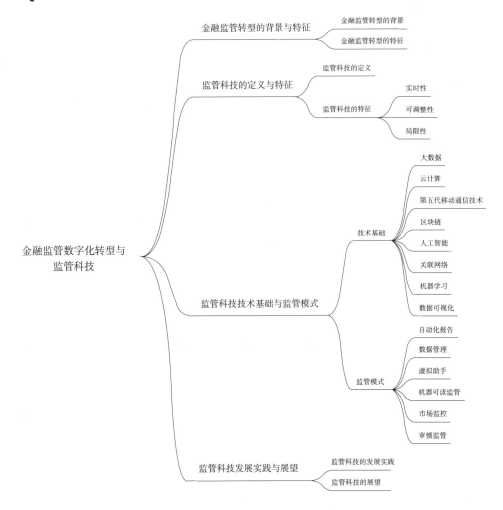

导入案例

2020 年 11 月，号称人类历史上最大规模的 IPO "独角兽"蚂蚁集团在中国科创板上市，拟发行代码 688688，IPO 估值超 2 万亿人民币。然而就在马云公开在2020 上海外滩金融峰会上演讲结束没多久，当时这一规模最大的 IPO 却被中国监管部门叫停，2020 年 11 月 2 日，相关部门起草《网络小额贷款业务管理暂行办法（征求意见稿）》，同日马云被四部委联合约谈。蚂蚁集团在金融科技的助力下，发展一直突飞猛进，成为国内最大的网络金融公司，依托于阿里巴巴和淘宝等公司、网站，具有丰富的数据和技术，然而在金融业来说，蚂蚁集团的主营业务花呗和借呗却存在数百倍甚至更高的杠杆，如果蚂蚁金融成功上市，其金融业务的风险势必成为中国金融业的系统性风险，蚂蚁金融的体量和影响势必会影响整个金融体系的稳定与安全，监管部门适时出击，暂停了蚂蚁集团的 IPO 业务。在随后的时间里，蚂蚁集团不断整改，既调整了花呗等信贷的额度，也下架了诸多网络存款产品。

【案例思考】

1. 蚂蚁集团的业务模式虽然披着金融科技的外衣，但是其核心金融业务是什么？为什么存在较大的金融风险？

2. 对于蚂蚁集团的上市，监管部门如何应对可能带来的金融风险？

6.1　金融监管转型的背景与特征

6.1.1　金融监管转型的背景

金融科技已经成为当前金融发展的一个重要的影响趋势。在以计算机、大数据、云计算和人工智能等前沿技术带动的基础上，已经对传统金融业以及经济发展产生了巨大的影响。如今消费者追求更加高效、快捷、便利的金融服务，日新月异的技术创新也不断地被应用到金融领域，同时国家的相关政策、监管规则的适应性变化，都推动了金融科技在金融领域大放异彩。

如今金融科技的发展也已经从传统的"辅助"角色转变到了"赋能"位置。一方面，金融科技通过解决信息不对称，降低了金融交易成本，从而提高了金融服务效率；另一方面，金融科技对金融的形态、业务以及生态都已经产生了深远的影响。目前金融行业已经开始了去中介化的趋势，金融科技带来的便捷性减少了消费者对于金融中介机构的需求，互联网平台、区块链技术开始成为金融中介存在的新形式。科技公司进入金融市场，既跨越了传统金融从业的门槛，也改变了金融业的市场结构。金融科技的发展大大减少了金融业对于传统资源的需求，也极大地降低了金融交易过程的复杂程度，以难以想象的速度推动了金融体系的效率。从这个意义上说，"赋能"的位置也已经足以定义如今金融科技快速发展的定位，金融科技已经开始部分取代传统的金融业，这种"取代"意味着对于传统金融业的"颠覆"。

然而"颠覆"有利有弊。一方面，金融科技促进了金融业以及经济的发展，促进了金融稳定和繁荣。去中心化和多样化、多元化的金融体系可以降低系统性风险的发生概率，减少单个金融机构对于整个金融体系的风险传染，越来越多的科技公司加入金融行业，既丰富了金融行业的元素，也通过多元化提高了运行效率，信息不对称的减少也增加了金融消费者的效用水平，推动经济的可持续健康发展。另一方面，金融科技给金融业也带来了各种不稳定的因素。金融科技应用的技术更多地依赖于互联网、云服务等网络技术，这使得网络安全、数据安全等成为更值得关注的风险因素，随着金融科技对金融发展越来越重要，相应的安全影响因素比传统金融业更加复杂多元，也更加难以防范和监控。此外金融科技公司的运营利用大数据等新型技术手段，其在流动性风险、资产错配风险、信用增级以及证券化等风险方面更加难以把控和识别。去中心化虽然某种程度上降低了金融系统性风险的发生概率，但是互联网却又提高了金融机构彼此之间的另一种联系程度，当云服务越来越普及之后，系统重要性金融科技机构对于整个金融体系稳定性的威胁会越来越大，由此产生的风险传染也会更加迅速和剧烈。

可以说金融科技的发展重塑了现代金融体系，已然成为金融体系不可分割的一部分。这就需要积极探索新形势下的金融监管，尤其是对金融科技的监管，同时又要确保金融科技的创新与监管协调发展。金融科技的"颠覆"不是传统意义上的颠覆，而是通过市场的实践融入当前的传统金融体系中，金融科技仍然是以"金融"为前提，辅以"科技"的手段，所以金融监管的转型也应当与时俱进，具有自己独特的"科技"特征。2023 年 3 月，第十四届全国人民代表大会决定，在中国银行保险监督管理委员会基础上组建国家金融监管总局。

6.1.2　金融监管转型的特征

在金融科技发展的时代背景下，金融监管也面临着新的时代命题。金融监管的意义在于：①要明确金融发展的目的，金融业主要是服务实体经济、服务金融消费者，金融监管要确保金融业的发展、金融科技的参与，始终保持这一核心宗旨。只有实体经济稳健发展，金融消费者的权益得到有效保障，金融科技才能真正起到帮助金融业发展的作用。②金融监管要明确金融科技的发展路径，在大力支持金融科技发展的同时保证监管的有效性。③金融监管要确保金融科技的发展实现三个互动，包括：金融科技与服务实体经济的互动，金融科技与服务金融消费者的互动以及金融科技和金融监管之间的良性互动。

所以，金融监管在新背景下也要进行转型，其主要特征就要包括以下几方面。

（1）保持公平竞争，这是市场经济的基本规则。要规范科技公司的金融化，从源头防范监管套利，金融创新和数字化转型使头部的金融科技公司容易出现跨域、跨界甚至跨业经营，此外头部公司容易一家独大，既占有数据优势又拥有网络优势，从而在综合层面主导市场，金融监管就要防范头部公司垄断化形成，抑制隐性规则，防范"大而不倒""久成自然"。

（2）强化金融监管对金融创新的引领、护航，引导金融机构、科技公司等市场主体把握好数字化转型的历史机遇期，积极探索运用新一代信息技术优化产品形态、服务渠道、经营模式和业务流程，推动技术创新成果更好地在金融领域落地应用，助力金融服务降低成本、提升效益，增强金融数字化转型能力和核心竞争力，为金融业高质量发展提速赋能。

（3）更加注重防范风险。金融科技的进步带来便利发展的同时，也增加了新的风险领域、风险主体以及风险特征。在金融科技时代，随着金融服务的渠道网络化、形态数字化、金融业虚拟化，其边界也越来越模糊。例如数据风险就是传统金融业没有的风险来源，金融监管如何进行消费者保护是至关重要的政策命题。随着风险主体的变化，风险的来源、表现以及危害都和以往不同。金融监管要更加注重金融科技背景下的数据安全、隐私保护以及行为合规等方面。金融风险的传染速度和规模都是呈现指数级的增长，创新监管工具就是要积极探索数字化监管实践，基于科技打造多层次、立体化的监管，建立多重风控体系，强化跨市场、跨业态、跨区域的风险联合防控体系，为金融业服务实体经济保驾护航。

（4）应对金融发展的新挑战。金融科技的发展技术日新月异，金融与科技的结合、迭代方式也越发明显，全新的金融产品和业态也不断涌现，金融创新的同时会带来各种不易识别、不易把控的问题，既要深挖金融科技创新的潜能，又要有利于金融管理部门把握创新本质与风险实质的关联，加速出台针对性的监管举措，有效应对金融科技发展带来的新挑战。

（5）更加注重有效性原则。金融监管要针对金融科技的发展，进行恰当的、持续性的引领，要健全当前的监管体系，如：机构监管，要做好金融科技公司的认定和分类，随着金融科技日新月异，参与的科技公司的主导科技门类繁多；功能监管，金融科技对不同的金融业务的渗透程度不同；行为监管，金融科技参与金融业务的具体运作方法也不尽相同。所以要注重金融监管的有效性，要优化监管路径，进行金融监管的方式、方法创新，把科技手段也应用到监管中来，进行监管科技的创新。

6.2　监管科技的定义与特征

6.2.1　监管科技的定义

人工智能、大数据、云计算、元宇宙等金融科技力量不断进步并渗透到金融业务的各个领域，既有力地推动了经济的创新和发展，也对金融监管提出了新的挑战。监管科技应运而生，这是金融科技发展的必然产物。2015 年 3 月，英国政府首席科学顾问兼政府科学办公室主任马克·沃尔波特（Mark Walport）指出，"金融科技有希望被用于监管与合规，使得金融监管与报告更加透明、高效，从而建立起一种新的监管技术机制"，由此已经勾勒出监管科技的雏形。2015 年 11 月，英国金融行为监管局首次提出 RegTech 这一概念，将其定义为"采用新型科技以有效传导监管要求"。中国人民银行在 2017 年 5 月成立了金融科技委员会，旨在加强金融科技工作的统筹协调。金融科技是技术驱动的金融创新，虽然为经济发展注入了新的活力，但是也给金融安全带来了全新的挑战。

从字面上看，"监管科技"是行政监管和科技的结合，也在各个行政监管领域普遍运用，如海关监管、食品药品监管、土地监管等。但近年来，在没有具体语境的情况下，监管科技主要指金融领域的监管科技。这一方面是由于金融领域向来是强监管的领域，与科技的需求也结合得最为紧密；另一方面则与近年来热门的金融科技的英文文义衍生有关。

在国际上，英国政府科学办公室（The Government Office for Science）对监管科技的定义是，"可以应用于监管或被监管使用的科技"。国际金融协会（IIF）将监管科技定义为"是利用新技术更有效和高效地解决监管和合规要求"。这些定义比较中性，没有涉及"监管科技"的价值取向。

国内讨论"监管科技"始于 2017 年。国内的学者认为监管科技包含"合规"和"监管"两个方面：一方面，金融机构将监管科技作为降低合规成本、适应监管的重要手段和工具，从这个维度来分析，监管科技可以理解为"合规科技"；另一方面，监管科技能够帮助金融监管机构丰富监管手段、提升监管效率、降低监管压力，是维护金融体系安全稳定、防范系统性金融风险以及保护金融消费者权益的重要途径。从这个维度来分析，监管科技又可以理解为"监管科技"。

此外，杨东教授将监管科技定义为"科技驱动型监管"的手段，而"科技驱动型监管"指在去中介化、去中心化的金融交易现状下，在审慎监管、行为监管等传统金融监管维度之外增之以科技维度，形成双维监管体系。从本质上认识监管科技，有学者认为，监管科技是以数据为核心和驱动的金融监管解决方案，体现数据逻辑的内涵。也有学者认为监管科技本质上是一种数据中介，应用技术手段服务于监管，主要通过大数据应用发挥监管作用，包括监管数据的收集、存储、分析处理以及共享，重点在于了解数据、数据主权和算法监管。

京东数字研究院认为，"监管科技"是在金融与科技更加紧密结合的背景下，以数据为核心驱动，以云计算、人工智能、区块链等新技术为依托，以更高效的合规和更有效的监管为价值导向的解决方案。在表现形态上，监管科技有两大分支——运用于监管端的监管科技（Suptech）和运用于金融机构合规端的监管科技（Comptech）。换句话说，RegTech=Suptech+Comptech。国际上逐渐在监管端与合规端区分监管科技的内涵，倾向用 RegTech 指代受监管金融机构在监管合规和监管报告方面的科技应用，用 Suptech 代表监管机构用于提高监管效能和监管质量的科技应用。我们认为合规端和监管端是监管科技的一体两面，将对金融机构的合规与金融监管机构的监管工作产生质量提高、效率提升以及流程创新等影响。

监管科技有两个层面的意义：①监管科技是指利用科技手段来进行监管活动的开展。②监管科技是指可以应用到监管层面的科技手段，这里面的监管层面包含了监管端和合规端两个角度的科技监管。

从监管端来看，面对金融科技背景下更加复杂多变的金融市场环境，监管部门有运用监管科技的充足动力：①由于 2008 年金融危机后，各国的金融实践中金融监管被提升到前所未有的高度，监管机构渴望获取更加全面、更加精准的数据。②监管部门面对金融机构报送的海量数据，需要借助科技提高处理效率和监管效能。此外，金融科技带来的新的风险场景和风险特征，也需要监管机构积极应对。随着金融业务对现代科技的应用不断加速，监管机构也需要"以科技对科技"，密切跟踪研究分布式账户等金融科技发展对金融业务模式、风险特征和监管的影响。

2008 年次贷危机以来，金融监管不断升级，各类监管处罚不断加码，全球金融机构的合规成本节节攀高。美国经济发展资源中心在 2016 年发布报告称，自 2010 年以来，24 家来自不同国家的银行向联邦政府支付的罚款与和解的金额累计超过 1 600 亿美元。其中，仅美国银行和摩根大通就分别支付了 560 亿美元和 280 亿美元。2018 年 4 月 20 日，美国富国银行因违反《消费者金融保护法》和《联邦贸易委员会法》的规定，延长抵押贷款利息锁定期的收费，强制消费者购买不必要的汽车保险，被美国消费者金融保护局（CFPB）和美国货币监理署（OCC）处以 10 亿美元罚款。

根据市场研究和商业咨询公司 Infoholic Research 发布的报告《2026 年全球监管科技市场：驱动力、约束、机会、趋势和预测》，全球监管市场利润将在 2026 年达到 195 亿美元。这预示着合规科技将继续快速发展，并为金融机构提供更加完善的合规服务。在此背景下，合规科技的发展前景十分广阔，主要着力点包括数字化、数据的识别与分析运用，以及数据加密与传输技术。数字化的过程将使金融机构和监管机构之间的信息共享更加便捷，同时数据的识别与分析运用将实现监管和机构的实时交互，从而更好地保障金融市场的稳定性。此外，数据加密与传输技术的应用将使得数据传输更加安全，从而避免数据泄露等问题。这些都将有助于金融机构实现内部约束和实时合规，更好地应对市场变化和监管要求。总之，合规科技的应用将成为金融监管的重要趋势。在未来，随着监管要求和金融市场的发展变化，合规科技也将不断升级和完善，为金融机构提供更加完善的合规服务，从而更好地维护金融市场稳定。

6.2.2　监管科技的特征

监管科技本身就是一个比较宽泛的概念，既涉及金融机构满足监管需求的新技术，也可以指监管部门应用的新技术。在金融科技的发展背景下，监管科技也具有自身独有的特征。

（1）实时性。监管科技受到各种金融事件的影响，如金融危机、安然事件等。金融危机往往能够发现未能充分了解认知的金融风险、监管的空白点，安然事件等重大金融事件的发生，也会在事后推动相关法案的出台，中国蚂蚁集团的 IPO 事件，其业务模式可能存在的潜在风险也得到了监管部门的重视，监管部门随后就出台相关的法律法规来进行实时监管。

（2）可调整性。金融科技的进步和发展，带来各种前所未有的金融业务模式、金融组织形式和金融工具等。监管科技就需要适应这些新的业务模式、组织形式和工具，要及时作出响应，精准识别全新的金融内涵和金融风险，才能做到面面俱到、安全无虞。

（3）局限性。监管科技的兴起和应用，一定程度上保证了监管的公平公正，避免了影响决策的非理性和感情因素，提高了监管的稳定性和可信度。但是监管科技的应用还是不能够完全取代人为监管。这是因为：①现实世界的复杂性是多重多样的，监管科技只能近似地模拟复杂的金融决策过程，却难以完全取代。②监管科技应用的金融准则和经济学理论，本身就存在可靠性问题。③监管科技的背后并不存在责任主体问题。④监管科技的规则形成，过分地依赖于所谓科技手段，往往存在"黑匣子"问题，我们并不能够清楚地知道决策的过程和细节，也就难以理解决策的动机和后果。

6.3　监管科技技术基础与监管模式

6.3.1　技术基础

新技术是监管科技诞生和发展的基石，技术应用的突破才能带来监管科技的飞速发展。中国人民银行于 2017 年 5 月成立金融科技委员会，提出"强化监管科技（RegTech）应用实践，积极利用大数据、人工智能、云计算等技术丰富金融监管手段，提升跨行业、跨市场交叉性金融风险的甄别、防范和化解能力"。此外，网络信息安全技术、物联网技术、应用程序接口技术、加密算法、自然语言处理、计算和视觉，以及增强现实 / 虚拟现实视觉技术等在监管科技中也发挥相当重要的作用。

在众多支撑监管科技应用的技术中，核心支撑层的大数据、云计算、第五代移动通信技术（5th Generation Mobile Telecommunication Technology，5G）、区块链，智能分析层的人工智能、关联网络、机器学习，应用展示层的数据可视化目前已广泛应用在监管科技领域并已取得丰硕的成果。

1. 大数据

金融监管部门构建大数据监管平台，以动态、实时、互动的方式对金融系统行为及潜在风险进行系统性和前瞻性监管，并提高监管可视化水平。大数据为人们认识世界开启了一扇新的大门，而数据本身在当代社会也成为个人、公司、政府核心的资产。

互联网行业从诞生起就是充分应用大数据的行业，近年来随着"互联网 +"对产业的赋能，各行各业也都在拥抱大数据技术。在"十四五"规划中提到，要加强宏观经济治理数据库等建设，提升大数据等现代技术手段辅助治理能力，推进统计现代化改革。对于金融监管机构而言，依托大数据技术可提升监管决策水平与防范金融风险的能力，同时降低被监管机构的合规成本。深圳证监局自 2015 年起构建了基于大数据的科技监管系统，分别针对券商、持牌资管机构以及私募基金构建监管信息平台。该平台完善了金融机构需要报送的数据项，机构需要一揽子报送业务运营情况至监管方而无须分别重复报送，证监局基于报送的数据进行多维度、多指标的横向、纵向分析，可以直观分析行业整体风险与个体风险，系统还引入外部大量数据进行交叉验证以排查机构的潜在违规行为，并自动生成报告，涵盖数百项指标。

2. 云计算

云计算能够实现更大、更灵活的存储、移动容量和计算能力。英国金融行为监管局拥有用于收集、存储和处理市场数据的云解决方案。在每天的高峰时段，自动扩展云设施可以灵活地处理上亿条的市场数据。墨西哥国家银行和国家证券委员会、荷兰银行、新加坡金融管理局、美国证券交易委员会等也在使用云计算处理大量数据。例如，在墨西哥国家银行和国家证券委员会搭建的数字监控平台中，FinTech 实体可以产生和提供实时信息上传到云，然后通过云计算转换多维数据集。美国证券交易委员会仍在制定较为广泛的云计算战略，正在研究将 EDW（电子数据仓库）工具扩展到云，用于更好地存储、提高处理和计算速度。

3. 第五代移动通信技术

第五代移动通信技术，依托一系列的技术创新，为客户带来"更高、更快、更强"的业务体验，极大地提升了包含人—人通信、人—物通信、物—物通信在内的各类通信场景的效能，已受到政府、产业界、资本界的高度关注。对于金融行业而言，无论是金融机构还是监管机构，均可借助 5G 技术进步的"金矿"，从中受益。

在金融领域，许多传统金融业务开始选择与金融科技服务提供商合作，建立更为紧密的联系，寻求服务升级，吸引更多客户，5G 的出现将为金融科技服务商提供更加强有力的支持。2019 年 3 月，中国移动与建设银行发布合作公告，双方将通过金融领域和通信领域的领先优势构建跨行业融合创新生态，积极贯彻普惠金融战略，以金融科技推动业务创新，降低金融领域风险，推动经济高质量发展；以高速率、大带宽、低时延的移动 5G 网络为依托，推动双方在骨干网技术演进、机房无人机巡检、钞箱运输路径监控等方面开展合作。

对于金融监管而言，5G 可以协助构建维度更广、可信度更高的金融业务评价体系，更好地洞察金融机构的业务运营情况。传统金融主要依据客户的历史数据来进行风险预判，缺乏对用户实时状态进行跟踪了解的手段，互联网金融具备拥有丰富的线上大数据的优势，但其数据来源无法避免主观性问题，两者都仍存在信息不对称的风险。在金融信用评估体系建立方面，借助 5G 技术，虚拟经济和实体场景连接，可以帮助解决数据的客观性问题，丰富数据维度，提升信用评估的准确性。在金融风险防范中，借助物联设备来收集信息，可以更好地掌握金融业务和相关公司、用户的状态，使得风险识别更加多维和精准。

4. 区块链

区块链本质上是一种去中心化的分布式共享记账技术，技术上可依托其诸多特性为金融行业赋能，保证数据的真实准确，在应用层面结合智能合约（一种旨在以信息化方式传播、验证或执行合同的计算机协议）的技术可以极大提升金融的运营效率。监管科技结合区块链，可显著提升数据报送的准确性、强化反洗钱（anti-money laundering，AML）与了解你的用户（know your customer，KYC）的效率、构建实时自动化的监管模式、加强金融监管的统筹能力。区块链作为一种底层实现机制，近年来逐渐发展壮大，由于其具有与生俱来的去中心化、加密共识机制、不可篡改特性，在多个领域的应用前景得到重视，近年来智能合约技术的发展使区块链作为一种底层的构建信任的机制与各类应用紧密结合，各行业"上链"的进程明显加快。

从技术上看，区块链就是一个由计算机代码所构建的分布式的账本，或者分布式的数据库。它的技术核心是一种基础数据架构和一类网络协议的组合体。这里的基础数据结构是指由一些"区块"构成的"链"表结构来存储信息，每个区块包含了特定时间段全网发生的相关信息交易或者转移记录的合集。每个区块均包含块身和块头两部分，块身是相关信息的记录合集；块头是前一区块头的哈希值（特定数学问题的解）以及时间戳（一份数据在某个特定时间之前已经存在的、完整的、可验证的数据）。块头的信息使得创始块（第一个区块）到当前时点区块连接在一起，形成首尾相连的一条长链。这里的网络协议是指对等网络协议，依据该协议建立了无中心的网络通信拓扑结构与相应的共识机制。独特的技术赋予区块链四个特点：去中心化、不可篡改、透明化、自动化。依托区块链的特性，对监管数据进行重构，将区块链技术应用在数据报送、维护与使用的全链条环节，有助于构建实时自动化的监管模式，有助于提升反洗钱与客户识别的效率，有助于强化全行业的信息共建共享，有助于提升监管的自动化建设水平。

5. 人工智能

人工智能引入监管工具大大提高了监管效率，也降低了监管成本。互联网金融公司也将人工智能应用到业务的安全风控上，蚂蚁集团就依托阿里巴巴、淘宝的丰富场景和数据，探索用户的交易是否合规。在监管部门的应用上，上海证券交易所使用人工智能对投资者进行全息画像，对投资者进行立体的图像化展示，此外利用人工智能知识图谱等技术能够精确识别违规投资者账户的行为。现今股票投资等开户都可以通过移动端进行，这依赖的就是人工智能的视觉识别、指纹识别等技术，该技术能够确认客户的生物特征信息，从而保证交易的安全，从交易数据中分析，从而控制证券交易的风险。此外通过交易数据结合人工智能和深度学习可以分析历史交易，自动识别投资者的恶意欺诈、非法交易等异常行为，人工智能也有助于降低监管人力资源需求、减少错误、自动执行跟踪和过程监管。

6. 关联网络

现实中很多问题都可归结为与图相关的问题，关联网络即将图论算法引入实际问题的建模中，提供一种系统化的处理方式。关联网络技术应用在监管科技领域，可以构建不同维度的信息之间的关联关系，实现对数据的深度挖掘和监管维度的拓展。关联网络可以直观地显示各类实体及其关系。一些大数据平台公司依托自身技术优势，构建了包含数量庞大的节点和边的大型金融关联网络，将用户在平台上的唯一标识作为中心节点，打通用户的网络行为、金融交易行为、基本属性及设备关联信息等相关节点，挖掘出节点之间诸如转账、交易等关系；在此基础上利用图论相关算法进行处理，更全面地理解用户的金融需求。相比较传统的专家体系，关联网络可以挖掘更多的潜在金融风险，防患于未然，并且其自身可不断地进行知识拓展、与时俱进。

大规模的关联网络，为搜索引擎的优化、对话机器人的构建及金融反欺诈等诸多领域带来显著的价值增益，在监管科技领域，同样可以应用关联网络，帮助监管机构有效发现违规操作，提升风险识别的准确性。

7. 机器学习

机器学习即设计和分析一些让计算机可以自动"学习"的学科，是一类从数据中自动分析获得规律，并利用规律对未知数据进行预测的算法。作为人工智能的核心技术，机器学习随着大数据、算力、算法技术的发展，也得到了极大的发展，赋能金融、医疗、安防、家居等各个行业。

作为人工智能区别于传统计算机程序的标志，机器学习将计算机从仅仅执行命令，升级到具有提升自我、能够举一反三学习的阶段。从学习方法的角度，机器学习主要分为监督学习和非监督学习两大类。机器学习在金融领域已经广泛地应用在身份识别、智能获客、智能投顾、量化投资、大数据风控方面，极大地提升了金融服务的效率和效能。在监管科技领域，将机器学习应用在风险识别方面，可以自动挖掘出更多的风险线索，帮助监管机构更好地了解金融风险；将机器学习应用在舆情监测领域，可实时、准确地挖掘出针对某一主题的负面舆情，并进行相关传播力与实践脉络的分析，提升监管机构针对舆情的处置能力；将机器学习应用在客户身份识别领域，在保护消费者合法权益的同时，可以协助监管机构更精准地识别有风险的客户。

8. 数据可视化

数据可视化，是指利用计算机图形学、图像处理技术等，将数据转换成图形/图像显示出来并支持交互处理的技术。监管科技中利用数据可视化技术，可将监测处理的结果更加直观地、多维地呈现出来，帮助监管实现挂图作战、全面决策。

随着大数据时代的到来，数据每天都在爆炸式地增长，复杂性也越来越高，传统的信息显示方式受限于显示形式，难以挖掘出隐藏在大数据背后的价值。由于人类通过眼睛来处理的信息量远超其他器官，将数据转换成视觉信号将大大增强信息处理的效率，再加上地图、3D 技术的逐渐成熟，越来越多的可视化的需求可通过计算机实现。数据可视化从类别上主要分为科学可视化、信息可视化、可视分析学。

随着 VR、AR、全息投影等前沿技术的发展，数据可视化技术已广泛应用在游戏、教育、房地产、医疗等诸多行业中，在监管科技中也是如此，通过大屏、触摸屏、网页与视频等多种形式展现，尤其是与地理信息系统结合，直观全面地呈现金融机构信息与相互关联情况，加大监管机构对风险的监测力度。

6.3.2　监管模式

1. 自动化报告

监管数据自动化报告可以按照数据收集的主动实施方以及时效性两个维度进行划分：按照数据收集的主动实施方，可分为数据推送模式和数据拉取模式；按照时效性，可分为非实时数据报告和实时数据报告。在非实时数据报告方面，奥地利银行搭建的数据平台与卢旺达国家银行搭建的"电子数据仓库"分别是数据推送与数据拉取的典型应用。在实时数据报告方面,澳大利亚证券投资委员会(ASIC)建立了市场分析和情报系统,能够实时监控澳大利亚一级、二级市场,识别市场中的异常。

2. 数据管理

数据管理主要包括数据验证、数据整合、数据可视化以及数据云化等方面,数据验证方面的应用主要包括检查数据完整性、正确性、合理性及一致性(Dias and Staschen,2017)。尤其对基于大数据和人工智能的分析系统,劣质数据可能会引起"数据偏视",从而误导决策者。随着信息技术的发展,越来越多的非结构化数据占据了数据空间的绝大部分。然而传统数据分析技术不能从非结构化数据中有效提取信息。借助人工智能(主要是自然语言处理),监管科技能够汇总微观零散数据,结合结构化和非结构化数据形成大数据集,最终分析得到数据情报并形成分析报告。海量数据难以直观呈现内在联系,数据可视化技术可将复杂数据以直观方式呈现给监管者。澳大利亚证券投资委员会使用数据和网络可视化分析程序,分析并表示数据源的时间、关联和因果关系。海量数据对监管机构的存储和处理能力提出更高要求,云计算提供了一种相对低成本的解决方案。

3. 虚拟助手

虚拟助手通过各种拟人化交互技术收集监管反馈,对金融监管工作与机构合规进行及时提示。目前运用最多的是聊天机器人。聊天机器人主要被金融监管机构用于向消费者和受监管机构提供帮助。例如,菲律宾中央银行(BSP)开发了一个聊天机器人来答复消费者投诉,可回答简单问题,并适当地将那些首次向监管机构提出的问题导流至适当的监管部门。英国金融行为监管局开展使用聊天机器人与被监督机构进行交流的概念验证项目,该聊天机器人可以帮助被监督机构更好地理解规则手册或法律条款。

4. 机器可读监管

机器可读监管是当前热门领域,使用自然语言处理等技术将规则文本转换为机器可读格式,缩小监管意图和解释的差距,可带来更好的监管一致性和遵从性。

5. 市场监控

金融市场上每个交易日都会产生大量的数据,证券监管机构通常在处理大量数据交易信息方面经验丰富,如英国金融行为监管局和美国证券交易委员会都采用了创新技术，通过对大数据集的分析，检测内部交易、市场操纵等可疑交易信号。[①] 新加坡金融管理局等也正在运用创新技术来监控洗钱和恐怖主义融资行为。

6. 审慎监管

审慎监管方面，监管科技可在微观与宏观两方面发挥作用。在微观上，监管科技可用于信用风险评估和检测流动性风险。例如，荷兰中央银行正在研究使用神经网络检测实时结算系统支付数据中的流动性异常，从而帮助应对银行挤兑。在宏观上，监管科技可用于标识宏观金融风险，在风险初期发现端倪。例如，意大利央行研究人员运用大数据与人工智能技术预测未来房价或通货膨胀水平。

6.4　监管科技发展实践与展望

6.4.1　监管科技的发展实践

监管科技在具体表现形态上，主要有三大分支——运用于监管端的监管科技、运用于金融机构合规端的监管科技，以及运用于金融机构内控端的监管科技。在实践中，国内外大型机构根据科技实际应用成果和功能，进行更细致的分类。

国际上，国际金融协会在《金融服务中的监管科技：合规报告的技术解决方案》中提出，监管科技可以解决以下几方面的问题：风险数据汇总，建模、分析和预测，支付交易监测，用户身份识别，机构内部监控，金融市场交易，监管规定阐释。

SEC（美国证券交易委员会）就建立了"电子数据收集、分析与检索系统"（EDGAR），以满足美国上市公司信息披露和监管的需求。EDGAR 对美国上市公司提交给 SEC 的信息进行自动化的收集、验证和标引，并将这些信息发布给公众。依法需要向 SEC 提交信息的美国上市公司，将其电子化的信息上传至 EDGAR 中。美国公众可以通过 EDGAR 的传播服务获取这些信息。

在信息披露层面，上市公司与共同基金等金融市场受托方在监管框架要求下发布的披露信息采用纸质或 PDF（便携式文件格式）版本报送的方式。PDF 版本的财务披露虽然实现了监管过程的电子化，但由于披露方报告格式不一，披露信息难以自动化提取。披露信息的使用方（监管机构或投资者）在想要使用 PDF 披

---

① BAUGUESS S W. The role of big data, machine learning, and AI in assessing risks: a regulatory perspective[R]. 2017.

露报告以进行正确性检验以及跨时间、跨公司的对比时，需要花费大量人力。因此，美国政府使用可拓展商业报告语言推动实现监管信息的电子化、标准化。

奥地利国家银行通过奥地利报告服务有限公司（Austrian Reporting Inc.，AuRep）搭建基础平台——基础数据立方（Basic Cube）实现数据自动化采集与推送，该系统允许银行在不增加负担的情况下提供信息，银行传送数据到AuRep的基础数据立方中，形成无冗余、一致的简单完整的数据报告。后续通过一系列转换，数据被推送至监管当局。

韩国金融监管局（Financial Supervisory Service，FSS）启动试点项目，引入自然语言处理等技术促进监管报告向机器可读性转化，面向金融机构开发机器可读功能的应用程序接口，帮助金融公司以数字方式向FSS定期提交运营报告，同时还将探索利用人工智能来审查金融产品的条款，减少监管投入的人力。美国监管科技公司Verint Verba的合规产品，从提取信息、分析信息和控制通信数据等方面解决监管问题、促进金融服务，帮助金融机构更好地满足严格的监管要求。澳大利亚监管科技公司AtlasNLP通过人工智能技术，帮助公司对数据进行数字化处理，形成结构化数据，同时支持公司进行线上的合规查询，帮助公司提高合规能力。

2023年3月，国务院决定组建国家金融管理局，此举旨在增强金融监管效能，加强金融风险防控，促进金融业健康发展。中国的监管科技发展起步较晚，已逐步开始推动监管科技的应用，如深圳证券交易所自主研发了大数据检查系统，构建了一个集自动化预警发现、可视化现场分析、电子化处理流程为一体的实时监控平台，对指数、个股、会员、投资者各个层面的异动进行快速预警、分析及处理，且处理速度可达每秒10万笔，能够有效满足实时监控一体化高效运作的要求。在未来，随着监管要求和金融市场的发展变化，合规科技和监管科技将不断升级和完善，为金融机构提供更加完善的合规服务和监管服务，从而更好地维护金融市场稳定。

6.4.2 监管科技的展望

1. 逐步向全监管周期应用发展

监管科技目前主要被应用于事中监管和事后监管，特别是自动化数据采集和金融风险分析。例如，监管机构可以通过监管数据仓库直接从被监管金融机构的互联网技术系统进行数据抓取；也有监管机构正在试验有监督的机器学习技术，预测顾问违规销售金融产品的可能性。监管科技正在向事前监管发展。例如，英国金融行为监管局对聊天机器人的应用。在可以预见的未来，金融监管机构会逐步深化监管科技在监管全生命周期的充分运用，同时带来变革优化与自动化监管业务流程的需求。

2. 第三方机构成为重要参与力量

监管机构、被监管机构与金融科技公司、学术研究机构等具备监管科技服务能力的第三方开展合作研发模式是当前趋势。除建立自身监管科技研发部门外，与第三方机构合作，采用通用或定制化监管科技服务可节省大量资金与时间成本。

3. 对风险处理水平提出更严峻的挑战

监管机构受益于监管科技不断深化的同时，也将自己更大程度地暴露于技术风险之下。监管机构在应用金融科技的同时，不仅要面对自身技术水平与技术资源的短板，更需要时刻面对科技采纳过程所带来的网络安全风险和操作风险。此外，从数据中归纳信息的大数据、人工智能技术与传统上基于因果推断的经济学分析方法存在本质不同，监管机构应该如何采用智能分析结果并处理错误判断带来的声誉风险，有待进一步探索。

（1）带来新的法律风险。监督者需要了解使用监管科技的法律含义，特别是在数据收集领域。监管者获取的监管数据可能涉及被监管机构的商业机密。随着数据隐私保护意识的增强和相关法律的完善，监管者在执法过程中，应注意获取信息数据的合规性。因此，监管者需要明确以监管目的获取数据所必要的法律许可。

（2）发达国家对监管科技的支持政策。2015 年以来，英国和澳大利亚积极参与监管科技生态建设：通过"监管沙箱"在可控的测试环境中对金融科技的新产品或新服务进行测试；通过创新中心支持和引导金融机构理解金融监管框架，识别创新中的监管、政策和法律问题；通过创新加速器建立政府部门与业界合作机制；通过提供资金扶持或政策扶持等方式，加快新技术的发展和运用。

加快建立数字化监管。实现数字化监管的前提是相关监管政策、规定和合规性要求能实现"机器可读"。监管机构能为金融机构提供各种监管应用程序接口，并通过统一的协议交换数据和生成报告。数字监管系统的建立，将改变目前"人工报数"的被动监管、事后监管格局。由于数据实时更新，造假成本增加，监管有效性也会提高。进一步加强国际交流合作，引导国际监管科技新技术在中国落地，并在此基础上建立健全的适合中国国情的监管科技发展机制。同时，加强国际监管合作，防止跨国监管套利，防范金融风险。

本章小结

金融科技的发展日新月异，金融风险的形式和种类层出不穷，金融系统性风险在金融科技的推波助澜下越来越受到重视。金融监管要紧跟时代步伐，这就需要积极探索新形势下的金融监管，尤其是对金融科技的监管，同时又要确保金融科技的创新与监管协调发展。金融科技的颠覆不是传统意义上的颠覆，而是通过市场的实践融入当前的传统金融体系中，金融科技仍然是以金融为前提，辅以科技的手段，所以金融监管的转型也具有自己独特的科技特征。监管科技也需要借助大数据、人工智能等新兴技术手段，引领金融业健康有序地发展。

思考题

1. 监管科技的基本定义是什么？
2. 还有哪些新兴技术可以应用到监管上？
3. 还有哪些值得借鉴的监管科技模式？
4. 分别举例介绍国内外的监管科技的应用。
5. 你对于监管科技的未来展望是什么？

即测即练

参考文献

[1] 孙国峰.金融科技时代的地方金融监管[M].北京：中国金融出版社，2019.

[2] 徐忠，邹传伟.金融科技：前沿与趋势[M].北京：中信出版集团，2021.

第3篇　金融科技新兴业态

第7章 互联网借贷与众筹

学习目标

1. 了解互联网借贷和众筹的含义。

2. 了解互联网借贷和众筹的特点。

3. 熟悉互联网借贷和众筹的种类。

4. 熟悉互联网借贷和众筹的发展现状。

5. 掌握互联网借贷和众筹的运行机制。

6. 掌握互联网借贷和众筹的融资优势。

能力目标

1. 了解互联网借贷和众筹的联系与区别。

2. 熟悉互联网借贷和众筹的发展原因。

3. 熟悉我国现有的互联网借贷和众筹产品。

4. 掌握互联网借贷和众筹的金融普惠性。

思政目标

1. 了解互联网借贷和众筹在中国迅速发展的经济背景。

2. 熟悉互联网借贷和众筹对推动中国金融改革的重要意义。

3. 掌握互联网借贷和众筹对金融服务实体经济的重要意义。

思维导图

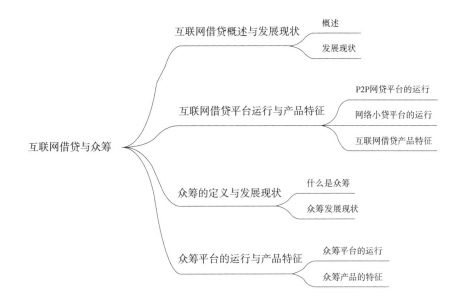

导入案例

2015 年 4 月，蚂蚁花呗正式上线，主要用于在天猫、淘宝上购物。"先消费，后付款"的购物体验受到了广大消费者，尤其是"80 后""90 后"消费者的喜爱。蚂蚁花呗的功能开通、账单查询、还款等均可通过手机完成，实现全流程移动应用操作。蚂蚁花呗根据消费者的网购情况、支付习惯、信用记录等互联网大数据，对消费者的信用风险进行评估，授予用户 500 ~ 50 000 元的消费额度。每个月 9 日为花呗的还款日，免息期最长可达 41 天。由于用户的互联网行为数据是动态变化的，所以每一个用户的信用额度也是动态变化的，并且每个用户的信用额度并不相同。当用户在一段时期内的行为良好时，其信用额度会提升。

在蚂蚁花呗的用户中，超过 60% 的用户没有使用过传统金融机构提供的贷款服务，属于传统金融服务无法覆盖的"长尾"人群。蚂蚁花呗的出现解决了这部分人群的借款需求，同时也拉动了中低消费人群的消费水平。在蚂蚁花呗的拉动下，月均消费 1 000 元以下的人群的消费能力显著提升。

【案例思考】

1. 花呗与传统的银行卡业务有什么区别？

2. 花呗为何会提升"长尾"人群的消费能力？

7.1　互联网借贷概述与发展现状

7.1.1　互联网借贷概述

1. 互联网借贷的定义

互联网借贷是指金融科技机构运用互联网和移动通信等信息技术，基于风险数据和风险模型进行交叉验证和风险管理，线上自动受理贷款申请及开展风险评估，完成授信审批、合同签订、贷款支付、贷后管理等核心业务环境操作，为符合条件的借款人提供用于消费、日常生产经营周转等的个人贷款和流动资金的贷款业务。[①]

2. 互联网借贷的种类

互联网借贷按照借贷组织形式的不同可以分为 P2P 网络借贷（个体网络借贷）和网络小额贷款。

1）P2P 网络借贷

P2P 网络借贷是指个体和个体之间通过互联网平台实现的直接借贷。P2P 网络借贷属于民间借贷范畴，而 P2P 网络借贷平台则属于信息中介，主要为投资方和融资方提供信息交互、撮合、资信评估等中介服务。

最早的 P2P 网贷平台 Zopa 诞生于 2005 年的英国。随后，在美国出现了 Prosper、Lending Club 等借贷网站。中国最早的 P2P 网络借贷平台是 2007 年成立的拍拍贷。在这之后，国内各路资本纷纷进入 P2P 领域，如平安系的陆金所、国资系的开鑫贷、上市系的宜人贷、联想系的翼龙贷、风投系的人人贷等。P2P 平台受到资本追捧后，平台数量一度水涨船高，到 2015 年时已增长至近 3 000 家。其中，依托平安集团的陆金所曾一度是 P2P 行业中的领导者。陆金所于 2011 年 9 月在上海注册成立，注册资本金为 8.37 亿元，总部位于上海陆家嘴。陆金所旗下的网络投融资平台于 2012 年 3 月正式上线运营，旨在结合全球金融发展与互联网技术创新，在健全的风险管控体系基础上，为中小公司及个人客户提供专业、可信赖的投融资服务，进而为其实现财富增值。

如今 P2P 网络借贷还进一步衍生出 P2B 的借贷模式。P2B 是指 person to business，即个人对公司（非金融机构）的一种贷款模式。P2B 平台只针对中小微公司提供投融资服务。借款公司及其法人（或实际控股的大股东）要提供公司及个人的担保。P2B 借贷不提供纯粹的无抵押信用借款，且需要开设类似担保模式的

---

① 定义引自 2020 年《商业银行互联网贷款管理暂行办法》。

借款保证金账户。因此，从投资风险角度看，P2B 比 P2P 具有更高的投资安全性。

2）网络小额贷款

网络小额贷款简称网络小贷，是指互联网公司通过其控制的小额贷款公司，利用互联网向客户提供的小额贷款。[①] 网络小贷按照资金组织方式的不同，可以分为两大类。

（1）银行互联网小额贷款。银行互联网小额贷款是指以商业银行为背景的网络贷款，包括商业银行通过和电商平台合作或者自建商城的方式开展的互联网小额贷款业务，也包括纯线上互联网银行贷款业务，如微众银行、网商银行及新网银行等互联网银行业务。其中，微众银行是我国首家互联网民营银行，该银行既无营业网点，也无营业柜台，更无须财产担保，而是通过人脸识别技术和大数据信用评级发放贷款。

（2）电商互联网小额贷款。电商互联网小额贷款是指依附电商平台形成的网络小额贷款公司发放的贷款，简称电商小贷，如蚂蚁微贷、Amazon Lending 等。其中，包括与电商平台合作的第三方贷款公司以及第三方支付公司提供的线上贷款，如 Kabbage、OnDeck、PayPal Working Capital、Square Capital 等。这类网络小贷依托电商平台的众多消费者和商家，实质是对传统银行贷款覆盖不到的小微公司提供贷款服务以及对消费者传统信用卡业务的替代。

我国比较知名的网络小额贷款品牌有京东白条、蚂蚁借呗、腾讯微粒贷、百度有钱花等。京东白条是典型的依托电商平台形成的网络小额贷款品牌。京东白条是 2014 年 2 月由京东金融推出的一款先用后付的消费贷款产品。京东商城个人用户在京东的消费可享受先用后付和分期购物服务，免息期为 30 天，账期最长可达 24 期，消费账单还可进行分期和最低还款。京东数科披露的数据显示，2020 年上半年，京东白条年度活跃用户数达到 5 544.61 万人，年复合增长率达 52.28%。京东白条对于京东商城的贡献着重体现在：将京东商城商户的个人用户留存率提升约 100%，个人用户人均订单量提升约 50%，个人用户交易额提升约 80%。

3. 互联网借贷的优势

互联网借贷是对传统银行借贷的补充和完善。与传统银行贷款相比，互联网借贷在资金来源、风险控制、借贷门槛和借贷人群覆盖上有其独特的优势。

---

① 定义引自《关于促进互联网金融健康发展的指导意见》。

（1）资金来源优势。互联网借贷资金来源途径广泛且多样。互联网借贷的资金来源不限定于银行资金。各类互联网借贷平台依托于自身的股东背景、业务特性可进行多样化的合规资金筹措和使用。资金来源可分为银行系、国资系、电商系、上市系以及产业系。

（2）风险控制优势。互联网借贷风险控制实现了"数据 + 科技"双重助力。互联网借贷平台依托大数据征信模型，通过社交数据、上网浏览行为数据、运营商通信数据等多样化数据，实现对个人用户的精准画像，并根据用户的行为数据进行动态定价，从而实现对风险的精准识别和动态预警。总之，互联网借贷平台采用互联网大数据进行风险识别，可以实现千人千面画像和动态风险定价。

（3）信贷门槛优势。互联网借贷在信贷准入上，门槛较低，无须抵押和担保。得益于互联网大数据风控模型的应用，互联网借贷降低了信息不对称成本，创造了信息中介增值服务价值，贷款人无须提供抵押和担保即可获得贷款，实现了借贷门槛的降低。贷款的审批和发放依托个人用户在互联网上的信用行为积累，通过信用支付分量化个人信用风险，并据此匹配对应的借贷额度，实现了资产的精细化风险定价，也突破了传统金融的抵押和担保借贷模式。

（4）借贷人群覆盖优势。互联网借贷可以触达"长尾"人群，实现普惠金融。在传统信贷市场中，一些小微公司或者缺乏金融机构信贷记录的征信白户等"长尾"人群，由于缺乏抵押或者担保，往往被传统金融机构排斥在信贷系统之外。而互联网借贷的低门槛、基于互联网大数据的风控特征，解决了"长尾"人群的信贷排斥问题，增加了"长尾"人群的融资渠道。另外，互联网借贷摆脱了地域和柜台的限制，可实现全天候 7 天 ×24 小时自助借贷。这种方便、快捷的融资模式无疑可以覆盖到更广泛的人群，实现金融普惠。

7.1.2　互联网借贷发展现状

1.P2P 网络借贷发展现状

1）欧美 P2P 网络借贷的发展

P2P 网络借贷在欧洲的迅速发展，起源于 2007 年全球金融危机的爆发。受危机的影响，欧洲传统信贷规模大幅收缩，这给网络借贷提供了发展契机。2013 年后欧洲网贷市场突飞猛进，截至 2016 年 9 月底，欧洲的网贷市场规模超过 107 亿欧元。英国是 P2P 网络借贷的发源地，其市场规模占欧洲网贷市场的 80% 以上，是欧洲网贷规模最大的地区。[①]欧洲网贷平台主要布局在个人消费贷款、房地产贷款和商业票据。

美国 P2P 网络借贷市场起源于 2006 年 Prosper 公司的创立，之后 Lending Club 等其他网贷平台才相继成立。Prosper 和 Lending Club 主要为借款人提供无抵押消费贷款，其中用于信用卡重组的借款达到了 70%。美国网贷市场主要涉及无抵押消费贷款市场、小公司贷款市场和学生贷款市场。

2）中国 P2P 网络借贷的发展

2007 年拍拍贷的成立，拉开了中国 P2P 网贷市场的帷幕。在 2010 年以前，我国 P2P 网贷平台仅有十几家，每年的成交额仅为 10 亿元左右。在之后的 5 年里，中国的 P2P 网贷平台如雨后春笋般增长，2015 年 P2P 网贷平台数量接近 3 000 家。伴随 P2P 平台的爆发性增长，问题平台层出不穷。在 P2P 平台监管合规发展的政策主导下，2019 年我国 P2P 网贷平台的发展在数量和质量上都发生了巨大变化，大量问题平台逐步退出，P2P 行业风险整体可控。根据《2020 中国互联网金融年报》的数据，2019 年我国 P2P 网贷市场发展呈现以下三个特征。

（1）P2P 平台数量和贷款余额下降。2019 年是互联网金融风险专项整治攻坚战的关键之年，P2P 网贷平台实现了良性退出和平稳转型，平台数量和贷款余额大幅下降。数量上，2019 年末，全国运营平台 184 家，比上年末减少 1 542 家，降幅为 89.34%。贷款余额上，2019 年 P2P 网贷的贷款累计发生额为 3 432.5 亿元，比上年减少 10 488.29 亿元，同比下降 75.33%，如图 7-1 所示。

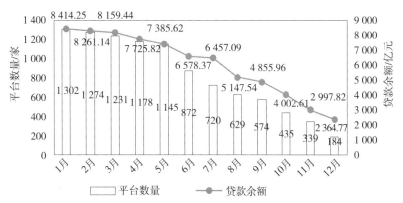

图 7-1　2019 年中国 P2P 网贷行业运营平台数量和贷款余额
资料来源：中国互联网金融年报，2020。

[①]　资料来源：www.altfi.com.

（2）P2P借贷利率下降，期限延长。P2P借贷属于民间借贷，贷款利率高于银行同期贷款利率属实合理。但是，过去我国P2P平台的爆发式增长中，出现非法集资、高利贷等乱象，行业整体的利率水平远远高于银行同期贷款利率。随着监管力度的加强，截至2019年末，行业平均利率下降趋势明显。P2P网贷行业出借人平均利率为9.39%，较上年末降低0.3个百分点。从平均借款期限的分布情况来看，借款期限在6个月以上的平台数量实现了增长，而期限在6个月以下的平台数量下降明显，占比同比下降24.39个百分点。其中，平均借款期限在6—12个月之间的平台38家，占比22.49%，占比同比增长2.51个百分点；平均借款期限在1年以上的平台22家，占总数的13.02%，占比同比增长6.90%，如图7-2所示。

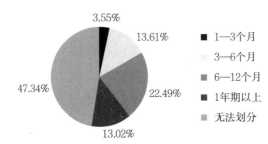

图7-2　2019年中国P2P网贷借款期限区间平台数量占比
资料来源：中国互联网金融年报，2020。

（3）区域借贷集中度高。中国的P2P网贷具有明显的区域集中性。运营平台数量前三名分别是北京、福建和广西。其中，北京是我国P2P网贷平台数量和贷款规模最大的城市。截至2019年末，北京市共有32家P2P平台，贷款余额为1 660.62亿元，而贷款第二高的浙江省仅为198.69亿元。[①] 平台数量排在第二名的福建省为16家，仅占北京P2P平台数量的50%。我国P2P网贷行业的融资规模呈现出明显的地域不平衡性。

3）中国P2P网络借贷迅速发展的原因

在2010年中国P2P网贷兴起之后的5年里，中国网贷平台数量爆发式地增长至近3 000家。在美国不温不火的P2P网贷平台为何在中国如火如荼？整体来说，P2P网贷平台在我国快速发展的大背景是我国正规金融机构未能有效实现普惠金融和替代民间借贷。P2P网贷平台借着互联网的发展，通过降低交易成本和信息不对

---

① 资料来源：中国互联网金融年报，2020。

称，扩大了人群覆盖，为个人和小微公司提供了新的借贷补充，弥补了正规金融机构的不足，从而焕发了巨大活力。

（1）资金供给侧原因。在借贷的供给侧，P2P 网络借贷打破以银行贷款为主导的资金供给体系。在中国，借贷的供给侧长期以金融机构为主导，在诸多金融机构中尤其以银行为主。据银保监会披露，截至 2020 年 12 月 31 日，全国的银行类机构总数为 4 601 家，其中有近 3 700 家为农商行、村镇银行以及农信社。目前，借贷的供给侧仍以 6 家国有行和 12 家股份行为主，借贷提供的方式以抵押、担保为主，纯信用借贷覆盖群体有限。

P2P 网络借贷平台使得多渠道资金提供方可以参与到借贷供给体系中，一方面拓宽了资金供给渠道；另一方面通过互联网手段实现了无时空和地域限制的信贷供给模式，降低了信贷资金的获取成本和准入门槛。得益于资金的多样化和差异化，P2P 网贷平台获得快速发展，互联网信贷领域的交易规模呈现迅猛增长态势。2011 年，中国互联网信贷交易规模为 96.7 亿元，而到 2017 年，已经增长为 28 048.48 亿元，增长了近 290 倍，但随着互联网借贷监管力度不断加强，2018 年互联网借贷交易规模缩减了一半，仅为 12 758.98 亿元。[①]

（2）资金需求侧原因。在借贷的需求侧，P2P 网络借贷解决了个人和小微公司融资难、融资贵的问题。在我国，个人和中小公司的融资需求存在较大缺口。对于个人，由于我国个人信用体系不完善，有大量的个人在金融机构是信用白户。截至 2020 年 12 月 31 日，人行征信系统共计收录 11 亿自然人的征信记录。[②] 依据第七次人口普查结构口径，仍有近 3.1 亿自然人的信贷数据没有被收录。因此，个人向金融机构进行借贷申请时，由于金融机构在风险评估时无据可循，就需要其提供资产抵押或者寻求他人担保，才可以发放信贷资金。对于小微公司，我国为其提供的资金供给难以与其实际贡献相匹配。我国现有小微公司 8 000 多万家，占全国公司总数的 70%，小微公司对 GDP（国内生产总值）的贡献为 60%，对税收的贡献达到 50%[③]，但诸多中小微公司面临融资难、融资贵的问题，常常不得不抱团取暖或者依托影子银行获取信贷资金，这无疑增加了借贷的交易成本。

---

① 资料来源：前瞻产业研究院网站。
② 数据来源：中国人民银行征信中心。
③ 数据来源：国家工商总局全国小型微型企业发展报告课题组 2014 年发布的《全国小型微型企业发展情况报告》。

P2P 网络借贷平台通过互联网实现对个人用户、小微公司用户的精准分析和风险匹配。在准确识别风险和资金需求的基础上，P2P 网络借贷有效弥补了个人和小微公司的资金需求缺口，扩大了借贷人群的覆盖率，使传统金融机构难以覆盖的人群得以有效覆盖。这为 P2P 在我国的发展提供了一个极佳的市场空间。

2. 网络小额贷款发展现状

互联网电商业务的迅速发展催生了面向互联网卖家和个人消费者的网络小额贷款。我国网络小额贷款的发展，始自 2011 年在重庆市成立的重庆市阿里巴巴小额贷款有限公司。该公司是第一家可以在全国范围开展贷款业务的小贷公司，这突破了原来小贷公司的属地化业务经营的特点。目前全国开展网络小贷业务的小贷公司有 200 多家，主要集中于广东、重庆、浙江、江苏、上海等地，其中多数在 2017 年暂停批设前获得许可，少数由 P2P 网贷机构转型而来。

1）监管合规引导行业发展

由于 P2P 网贷平台不断出现跑路、爆雷等乱象，我国加强了对互联网借贷业务的风险监管，网络小贷也在其中。所以，目前我国网络小贷的发展主要依靠监管引导，各个网络小贷公司都在不断整改转型中。

在业务范围方面，网络小贷的业务存量逐步压缩，经营范围逐步细化。按照监管新规的要求，我国网络小贷现已全面停止发放无特定场景依托、无指定用途的网络小额贷款；禁止发放"校园贷"和"首付贷"；暂停新增批小额贷款公司跨省（区、市）开展小额贷款业务。

在资金来源方面，监管要求禁止以任何方式非法集资或吸收公众存款。禁止通过互联网平台或地方各类交易场所销售、转让及变相转让本公司的信贷资产。禁止通过网络借贷信息中介机构融入资金。以信贷资产转让、资产证券化等名义融入的资金应与表内融资合并计算。

在征信方面，支持接入征信系统和将失信借款人纳入征信系统，采取有效措施防范借款人"以贷养贷""多头借贷"等行为。

2）发展中的问题与挑战

（1）网络小额贷款行业在夹缝中生存。网络小额贷款作为现有金融信贷领域的有效补充，主要定位是服务小微和"三农"，助力传统金融机构实现普惠金融。网络小额贷款目前主要业务模式是依托股东方的行业资源，实现垂直行业的信贷闭环或者在股东业务平台生态中做借贷业务补充。相比服务同类群体的村镇银行及农村信用社等机构，网络小额贷款的主体未充分享受相关税收优惠及扶持政策。为了更加符合监管方的定位，网络小额贷款主体仍需不断探索业务模式创新，在有限的市场群体中找准自身定位，做好产品和服务差异化，才能在现有业务模式的基础上实现业务增量发展，在金融信贷领域有一席立足和发展之地。

（2）网络小额贷款的资金成本高企。目前网络小额贷款的资金来源以注册资本金为主，融资杠杆受限于监管政策要求，而且方式和途径也需要严格按照监管执行。相比银行、消费金融公司、融资租赁公司等信贷机构，其自身的资金成本、融资成本、融资规模受到很多限制，这也势必造成其资金成本高企，从而传导至需求侧的产品费率高企，减弱了其普惠金融产品的可获得性。

（3）网络小额贷款的业务场景融合性较差。网络小额贷款除了为数不多依托互联网平台或者互联网电商业务的主体，其他主体目前普遍面临高昂的获客成本、客户的不可触达等问题。随着传统的金融机构逐步开展互联网业务布局，大多数的网络小额贷款主体将不得不面临来自互联网平台主体以及传统金融机构的双重挤压，市场空间和场景的融合性问题会越发突出。

（4）网络小额贷款在合规中的持续发展。网络小额贷款经过将近 10 年的发展，在融入 P2P 网贷平台转型主体后，在一系列的监管指导意见规范中，依然面临如何更加合规发展的问题。一方面是如何清理存量的不合规业务，厘清既有风险，实现存量业务的合规过渡；另一方面是如何在既定的监管政策下，调整模式、理顺架构、构建公司治理制度。这也给网络小额贷款主体的管理者提出了一个新命题：在业务发展和监管合规中，寻求合适的发展模式、治理模式，从而有效地融入金融市场，做一个合格的、差异化的普惠金融的提供者。

7.2　互联网借贷平台的运行与产品特征

7.2.1　P2P 网贷平台的运行

1. P2P 的运行模式

P2P 网贷平台的两端是有融资需求的借款人和有盈余资金的出借人。P2P 网络借贷的运行模式为：当借款人有资金需求时，需要在 P2P 网贷平台上发出借款需求，平台负责审核借款人信息的真实性，利用金融科技手段评估借款人的信用风险。P2P 网贷平台核实借款人的风险后，发布该借款人的借款信息，并帮助匹配合适的出借人，借款人每月按约还款。P2P 网贷平台的运行模式如图 7-3 所示。

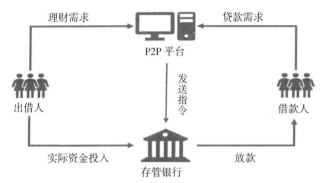

图 7-3 P2P 网贷平台的运行模式

P2P 网贷平台的本质是信息中介，自身并不参与交易。它的核心价值在于撮合交易，降低信息不对称性，它也是利用金融科技手段实现风险管理。民间借贷自古有之，但是传统的民间借贷在线下完成，存在借贷双方撮合匹配效率低、信用风险高、信息不对称程度高的问题。而 P2P 网贷平台的产生，解决了民间借贷交易效率低、信息不对称的问题，同时也有效地覆盖了小额的、短期的、碎片化的投融资交易。

P2P 网贷平台的借款人和出借人都是以个人为主，这些小额借款人往往是传统信贷领域无法触及或触及成本较高的"长尾"人群，如小微公司主、征信白户、农民等。传统的民间借贷无法在短时间内获得大量的出借人信息，而传统的银行信贷以线下财务信息审核为主要风控手段，缺乏先进的技术辨别"长尾"人群的信用风险。因此，"长尾"人群被排斥在传统的信贷领域之外，他们的信贷需求无法得到有效满足。作为依托互联网技术的 P2P 网贷平台，一方面，为个体借款者提供了新的融资渠道，不再局限于银行等金融机构；另一方面，依据互联网大数据和金融科技，通过对"长尾"人群进行相对实时、动态的信用风险评估，可以在其信贷记录缺失的情况下实现风险定价和借贷匹配，从而可实现对受传统信贷排斥人群的覆盖，一定程度上实现了金融普惠性。

2. P2P 平台的盈利来源

P2P 平台作为信息中介，既不承担信用风险，也不承担流动性风险，其盈利不是来自对风险承担的补偿，而是来自为投资人和借款人提供的中介服务。其利润主要来源于以下三个方面。

（1）手续费、管理费。手续费是网络借贷平台的主要收入来源。P2P 平台作为中介，在帮助借款人匹配投资者的同时，会收取贷款额度的一定比例作为返佣费用。不同平台对借款人收取的费用不同。以人人贷为例，该平台根据借款人的信用等级收取费用。他们将借款人的信用分为七个评级，对应的费率依次为借款本金的 0%、1%、1.5%、2%、2.5%、3%、5%。[①] 此外，人人贷还会向借款人收取每月本金的 0.3% 作为管理费，管理费也是各个 P2P 平台收入的重点。

（2）客户推荐费。P2P 网络借贷平台可以与银行等金融机构合作，挖掘平台客户并进行信用评估，向金融机构推荐贷款客户，收取相应的服务推荐费用。

（3）广告费。P2P 平台上有着众多参与人，这些人都有投融资需求，所以客户目标较为明确。这是金融机构愿意往 P2P 网站投入广告的重要原因。但是，广告费并不是 P2P 平台的主要收入来源。

7.2.2　网络小贷平台的运行

1. 网络小贷的运行模式

从贷款的本质上看，网络小贷与传统银行信贷并无本质差异，都是将资金出借给符合风险要求的借款者。所以，网络小贷的运行也包含贷前审核、贷款发放和贷后管理三个步骤。但是，网络小贷的这三个步骤全部在互联网上完成，与传统银行贷款有着很大的不同。传统银行贷款一般通过尽职调查采集经营者的财务报表信息，而且大部分通过抵押担保的方式实现风险控制。而网络小贷则是利用金融科技手段，基于互联网大数据风控模型作出贷款决策和贷款监督。从贷款的申请、审核、发放到贷后管理全部在互联网上进行，减少了线下交易的时间成本。网络小贷的运行模式如图 7-4 所示。

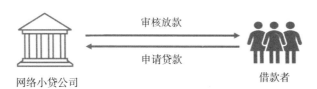

图 7-4　网络小贷的运行模式

---

① 数据来源：https://www.rongzi.com/zhishi/rrddfwfsds8309.

网络小贷的运行中，最重要的一环就是风险防控，这是网络小贷的核心，因为网络小贷的目标客户是传统银行借贷覆盖不到的"长尾"客户。这类客户缺乏有效的抵押品，有些客户甚至是信用白户，传统的风控模型无法覆盖这一部分人群。而网络小贷基于互联网大数据技术，建立覆盖信贷业务全流程的业务模型，包括准入模型、反欺诈模型、审批模型和贷后管理模型。这些模型均是基于互联网大数据，包括电商平台交易流水、消费记录等客户行为数据、网络社交数据、个人财务数据等。可以说，互联网大数据是互联网小额贷款创新基础，也是核心竞争优势所在。

2. 电商小贷的放贷流程

电商平台的小额贷款是互联网小额商业贷款中的重要力量。电商平台的主要贷款对象是平台上的商家和消费者。现在年轻人使用的花呗、京东白条，均是基于淘宝、天猫、京东等购物平台开发的产品。目前这些电商小贷提供的贷款利率基本在 10% 到 20% 不等，贷款额度不超过 500 万元，贷款期限在 1 年以下。相比传统贷款，基于大数据风控模型的电商平台贷款审批可以实现智能化审核、自动化审批，电商平台基于多维度个人数据可以实现信贷秒批。

电商贷款的发放流程与传统银行贷款一致，可以分为贷款申请、贷款审批、贷中管理和贷后管理四部分，四部分均在线上完成。以面向个人消费者的贷款发放流程为例，电商平台的信贷发放和信贷管理流程如图 7-5 所示。

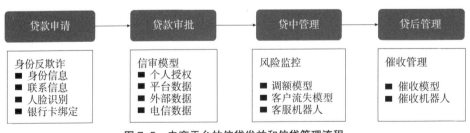

图7-5　电商平台的信贷发放和信贷管理流程

（1）贷款申请。个人借款者在借贷产品界面或者消费借贷场景中，首先需要在线提交申请信息，包括姓名、身份证号码、手机号等基本身份信息，之后电商平台会根据个人借款者提交的身份信息与权威信息库进行信息核实，并及时发起人脸识别。个人借款者的人脸识别通过后，电商平台会要求个人借款者绑定个人银行卡，绑定银行卡成功后，即进入信审环节。电商平台进行信审之前，会要求个人借款者确认信息采集授权、征信查询授权。在获得个人借款者的信息采集授权和征信查询授权之后，电商平台就会进行信用评估和判断。如若个人借款者不进行信息采集授权和征信查询授权，电商平台无权进行信用评估和判断，否则会涉及个人信息的侵犯风险。

（2）贷款审批。电商平台基于个人借款者的身份属性、财务属性、履约属性、社交属性、行为属性综合评估个人的信用风险。电商平台在收到个人借款者的贷款申请信息后，基于个人借款者的信息采集授权和征信查询授权，将通过大数据平台汇总个人借款者在电商平台上的消费记录、交易记录、信用履约记录、财务数据、社交数据、产品浏览记录、投入纠纷记录、个人地址类数据等多维度行为数据，并将这些行为数据作为信用评估和风险判断的重要依据。与传统金融机构的信用评估和风险判断不同，电商平台不简单依据央行征信进行风险评估和判断，电商平台会更多参考自身可获得的互联网大数据，依托信用风险大数据模型，通过几十类纬度的上千个字段对借款人进行综合风险评估，判断客户的可授信金额和潜在的偿贷能力。

此外，除了自身平台，电商平台也会基于同业的风险预警信息、司法失信信息、运营商欠缴费信息、教育经历信息、社保缴费信息等外部可信数据综合评估个人借款者的履约行为风险，利用金融科技手段和风险模型，对客户进行全面的风险分析和判断，一方面丰富和完善了传统金融机构风险评估的数据维度和手段；另一方面也通过多维度的数据和模型降低了潜在的违约风险，并精准量化了信贷审批额度，从而更好地匹配信贷风险和放贷金额。

（3）贷中管理。电商平台与个人借款者不仅是借贷关系，个人借款者同时也是电商平台的消费者、会员，由于个人借款者与电商平台的强黏性，电商平台可以通过个人借款者在平台的多类行为数据进行动态的风险评估和风险预警，进而实现贷款发放后的风险全流程把控。电商平台可以根据个人借款者的消费行为、履约行为构建客户流失模型、动态调额模型、风险预警模型，实现对个人借款者的风险综合管理，这明显区别于传统金融机构与个人借款者简单的借贷关系，而且电商平台对个人借款者的贷款风险的预判和识别要大大前置，确保了贷款违约的及早发现、识别和预判，这也大大降低了电商平台的不良贷款风险和比例。

（4）贷后管理。电商平台基于大数据平台，汇总了多维度的个人借款者的数据，同时引入了可信的外部数据，依托自身和外部的数据实现了对个人借款者风险的动态、实时评估。由于个人借款者是电商平台的消费者，电商平台依托个人借款者的消费订单、收件地址、联系信息、履约记录、常用联系人等信息可以构建大数据催收模型，实现对违约贷款的及时跟进和催收，一定程度上可以规避因贷款人失联带来的坏账无法追回问题。同时，电商平台借助智能机器人，可以实现 7 天 ×24 小时全天候的坏账催收，一方面提升了贷后催收的准确性，另一方面极大地降低了催收成本、提高了催收效率。

7.2.3　互联网借贷产品特征

1. P2P 网贷和网络小贷比较

P2P 网贷和网络小贷虽然都属于互联网借贷产品，但是二者有着本质的差别。

（1）借贷性质。在借贷性质上，P2P 网贷平台属于信息中介，撮合借贷双方实现交易，本身并不参与交易。而网络小贷平台是信用机构，它们通过多渠道融资实现对平台用户的放贷。

（2）盈利模式。在盈利模式上，P2P 网贷产品赚取的是中介服务费，是撮合交易成功后收取的费用。而网络小贷产品赚取的是息差收入。所以从这一点上看，网络小贷产品的本质与传统的银行信贷无差异，只是网络小贷服务的对象及放贷和风控的方式都不同于传统银行信贷。

（3）监管政策。在监管政策上，P2P 网贷和网络小贷都经历了一段野蛮生长的阶段，后期在监管整顿之下，P2P 网贷被划为民间借贷范畴，统一纳入地方金融监管；而网络小贷具有金融机构性质，统一归入国家金融监督管理总局监管。

P2P 网贷与网络小贷的差异如表 7-1 所示。

表 7-1　P2P 网贷与网络小贷的差异

序号	分类	P2P 网贷	网络小贷
1	性质	信息中介，不提供借贷资金	信用机构，提供借贷资金
2	服务内容	投融资信息匹配、撮合、信用审核	提供资金放贷
3	盈利方式	信息服务费	息差收入
4	监管	前期不受监管，后统一归地方金融监管	前期由地方金融监管，后纳入国家金融监督管理总局监管

2. 互联网借贷产品的共同特征

虽然 P2P 网络借贷与网络小贷产品有着本质差异，但是作为两种重要的互联网借贷产品，它们有着一些共同特征，这些特征正是互联网借贷对传统银行信贷产品的完善和补充。也正是因为互联网借贷产品的不断发展，倒逼了传统银行业的数字化转型。

（1）科技助力金融。互联网借贷结合互联网技术和金融科技能力，产品线上化程度高。互联网借贷产品依托互联网技术，摆脱了传统金融机构临柜办理业务的限制，通过各类品牌的 App 进行线上业务操作，从用户注册、信贷审核、贷款发放、还款、贷款催收实现了全业务流程的线上化，而且在很多的业务流程中实现了自动化、智能化，极大地提高了信贷的业务效率，满足了小额、高频、短周期的信贷资金需求。

（2）高频小额贷款。互联网借贷产品具有周期短、额度小的特点。相对传统金融需要抵押或者担保的信贷方式，互联网借贷产品方式灵活多样，大多依托于消费场景或者信用借贷。通过线上和线下相结合的方式，将消费和信贷连接起来，满足了高频、小额的消费信贷需求。

（3）大数据风控。互联网借贷产品依托互联网大数据进行风险动态分析和识别。互联网借贷产品是金融信贷产品与互联网技术融合后的产物，其天然具有在线化、数字化、智能化的特点。互联网借贷产品可以依托多样的互联网行为数据、社交数据、电商数据、交通出行数据、线下支付数据、司法失信执行人数据等实现对用户的精准画像，并基于生物识别技术、机器学习、知识图谱等金融科技能力构建风险识别模型、风险预判模型、贷款催收模型等，一方面对个人用户进行风险识别和信贷审核；另一方面对个人用户进行风险动态分析和预警，在贷款发放端、还款风险预警端、贷款催收端实现多点风险管控，比传统金融机构的线下信审、人工催收的模式有了极大的效率提升和风险管控优化。

（4）全天候 7 天 ×24 小时服务。互联网借贷产品依托互联网技术，真正实现了全天候 7 天 ×24 小时服务。互联网借贷不需要受限于柜台、不需要信审员协助，突破了时间和地域的限制，也拓宽了可覆盖的服务人群，让人们足不出户就可以享受便捷、均等的借贷服务。

（5）普惠金融。党的二十大报告指出"支持中小微企业发展"，互联网借贷通过金融科技的运用，可以起到缓解中小微企业融资约束的作用，有助于促进经济的高质量发展。互联网借贷产品基于信贷的风险定价，差异化地覆盖了原来传统金融机构未曾服务的群体，尤其是小微企业实现普惠金融。在对人群风险精准识别的基础上，实现了差异化的风险定价，同时汇聚了不同的资金渠道，可以进行多样化的资金借贷匹配，通过借贷利率的风险匹配，一定程度上实现了普惠金融。

7.3　众筹的定义与发展现状

7.3.1　什么是众筹

1. 众筹的概念

众筹来源于英文 crowdfunding，即向大众筹集资金。民间集资现象早已存在，但是互联网的发展赋予了线下集资新的生命力。互联网众筹是指通过互联网将有创意的个人或公司与他们的支持者联系起来，为创意者提供项目启动资金。互联网众筹由发起人、平台和支持者三部分构成。发起人提供项目创意和融资需求，平台审核发布，支持者提供资金支持。众筹可视为众包和微型金融结合而成的产物。在金融方面，众筹属于筹资活动；在商业方面，众筹又与众包相似。许多众筹活动中，投资者不仅为众筹项目提供资金支持，还会参与到项目的实施，出谋划策。众筹的出现打破了传统项目融资以商业价值为准则的模式，项目本身的盈利能力已经不再是投资者决定是否投资的唯一标准。对于创业产品的支持和喜爱，或仅仅是出于参与社会慈善活动的想法，都已经成为众筹投资者的主要动机。例如，现代意义上最早的众筹平台 ArtistShare 成立于 2001 年，该平台主打音乐类项目的众筹，以音乐迷资助艺术家创作为主。

2. 众筹的特点

（1）低门槛。"实现你的梦想"是众筹平台经常用的广告语。众筹的发起人以小微公司或有创意的个人为主，支持者则是以个体投资者为主。对于有融资需求的小微公司或个人来说，只要你的项目足够有创意，就可以发起融资需求。而对于投资者来说，每个人只需要支付一个相对较小的投资额，就可以参与众筹，获得相应的回报。众筹平台的意义在于通过互联网将成千上万个互不相识的人连接起来，为共同的一个"梦想"而集资。

（2）创意性。发起人必须先将自己的创意达到可展示的程度，如呈现出设计图、制作出样品或提供可行性的策划方案等，才能通过平台的审核，而不能仅是一个概念或者想法。此外，足够有创意的项目才能够在平台上吸引诸多支持者，实现融资成功。例如，美国第一家产品型众筹平台——Kickstarter，通过搭建网络平台面对公众筹资，让有创造力的人有机会获得他们所需要的启动资金，以便实现他们的梦想。

（3）多样性。众筹项目涉及各个行业，如音乐、影视、食品、漫画、科技产品等。项目融资成功与否也不再取决于商业价值，而在于平台上的支持者是否喜欢，只要你的想法足够有创意，互联网上成千上万的投资者中就必然会有人愿意对你的项目予以支持。

（4）普惠性。正是众筹的低门槛和多样性，成就了众筹的普惠性，这是众筹存在的重要意义。成千上万个互不相识的支持者，都可以在互联网上为自己喜欢的项目提供资金支持，帮助有创意的项目获得启动资金。这为受传统融资模式排斥的小微公司和个人提供了重要的融资渠道。美国众筹的兴起正是 2007 年金融危机以后，银行信贷萎缩的时期。小微公司融资需求促进了众筹行业的发展，互联网众筹有效地缓解了小微公司融资难的问题。

3. 众筹的优势

众筹融资与传统商业项目融资相比有其独特的优势。首先，众筹的低门槛特征使得创业者更容易实现创业梦想。依托互联网平台，众筹打破地域限制，可以让创业者获得来自各地的资金支持，而不再像传统商业项目融资那样，只能局限于一部分机构或群体。只要创业者的项目足够有创意，就极可能众筹成功，获得项目启动资金，实现自己的创业梦想。其次，众筹平台是创业者检验产品创意、了解市场的重要途径。创业者能否众筹成功，取决于众筹平台上有多少支持者，成功与否完全由市场说了算。因此，众筹是创业者了解市场、自我检验的重要途径。在众筹平台上的自我展示，还可以提高创业者受 VC（风险投资）关注的概率，帮助创业者收获首批粉丝用户。最后，众筹可以解决传统生产—销售的痛点。传统的先生产再销售模式使得初创公司承担巨大的资金投入成本和风险。而众筹，尤其是产品众筹过程，相当于预先实现销售，然后投产，大大降低了创业者的投资风险。

4. 众筹的分类

按照投资人获得回报的类型，可以将众筹分为四大类：公益型、产品型、股权型和债权型。其中，债权型众筹即 P2P 网络借贷模式。英国在监管上就将 P2P 网络借贷划入众筹、统一监管。下面介绍其他三种众筹。

1）公益型众筹

公益型众筹的投资者不获得任何回报，而是以捐赠的形式给予项目发起人资金支持。这类项目具有重大社会目的，如公共医疗、慈善援助、公共基础设施建设等，相当于将传统的慈善捐助公益项目线上化。亦有公益型众筹的目的是帮助个人实现梦想，如音乐迷筹资支持他们喜欢的艺术家。现已成立的公益型众筹平台有 GoFundMe、YouCaring、GlobalGiving 等，我国比较有名的公益型众筹有腾讯公益、水滴筹等。

2016 年，水滴公司上线水滴筹业务，这是一个社交筹款平台，也是国内免费大病筹款平台。水滴筹通过微信朋友圈，利用社交网络转发筹款信息。截至 2022 年第一季度，水滴筹累计服务的捐款用户超过 4 亿，累计为近 250 万大病患者筹集约 509 亿元。

2）产品型众筹

产品型众筹是指投资人以获得产品或购买价格优惠为回报，对项目发起人提供资金支持。产品型众筹也称预售型众筹，因为这一模式相当于消费者先把货款支付给商家，然后等待商家生产发货。产品型众筹平台通常是"购买你想要的"（pay-what-you-want）模式。其产品类型以音乐、视频为主，也包括游戏、科技和日常生活用品等。除获得产品外，投资者还可以从有些项目中获得非物质补偿，如公司具有文化价值的纪念品、参观电影制片厂或者在电影中扮演一个小角色等。

产品型众筹的优势在于：①可以满足消费者优先获得创意产品、享受价格优惠的心理。②可以帮助发起人测试产品市场的认可度，相当于一次市场调研。目前全球发展最好的两家产品型众筹平台是 Kickstarter 和 Indiegogo。国内的一些大型电商如淘宝、京东、苏宁等，也都有各自对应的产品型众筹平台。与国外的一些产品型众筹平台不同，国内的这些平台依托的是背后的电商购物平台，连接的是购物平台的商家和消费者，主要解决的是各自电商平台的商家融资需求。

以京东众筹为例，京东众筹平台可以帮助初创公司监测产品市场效果，筹集资金进行生产，平滑过渡到京东自营平台，真正实现预售、投产、营销、供应一条龙管理。传统初创公司面临三大痛点：①在生产安排方面，新产品市场前景往往不明朗，安排生产计划风险较大。②在营销推广方面，初创公司难以承担高额的营销推广成本，很难有效触达广大的终端用户。③在资金方面，生产环节需要沉淀大量资金，这对于初创公司构成巨大的压力。而京东众筹可以很好地解决上述问题。在生产和资金方面，众筹实际上是量产前的预售，可以获得首批生产资金，收获首批粉丝用户。在营销方面，本身众筹就是一个向市场展示商品的过程，在获取首批种子用户的同时，也可以获得种子用户或玩家领袖的口碑宣传，加上京东平台的流量优势，帮助产品进行营销推广。此外，在供应链上，借助京东平台，为初创公司提供仓储、配送、供应链管理等服务一体化的供应链解决方案。

3）股权型众筹

股权型众筹是指初创公司通过互联网众筹平台进行股权融资，投资人获得融资公司的股权作为回报。股权型众筹通过为投资者提供直接投资初创公司的平台，正在颠覆传统的风险投资市场。通过众筹平台，每一个个体都有机会参与风险投资，而不再受高额的投资门槛限制。与传统的股权投资相比，股权型众筹的门槛低，投资者参与数量多，可以帮助小微公司在短时间内迅速获得融资，是小微公司解决融资难问题的重要方式之一。2007 年金融危机以后，美国中小公司融资环境恶化，而互联网众筹的规模效应和低门槛、小额融资的特征，使得股权众筹的创新融资模式迅速发展起来。美国目前有超过 100 家股权众筹平台，较为著名的平台是 AngeList。

我国股权众筹平台有天使汇、原始会、云投汇和蚂蚁达客等。其中，蚂蚁达客是蚂蚁集团旗下致力于服务公司和创业者的互联网股权融资平台。蚂蚁达客利用互联网技术和大数据优势，以股权为支点，撬动公司的成长梦想。公司可通过蚂蚁达客筹措资金，并获得生产、渠道、经营、品牌等环节的全方位支持。投资人可通过蚂蚁达客寻找投资机会，基于对特定行业的理解，投资自己理解、认可的公司，分享公司的成长。对于初创公司来说，股权型众筹不仅丰富了其融资渠道，更重要的是为它们提供了展示自我的平台，很多初创公司可以在众筹平台上收获种子用户，获得平台的管理建议等。

股权型众筹按照投资者投资方式的不同，又可以分为三种。

（1）普通模式。普通模式是股权型众筹最原始的模式，初创公司在众筹平台上发布融资信息，投资者则在平台上选择自己感兴趣的公司进行投资，成为公司的股东。

（2）领投—跟投模式。此模式是一名领投人负责筛选发起众筹的初创公司，然后多名跟投人联合出资，共同投资一家初创公司。领投人除负责项目筛选之外，还需要负责投后管理，公开投资金额、分成等信息。因为享受了领投人的服务，跟投人需要将获得的投资收益的 20% 回馈给领投人。

（3）基金投资模式。基金投资模式与领投—跟投模式类似，这里的"领投人"

是第三方专业的基金公司，运作模式与传统的基金投资一致。传统的基金投资是基金公司负责筛选股票、债券等金融资产，投资者只需购买相应的基金产品即可。在众筹的基金投资模式中，基金公司负责挑选、管理投资项目，投资人可以选择自己偏好的基金进行投资。在这一模式下，基金公司还可以通过将基金投入平台上多个众筹项目来分散风险。

7.3.2 众筹发展现状

1. 众筹发展概述

众筹起源于美国，金融危机后，尽管美国政府出台了量化宽松政策，美国银行惜贷情绪依然存在，加之经济环境的不确定性上升，中小公司融资难的问题越发突出。在此情况下，众筹融资应运而生，为中小创业者提供了"实现梦想"的可能。2008 年成立的 Indiegogo 和 2009 年成立的 Kickstarter 两家产品型众筹平台的出现，标志着众筹进入一个全新的发展阶段，世界各地的众筹规模飞速增长。由美国众筹咨询公司 Massolution 发布的 *2015 CF Crowdfunding Industry Report* 数据显示，从 2013 年到 2014 年，全球众筹行业融资额从 61 亿美元增长到 162 亿美元，增长比率为 167%。世界银行估计到 2025 年，仅发展中国家每年的众筹投资就可能达到 960 亿美元。众筹"可能是所有新兴金融模式中最具颠覆性的"[①]。

从众筹产品演变的角度看，众筹经历了三个阶段。第一阶段的众筹产品依靠个人力量即可完成，如视频、歌曲的制作等。这类众筹项目创意容易实现，支持者风险较低。第二阶段的众筹产品是具有一定技术门槛的创意产品。第三阶段的众筹产品则需要多方合作才能实现，这个阶段的项目规模比较大，团队专业性强。

近年来众筹产品触及的领域不断细化。2012 年在美国出现的房产众筹作为众筹领域的细分子行业正在迅速兴起。房产众筹平台的出现颠覆了人们关于不动产投资的传统理念，通过线上平台直接将待融资的地产项目与众多投资者联系在一起，降低了房产投资门槛，是众筹未来新的趋势之一。

2. 众筹发展原因

（1）融资功能。在需求端，存在小微公司融资难的问题；在供给端，存在个

---

① 引自高盛 2015 年发布的《社会化融资》（*Socialization of Finance*）报告。

体投资者资产荒的问题，而众筹恰好将二者有机地结合起来。小微公司融资原本就受到传统融资尤其是银行信贷的排斥，而金融危机的爆发更是加剧了小微公司融资难的问题。在资金链的供给端，个体投资者除了投资股票、债券、银行理财等金融资产外，一直被风投市场的高门槛排斥在外，而金融危机的爆发又加剧了投资风险金融资产的收益不确定性。众筹的低门槛、小金额特征恰好满足了个体投资者的投资需求，缓解了资产荒问题。并且，在众筹平台上，投资者可以自由选择自己感兴趣的项目，了解发起人的创业故事，帮助他人实现梦想，这也是众筹吸引人的地方。

（2）创新优势。众筹模式迅速发展的一个重要原因，即该融资模式的创新性。众筹将融资和营销两者有机地结合起来。对于发起人来说，他们在正式投产之前就可以获得消费者的资金支持。这使得发起人既可以得到项目启动资金，又可以通过众筹了解产品市场需求状况。如果众筹项目支持者数量较少，则说明市场对该项目反应冷淡，生产者需要慎重考虑项目的可行性。这与传统的先生产后销售的模式相比，节省了投资成本。可以说，在筹资的过程中，就做了一次市场调研。如果筹资成功，则销售也不会出问题。所以，众筹平台对于生产者来说，不仅是一个融资渠道，还是产品调研和营销的渠道。对于支持者来讲，他们可以为自己喜欢的项目提供资金支持，增强消费者对产品生产的参与感，而不仅仅是消费商品。

7.4　众筹平台的运行与产品特征

7.4.1　众筹平台的运行

1. 众筹构成

众筹由发起人、支持者和众筹平台构成。众筹平台是连接发起人和支持者的互联网终端。发起人是指有创造能力但缺乏资金的人，一般为生产者或者项目管理者。他们向众筹平台提供项目融资计划，通过平台审核后，即可在平台上向成千上万个支持者发布自己的项目信息，以寻求支持者的资金支持。如果能筹集足够的资金，他们会按照募资计划执行项目。支持者是众筹项目的出资者，他们在平台上浏览自己感兴趣的项目，并提供资金支持，以获得相应回报。众筹过程如图 7-6 所示。

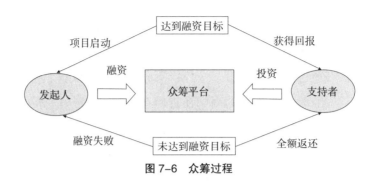

图 7-6   众筹过程

2. 众筹规则

每一个众筹项目都有着固定的规则，即发起人必须设定项目筹资的目标值和筹资天数。在设定的天数内，达到或者超过目标金额。如果项目筹资成功，发起人可获得资金，并按约定执行计划，给予支持者回报；如果项目筹资失败，那么已获资金全部退还支持者。

众筹平台在中间起到的是信息中介的作用。它的两端是有融资需求的项目发起人和有投资需求的项目投资人。众筹融资平台一般收取交易成功项目总资金的4% ~ 5% 作为交易费用。随着众筹平台上参与者的不断增加，筹资项目面临着管理数目庞大的诸多小额支付的需求，这时众筹平台就由简单的信息中介功能发展为证实融资过程、监督项目执行、向项目管理者提供融资建议、为参与者组建更为广泛的社交网络、帮助成员寻求共同出资者等功能。

7.4.2   众筹产品的特征

众筹项目具有融资时间短、资金额度小、参与者数量众多的特征。大部分众筹项目的融资期限都在 1 年以下，额度也在几十万元。

除上述常规性特征之外，通过对众筹平台上筹集资金额和支持者数量的分析，会发现产品型众筹平台上的投资者行为表现出明显的富者更富效应，具体表现在以下三个方面。

1. 筹资额度具有幂律分布特征

根据《互联网金融手册》的记载，在 2006 年到 2009 年，对一般的众筹融资平台而言，61% 的生产者没有筹集到任何资金，0.7% 的生产者募集到了 73% 以上的资金。截至 2020 年，Kickstarter 所有类别项目的平均成功率为 38.61%，约 61%的项目是众筹不成功的。科技类成功率比平均值还要低，仅为 21.12%。从这些数字可以看出，众筹平台上的项目融资呈现出明显的马太效应。

我国产品众筹平台的筹资额度分布也呈现出幂律特征。以淘宝众筹平台——造点好物为例，如图 7-7 所示，在众筹金额排行榜中排名第一的项目筹资额度为71.1 万元，而第十名仅为 14.1 万元，呈现明显的幂律分布特征。

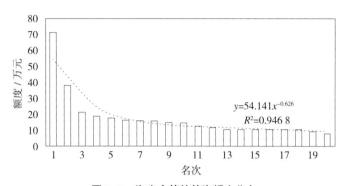

$$y=54.141x^{-0.626}$$
$$R^2=0.946\,8$$

图 7-7　淘宝众筹的筹资额度分布
资料来源：淘宝众筹平台——造点好物 2021 年 1 月 3 日众筹金额排行榜。

2. 平台融资成功项目数量占比较小

平台上融资成功的项目数量占比较小，呈现出不平衡的特征。虽然平台上众筹项目众多，但只有一小部分会被出资者选择，融资成功的项目数更少。2020 年，在 Kickstarter 平台上发布的 37 581 个项目中，仅有 18 642 个项目被出资者选择，选择率约为 50%。在这些被选择的项目中，众筹成功率为 38.6% 左右。

3. 融资早期的家人朋友支持至关重要

众筹项目能否融资成功，与早期能否赢得更多投资者的支持至关重要。当一个项目早期相比其他项目能够获得较多筹资金额时，便会引发信息级联效应，向以后的出资者提供积极信号，让后来的投资者认为该项目具有投资价值。所以，对于众筹项目，在项目融资的早期阶段，朋友和家人的资金发挥了关键作用。从这一角度看，众筹项目的发起人在融资的早期阶段，可以利用自身的社会网络资源，吸引初期的投资者支持，从而带动更多的资金流入，实现融资成功。

本章小结

互联网借贷是金融科技机构运用互联网和移动通信等技术，基于风险数据和风险模型进行交叉验证和风险管理，线上完成贷款申请、贷款发放和贷后管理全过程的贷款业务。互联网借贷按照借贷组织形式的不同可以划分为 P2P 网络借贷和网络小额贷款。P2P 网络借贷是指个体和个体之间通过互联网平台实现的直接借贷。网络小额贷款是指金融机构利用互联网向客户提供的小额贷款。互联网借贷产品相比传统银行借贷产品，具有科技助力金融、高频小额贷款、大数据风控、全天候 7 天 ×24 小时服务和普惠金融五方面优势。

互联网众筹是指通过互联网将有创意的个人或公司与他们的支持者联系起来，为创意者提供启动资金。互联网众筹由发起人、支持者和平台三部分构成。发起人提供项目创意和融资需求，平台审核发布，支持者提供资金支持。按照投资人获得回报的类型，可将众筹分为四类：公益型、产品型、股权型和债权型。

 思考题

即测即练

1. 简述我国互联网借贷迅速发展的原因。

2. 互联网借贷相比传统银行借贷有哪些优势？

3. 简述 P2P 借贷与网络小贷的区别与联系。

4. 股权型众筹为什么可以解决小微公司融资难的问题？

5. 产品型众筹有哪些优势？

参考文献

[1] 廖理 . 全球互联网金融商业模式 [M]. 北京：机械工业出版社，2017.

[2] 黄卓，王海明，沈艳，等 . 数字金融 12 讲 [M]. 北京：中国人民大学出版社，2017.

[3] 余丰慧 . 金融科技：大数据、区块链和人工智能的应用与未来 [M]. 杭州：浙江大学出版社，2018.

[4] 何平平，胡荣才，车云月 . 互联网金融运营与实务 [M]. 北京：清华大学出版社，2017.

[5] 奇斯蒂，巴伯斯 . 全球金融科技权威指南 [M]. 邹敏，李敏艳，译 . 北京：中国人民大学出版社，2017.

[6] 谢平，邹传伟，刘海仁 . 互联网金融手册 [M]. 北京：中国人民大学出版社，2018.

[7] 金融科技理论与应用研究小组 . 金融科技知识图谱 [M]. 北京：中信出版集团，2021.

[8] 中国互联网金融协会 . 2020 中国互联网金融年报 [M]. 北京：中国金融出版社，2020.

第8章 数字加密货币

 学习目标

1. 掌握数字货币的概念、分类及本质。

2. 了解数字货币产生的基础。

3. 了解数字货币的风险控制情况。

4. 掌握三类数字加密技术的基本原理。

5. 熟悉常见的加密算法。

6. 了解数字加密技术的主要应用。

 能力目标

1. 了解电子货币、加密货币、数字货币的概念。

2. 熟悉区块链技术及其理论基础。

3. 掌握区块链技术以其非对称加密技术、共识机制和智能合约的核心技术。

4. 熟悉数字货币的优点和缺点。

5. 熟悉区块链与数字货币的业务模式。

 思政目标

1. 通过数字人民币的发展史，弘扬中华文化，传播爱国、积极向上的正能量，培养科学精神。

2. 通过区块链技术及其加密技术的讲授，重点培育学生求真务实、实践创新、精益求精的精神，培养学生踏实严谨、追求卓越等优秀品质。

思维导图

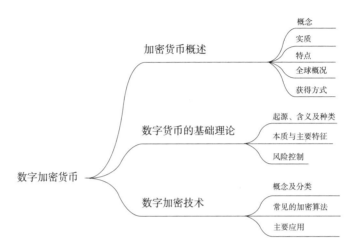

导入案例

数字货币（digital currency，DC）是电子货币形式的替代货币，数字金币和密码货币都属于数字货币。数字货币和电子支付工具（digital currency electronic payment，DCEP）是中国人民银行研究中的法定数字货币，是数字货币的一种。党的二十大报告中再次强调国家战略科技，区块链技术加速落地，以区块链技术为基础的数字经济的发展是当前全球产业创新发展的核心趋势，也是中国式现代化的重要支撑。

2014 年，央行开始对数字货币发行框架、关键技术等问题进行研究。2019 年 8 月，央行明确将"加快推进我国法定数字货币（DC/EP）研发步伐"作为下半年重点工作之一。2019 年底起，数字人民币相继在深圳、苏州、雄安新区、成都及 2022 冬奥会场景启动试点测试。2020 年 8 月，商务部宣布在京津冀、长三角、粤港澳大湾区及中西部具备条件的试点地区开展数字人民币试点。同年 10 月，又增加了上海、海南、长沙、西安、青岛、大连 6 个试点测试地区。

资料来源：百度百科、中央纪委国家监委网站。

【案例思考】

什么是数字货币？什么是法定数字货币？

8.1　加密货币概述

加密货币（cryptocurrency，也译作密码货币、密码学货币）是一种使用密码学原理来确保交易安全及控制交易单位创造的交易媒介。2008 年全球金融危机爆发之后，在世界范围内逐步出现加密货币。目前，国际市场上有许多以区块链为基础技术的虚拟货币，如以太币。加密货币的兴起对世界产生了巨大的影响，也引起了社会各界的激烈讨论。

8.1.1　加密货币的概念

加密货币又可以称为密码货币或密码学货币，是一种使用密码学原理来将纯文本转换为数码密文从而使可读文本不可解密，确保交易安全及控制交易单位创造的交易媒介。加密货币是数字货币（或称虚拟货币）的一种。人类社会发展最新的全球化体现在数字通信及虚拟技术领域，加密货币及区块链技术的出现迅速冲击着传统的经济范式。

8.1.2　加密货币的实质

加密货币的实质是当代网络信息技术与密码学的结合，是一种基于区块链技术和数字加密算法的虚拟货币，颠覆了人们对货币流通方式的传统认知，加密货币与金融机构发行的电子货币和网络运营商发行的虚拟货币完全不同：首先，数字加密货币没有发行主体，其发行不受任何机构和个人的控制，整个过程公开透明；其次，算法解的数量确定，数字加密货币总量固定，不会因货币滥发而导致通货膨胀；最后，其交易需要网络中各个节点的认可，不需要中介机构维护，交易过程相对安全。

加密货币还有很强的资产属性，随着持有群体规模扩张，持有动机也动态变化，更多的新加密货币持有人把其视为可兑换资产，并非交易媒介。从目前的情况看，加密货币的流通性还比较弱。虽然加密货币自诞生起已经发展了 10 多年，由于加密货币底层技术及政府监管等原因的限制，至今为止没有任何一种加密货币能像传统法定货币一样作为交易的媒介被人们广泛使用，因此加密货币扮演的角色仍然是一种特殊的风险资产，而不是货币。

8.1.3　加密货币的特点

1. 全球交易

加密货币一个优势是可以方便地在国际上交易，任何国家的人都可以通过这种方式进行无障碍交易，地理位置之间的距离不再成为问题，只要两个国家达成一定的契约，即"双方都认可这种虚拟货币的价值"，就可以使用这种加密货币进行交易，若有一方不认同，则交易无法进行。

2. 去中心化

传统货币采取的是以中央银行为中心、以各商业银行为节点的网络型结构。在这个过程中，政府主要承担两方面工作：维护系统的安全性并根据经济社会发展需要制定规则。因为维护经济社会稳定需要耗费大量的经济成本，并且也只有依靠政府的强制力量才能实现，所以政府是现行货币政策的制定者。

基于区块链技术的加密货币出现之后，这一状况被改变了，利用算法就可以构建出安全稳定的货币系统，在很大程度上降低了交易成本。加密货币没有集中的发行方，没有指定的发行机构，即所有人都有机会参与加密货币的发行，中央银行统一印发的货币也不再是唯一的选择，政府不再是唯一的货币规则制定方，政府发行货币处于竞争中，每一个个体都有了选择使用的货币，当足够多的群体认同某一种加密货币，对政府货币政策的制定也会产生影响。从这一角度说，加密货币确实在一定程度上起到了去中心化的作用。

由于加密货币的分布式记账的机制，加密货币交易确认的权限被分散开，保证了没有人有特权记账，或是更改交易信息，所有被确认的历史交易信息都可以在区块中查询到，并且无法更改。负责确认交易的参与者被称为"矿工"，矿工确认有效的交易并将其打包到新的区块中。加密货币网络利用密码学原理，通过设定随机的哈希值来给矿工布置任务，该算法设定很困难的计算题让所有矿工节点计算，第一个计算出正确结果的矿工将会获得记账权，而记账权的随机性达到了去中心化的目的。但事实上，加密货币的完全去中心化依然难以实现。虽然为避免通货膨胀，以太币、莱特币等各种加密货币在发行总量上都设了限制，但加密货币的种类可以是无限的，即便在加密货币内部会存在竞争关系，但竞争的结果难免会受到各方资本甚至政权等中心化力量的影响。更重要的一点是，在经济领域，所有商品的规则大抵都可以分为数量与价格两个部分，具体到货币而言，也就是数量与购买力。传统的货币发行量由政府控制，购买力主要由市场决定，政府也可以通过货币政策对货币购买力进行调节。对于加密货币而言，发行量由算法决定，其购买力完全由市场供求关系决定。以太币、莱特币等加密货币的市场都是进入门槛极低、无任何限制的金融市场，这种金融市场的特征从来都是资本数量上涨速度快于对价格影响力的提升速度，也就是"资本为王"，只要有足够多的资本，就可以对加密货币的价格进行控制，形成垄断，而这一过程很容易成为再中心化的过程。

3. 支付具有安全性

与传统货币相比，以区块链技术为基础的加密货币最大的优势就是其安全性，这种安全性主要体现在两个方面：一是系统的安全性，二是个人信息的安全性。传统货币依托互联网进行转移的过程，交易信息必须交由中介机构保管，中介机构作为交易的公证方，要保障交易信息不被篡改，还要保障用户的个人信息不被盗取。但是，黑客攻击金融机构、个人信息和交易信息泄露等事件时有发生。毫无疑问各国的金融机构都采取了严密的安保措施，然而传统的防御系统却难以做到绝对安全。以区块链技术作为技术支撑的加密货币更好地保证这种安全问题。

4. 交易主体的匿名性

传统的在线交易方式是通过可信中介如银行，跟踪交易并确保转让的财产真实存在，中介对于此项服务收取一定的费用。而加密货币的核心是实现两个或多个账户之间金融交易的分布式记账，其中每个账户是匿名的，无须任何中央机构的审核即可创建账户，创建账户的用户拥有一个公钥及私钥，用户在交易活动中只需对外公布公钥接受转账并使用私钥确认交易。其中公钥和私钥类似银行账户的户头和密码，但交易双方并不知道对方在现实世界中的真实个人信息，包括网络地址、设备地址等数据信息，更不关联手机号、住址等与用户真实身份相关的个人信息，用户之间直接进行点对点的交易，不需要第三方可信中介的参与。交易双方面对的只是一串字符表示的公钥，并且公钥是动态变动的，每次交易都会有新的公钥，这在一定程度上排除了个人信息在交易过程中泄露的可能，保障了个人信息的安全性。

8.1.4　数字加密货币全球概况

主流数字加密货币主要有以太币、泰达币（USDT）等。

以太币由俄罗斯人 Vitalik Buterin 于 2013 年提出，并于 2014 年 7 月 24 日发行，发行总量 9 631 万枚。以太币定位于"下一代加密货币与去中心化应用平台"，因此是一个具有智能合约功能的公共区块链平台，也是创造基于区块链的各种去中心化应用的基础性平台。以太坊通过图灵完备的去中心化虚拟机处理点对点合约，而以太币就是合约成交需要的能量，被业界形象地称为"汽油"。

泰达币是注册于英属维尔京群岛的 Tether 公司于 2014 年 11 月推出的基于稳定价值货币美元的代币。用户可以随时通过 SWIFT（国际资金清算系统）电汇美元至 Tether 公司提供的银行账户换取泰达币；如需赎回美元，反向操作即可。Tether 公司严格遵守 1∶1 的准备金保证，即每发行 1 个泰达币，其银行账户都会有 1 美元的资金保障，这种方式可有效地防止泰达币价格出现大幅波动。

8.1.5   加密货币获得方式

加密货币的获得有三种方式，即挖矿生产、交易获得或者接受加密货币捐赠。交易获得加密货币的途径多样，如通过加密货币交易所、交易平台或者与其他加密货币持有人直接交易。加密货币市场中还有辅助服务提供商，如支付服务商，作为消费者和商家或零售商之间的中介，将支付的加密货币转换为法定货币，并承担交易的汇率风险。加密货币通常储存在"加密货币钱包"中，既可以使用加密货币钱包应用软件，也可以使用加密货币钱包服务提供商的中介服务。

8.2   数字货币的基础理论

8.2.1   数字货币的起源

一直以来，密码学家都有个想法，既然邮件能够加密、签名发送出去，那么手里的现金能不能像邮件一样，加个数字信封，进行加密和签名后，从一端发送到另外一端，这就是最早的数字现金思想的由来。

1982 年，David Chaum（大卫·乔姆）在顶级密码学术会议美密会议上发表了一篇论文《用于不可追踪的支付系统的盲签名》，论文提出了一种基于 RSA 算法的新型密码协议——盲签名。利用盲签名构建一个具备匿名性、不可追踪性的电子现金系统，这是最早的数字货币理论，也是最早能够落地的试验系统，得到了学术界的高度认可。

研究者对大卫·乔姆的理论及其研发的 E-Cash 非常感兴趣，经过 40 年的发展，数字货币在大卫·乔姆理论的基础上融合了包括群盲签名、公平交易、离线交易、货币的可分割性等在内的新概念。

8.2.2　数字货币的含义

1. 数字货币的定义

传统上，人们默认货币就是法币，确定其职能是价值尺度、贮藏手段、支付手段、流通手段和世界货币，并根据使用方式将其划分为现金、票据、卡基支付、移动支付等不同的支付手段。

在互联网时代，网络空间逐渐成形并与物理空间并存，社会大众对货币的认识变得宽泛，认为"货币就是法律规定或世俗约定能够用于支付的手段"。迄今并未有关于数字货币权威统一的界定，大多数学者直接沿用了各国政府发布的定义，一部分学者对数字货币的内涵进行了讨论和拓展。Wagner（2014）将数字货币定义为以电子形式储存和转移的货币。这一定义较为笼统，不仅包含了数字货币，还包含了电子货币在里面。Dwyer（2015）从功能视角讨论了数字货币的内涵，认为数字货币最关键的问题是防止双重支付问题。Bissessar（2016）借鉴英格兰银行的定义，明确提出数字货币是去中心化的运用分布式记账系统的货币，如莱特币、狗狗币等。这一定义将没有采用分布式记账系统的诸如瑞波币等产品排除在外。Kraus（2017）认为数字货币包括虚拟货币和加密数字货币，虚拟货币和加密数字货币的区别是，虚拟货币仅在特定的虚拟空间内流通，而加密数字货币则打通了虚拟和现实的界限，可以在现实中购买商品或服务，可以与现实中的货币相互兑换。加密数字货币的另一个重要特征是采用分布式记账，实现了去中心化，没有管理者管理其发行和运营。

根据当前大多关于数字货币的论述，我们将数字货币定义为以互联网为基础，以计算机技术和通信技术为手段，以数字化的形式（二进制数据）存储在网络或有关电子设备中，并通过网络系统（包括智能卡）以数据传输方式实现流通和支付功能的网络一般等价物，具有货币最为基本的交易、流通等职能，但能够支持即时交易和无地域限制的所有权转移。数字货币是互联网时代社会经济发展到一定阶段出现的一种新型货币形态，它以满足用户的安全性与便利性需求而存在，也代表了未来货币存在形式的发展方向。

2. 货币数字化

与数字货币相关联的还有一个概念，即货币数字化。货币数字化是指通过数字设备实现货币支付与资金转移的行为。货币数字化不创造货币，不会导致货币总量的变化，只是为用户提供了一种更快捷的货币使用方式。借记卡、信用卡等银行卡均属于货币数字化的手段，卡片本身不贮藏价值，仅用于识别身份，使用者可以连接到自己的储蓄账户或信用账户，并实现已有货币的转移，但不会产生新的货币，只是通过商业银行的服务避免了实物货币的使用，并且理论上必须是实名制的。

3. 虚拟货币

此外，虚拟货币也是经常与数字货币相提并论的概念。通常情况下，虚拟货币是指不与法定货币相关联的数字货币，包括数字加密货币和非加密商业货币（如Q币、积分等）两种类型，其价值完全由市场决定。在实际应用中，虚拟货币与数字货币的概念越来越融合。

8.2.3 数字货币的种类

1. 非加密货币

非加密货币通常是指网络社区虚拟货币，由公司或者私人等自我发行，仅用于内部网站支付，不需要通过计算机的显卡、CPU、运算程序解答方程式即可获得。比较知名的非加密货币有国外的Amazon Coin、Facebook Credits等以及国内百度公司的百度币、腾讯公司的Q币等。由于其依据市场需求可无限发行，所以不具备收藏以及升值的价值。

非加密货币在现实中具体表现为"服务币""游戏币"等种类。"服务币"一般只能通过用户在互联网上的特定行为获得，且仅在封闭虚拟社区使用，如论坛积分等。这类"服务币"由于没有在全网推广因而使用范围较窄，但是被各种论坛和站点频繁采用，使用频度较高。"游戏币"则可通过实体货币购买，但购入后不能或者很难兑换回实体货币，如Amazon Coin、Q币等。

2. 加密货币

加密货币是一种新型的数字货币，有人又把它称为算法货币，是根据密码学原理及区块链技术，基于人为运算而形成的数字货币，并使用密码学的设计来确保货币流通各个环节的安全性。基于密码学的设计可以使加密货币只能被真实的拥有者转移或支付。新型的数字加密货币不依靠法定货币机构发行，也不受中央银行管控，因而对现行以中央银行为核心的货币发行和货币政策体系形成了冲击与挑战，也受到明显的质疑。这几年比较流行的莱特币等是数字货币的代表。

数字加密货币与其他非加密货币最大的不同，是其总数量有限，具有极强的数量稀缺性。因为这一组方程式开源代码总量是有限的，如果想获得，就必须通过计算机显卡、CPU 的运算才可以，而计算机运算方程式代码的运算过程就好比在金矿挖矿，但就像地球的资源金矿一样，其总数必定是保持不变的，对矿机运算实力的要求也是在不断提升，"挖矿"难度必定会日益增强，这就代表着其供应量的上涨速度也会不断降低，通过挖矿开采出来后，加密货币就是一串代码，跟钞票左下角的那一串序列号一样，谁拥有这一串序列号，谁就拥有这一加密货币的使用权。

由于非加密货币的货币属性相对较弱，我们不难发现，大众所关注与探讨的数字货币，无论是 ICO（首次代币发行），还是各国央行关注探索的数字货币，其核心都是指向狭义的数字货币，即加密货币。本章也主要以数字加密货币作为数字货币的论述对象。

3. 其他分类

除了非加密货币与加密货币的这种分类方法，早在 2012 年，欧洲中央银行按照是否与法定货币存在自由兑换关系把虚拟货币（数字货币）分成了三类。

（1）两者之间不存在自由兑换关系的，只能在网络社区中获得和使用，如各种游戏币。

（2）可以通过法定货币来换取的，用来购买虚拟或真实的商品或服务，但不能兑换回法定货币的，如 Amazon Coin 等。

（3）两者之间能相互兑换的，并可用来购买虚拟或真实的商品或服务的，如莱特币等。美国将莱特币之类的数字加密货币称为可转换的虚拟货币，并将其从税收的角度归类为特殊商品。

除此之外，我们也可以按发行者的不同将其划分为以下两种。

（1）私人数字货币：也称虚拟货币，由发行者开发或控制，并非通过政府担保，不受政府监管，也不具有法偿性和普偿性，在虚拟社区成员间流通的数字货币，更多地表现出一种投资属性，追求的是收益最大化或者是社会接受程度最大化，形成垄断趋势后可能给社会和国家带来一定的风险。

（2）法定数字货币：由各国央行发行、以代表具体金额的加密数字串为表现形式的法定货币，以国家信用背书，用于网络投资、交易和储存。法定数字货币天然具有法偿地位，任何人、任何机构不得以任何理由拒收。目前尚未出现实际使用的法定数字货币。

8.2.4　数字货币的本质

货币是当商品交换发展到某个程度以后形成的产物，马克思认为其本质就是一般等价物，具有价值尺度、流通方式、支付方式、存储方式、世界货币的职能。下面将马克思的货币职能当作基础，探究数字货币的货币特性。

价值尺度就是给交易对象提供价格形态，将货币当作计价依据，数字货币是人类发展史中首次使用技术在自身领域对外界的产品进行计价，并且和美元构成了比价效应。其可以很好地模仿黄金的特征，有着稀缺性，可以被当作价值尺度的社会职能，变成国际上被公认的数字货币。数字人民币是有国家信用背书、有法偿能力的法定货币。

流通方式就是指货币被当作是商品之间进行交换的载体，是一种实际存在的货币。数字货币流通方式主要有数字货币场内交易和数字货币场外交易（OTC）两种。交易平台外的交易统称为场外交易。场外交易类似于淘宝的模式，商家在线上发布购买信息，买家可以直接用法币购买数字货币商品，简单方便，因此也成为现在很多人都使用的数字货币方式。数字货币的场内交易通常是指在指定的数字货币证券交易所进行的交易。

支付方式就是指出现了赊销赊购，使用延期支付的形式交易商品的状况下，货币用作清还债务而使用的职能，是从交易媒介中形成的。数字货币因为其运用范畴不被约束，能够在线上、线下给公司带来产品与服务，完成日后货币和财富的兑现。

存储方式就是指货币退出流通领域，被当作一种财富而给予存储的方式，展现了"蓄水池"的存储功能。数字货币有着价值存储或购买实力存储的职能，拥有专属所有权，使用计算机与通信科技将网络里的数字货币以二进制数据的方式隔离保存在网络或有关设施里，并且不会发生消耗。

就表面而言，数字货币有着货币功能，但本身不具有价值，而是价值相对性的表现形式，或者说是表现符号。货币的商品属性和债务属性是货币的两面，随着货币的演进，这两种属性的重要性也会不断发生变化：债务属性会变得更加明显，而商品属性会变得更加模糊乃至消失。当处在实物货币或贵金属货币阶段时，货币的商品属性表现得相对强一点，而债务属性表现得相对弱一点。当进入信用货币阶段，货币的商品属性表现逐渐消失，而债务属性表现增强。数字货币的发展并没有脱离信用货币的范畴，作为一种信用货币，数字货币本质上仍是货币符号，缺少了信用货币的强制性保障，其价值主要来自被认可程度和可交易范畴。

8.2.5　数字货币的主要特征

1. 数字货币的价值由供给和需求决定

数字货币的价值取决于供给和需求。因此，它经常与黄金相比，被称为"虚拟黄金"。我们越使用数字货币，它的价值越高。

2. 数字货币是去中心化的货币

数字货币的基础——区块链的特点就是去中心化。区块链的数据是分散地存储在网络中许多节点上的，其使用分布式储存与算力，整个网络节点的权利与义务相同，系统中数据本质为全网节点共同维护，从而区块链不再依靠于中央处理节点，实现数据的分布式存储、记录与更新，即数字货币允许在没有中介的情况下实现点对点交易。去中心化具有理论"正确性"，但现实很长一段时间都需要央行来撑起数字货币，毕竟绝对的去中心化不具备现实可操作价值。

3. 数字货币是加密的匿名的货币

数字货币的匿名是没有地址和现实中的身份信息对应起来保障的，加密数字货币是进行匿名支付行为的最佳选择之一，因为地址通常与个人身份无关，而且大多数的加密数字货币钱包都会为每一次支付生成新的地址，从而进一步降低关联到交易方真实身份的可能性。

4. 数字货币是不可篡改的、公开透明的货币

加密货币依托于区块链技术对每笔交易进行记录，记账准确且不可篡改。

5. 交易费用低

与传统货币相比，数字货币在发行和交易方面具有低成本、高效率的特点。在发行环节，不需要支付实体货币发行所需要支付的成本；在交易环节，数字货币完全使用电子方式记账，不需要建立和维护个人账户；交易账簿唯一且不需要货币清算，减少了实体货币交易中的环节，势必降低交易成本。

8.2.6 数字货币的风险控制

1. 市场操纵风险

数字货币可以通过组建"矿机"挖取,若在某数字货币尚未红火之时,投入大量资金开采数字货币并在市场上逢低吸纳,当其在市场上占有一定比重,如51%以上,便可能操纵整个市场。相对于股票市场中的小盘股,操纵新兴的数字货币市场更为容易。普通投资者在这样的市场中想要赚钱难度极大。因此,避免市场操纵风险的对策之一就是要形成行业自律,平台应对账户进行监控。对于平台中出现大批量吸入数字货币的行为应予以警示乃至停止其交易,谨防其依靠大资金操纵市场。但考虑到数字货币本身所倡导的互联网精神,做到这一点极其困难。另外,当前各个平台均为非官方机构,平台间信息共享非常困难,且很难通过身份验证、银行账号便锁定是否为同一集团在进行建仓及操纵市场。

2. 流动性风险

数字货币经常因为市场深度不足,在非理性繁荣思维或突发性恐慌后,市场价格暴涨暴跌,很难以合理价格买入或卖出,尤其在大资金或大批量虚拟货币进入市场时,此现象尤为明显。因此,数字货币的现有参与者可考虑积极向政府和民众推荐这一品类,增加市场参与者;对数字货币采取FOF(基金中的基金)方式运作,即形成投资于该数字货币的投资基金,允许投资者按额购买,而非必须以整数形式购买;大平台应有一定的数字货币储备,形成有实力的做市商来保障遭遇大资金突发性冲击时,可以吸纳市场上出现的大量数字货币或资金;做好对投资者的教育工作,市场上的成熟参与者越多,市场将越趋于稳定。

3. 平台风险

当前有很多数字货币平台,基本都需要将资金存入该平台进行买入或卖出。有些平台为了吸引投资者的加入,往往会提供手续费免费的优惠条件。但有些免费的平台风险较大,因此,投资者应在确定自己是否投资数字货币、具体投资哪种数字货币后,对于平台进行考察和甄别,不要受手续费高低的蝇头小利影响,选择有实力、声誉好的平台进行交易行为;投资者应关注自己所投资平台的各类消息,做好对其声誉变化的观测;监管机构应将数字货币的交易平台纳入监管范畴,要求其缴纳准备金及保证金,预防此类道德风险。

4. 流通风险

货币的根本职能之一就是能够在商品流通过程中,不断地充当购买手段,实现商品的价格。迄今为止，只有少部分商家接受数字货币作为支付手段进行流通。或者可以说，当下进行数字货币投资的参与者，相当一部分是以博取差价为目的，而只有一小部分是怀着将其视为未来货币进行提前贮藏。因此，解决数字货币的流通问题，必须要增加市场上愿意接受数字货币作为支付手段的商家数量。

8.3　数字加密技术

8.3.1　数字加密技术的基本概念

1. 定义

数字加密技术，也称作数据加密技术，通过将有效信息（明文）按照一定的规则（密钥）加密转化成无意义的乱码（密文），接收信息方则根据密钥将密文还原为明文。数字加密技术是为提高信息系统及数据的安全性和保密性，防止秘密数据被外部破析所采用的主要技术手段之一。

2. 基本功能

（1）信息安全性。在数字加密技术的保护下，只有信息的发送方和指定接收方才能够理解所传输的密文的含义（接收方利用密钥解密为明文）。窃密者虽然可以截取加密后的密文，但是没有解密密钥无法还原密文内容，从而保证了信息的安全。

（2）鉴别功能。信息发送方和接收方通过指定口令可以证实信息传输过程中所涉及的对方身份，信息传输的另一方可以识别他们所声称的身份。也就是说在数字加密技术的防护下，发收双方可以对对方的身份进行鉴别，第三方无法冒充身份与对方通信。

（3）信息完整性。数字加密技术要保证报文信息在传输过程中未被篡改，从而保证信息的完整性。

（4）不可否认性。在接收到报文信息之后，要证实报文信息确实来自所宣称的发送方，报文发送方在报文信息发送之后无法做否认操作。

8.3.2　数字加密技术的分类

1. 对称密钥加密算法

对称密钥加密称为秘密 / 专用密钥加密，发送和接收数据的双方必须使用相同的密钥对明文进行加密和解密运算。仅有发送方和接收方拥有同一种密钥。这种密钥既用于加密，也用于解密，叫作机密密钥（也称为对称密钥或会话密钥）。对称密钥加密是加密大量数据的一种行之有效的方法。

对称密钥加密算法最大的优点就是开销小、加密速度快。它的缺点是：密钥本身必须进行安全交换，否则可能会泄密；密钥的分发和管理非常复杂，因为任意一对信息传输双方都需要一个密钥，这样假如在班级中有 N 个人彼此之间进行通信就需要 $\dfrac{N(N-1)}{2}$ 个密钥，每个人如果分别和其他人进行通信，那么每个人需要保管的密钥就是 N 个；不能实现数字签名。

2. 非对称密钥加密算法

非对称密钥加密算法也称作公开密钥算法。非对称加密算法需要两个密钥：公开密钥（public key）和私有密钥（individual key）。公开密钥与私有密钥是一对，如果用公开密钥对数据进行加密，只有用对应的私有密钥才能解密；如果用私有密钥对数据进行加密（数字签名），那么只有用对应的公开密钥才能解密。密钥中的一把作为公开密钥（加密密钥）通过非保密方式向他人公开，而另一把则作为私有密钥（解密密钥）加以保存。

用数学方式表示也有助于理解：假设有 2 个密码 A 和 B，使用 A 对数据 M 进行加密得到加密数据 $X=F(A, M)$。但是，知道 A 和 X 无法解密出 M，必须用另一个密码 B 使得数据还原 $M=F(B, X)$。

非对称密钥加密解决了传统对称加密时存在密钥分发管理的难题，在多人之间传输保密信息所需保管的密钥组合数量很小（在 N 个人彼此之间传输保密信息，只需要 N 对密钥）；保密性更高，可以很好避免密钥在分发传输过程中泄露的问题；非对称加密可实现数字签名，签名者事后不能否认。非对称密钥加密最大的不足，就是处理速度慢。

3. 混合加密算法

对称密钥加密和非对称密钥加密各有优缺点，对称密钥加密在加密和解密速度方面有优势，而非对称密钥加密在签名认证方面功能强大。为了充分发挥对称密钥加密和非对称密钥加密的优点，实践中往往将两者结合从而取长补短。

数字信封技术利用对称密钥加密法对传送的信息进行加密，但密钥先不由双方约定，而是在加密前由发送方随机产生；用此随机产生的对称密钥对信息进行加密，然后将此对称密钥用接收方的公开密钥加密，定点加密发送给接收方。这就好比用"信封"封装起来，所以称作数字信封。接收方收到信息后，用自己的私人密钥解密，打开数字信封，取出随机产生的对称密钥，用此对称密钥对所收到的密文解密，得到明文信息。因为数字信封是用接收方公钥加密的，只能用接收方的私钥解密，别人无法得到信封中的对称密钥，既保证了信息的安全，又提高了速度。

数字信封技术在外层使用公开密钥技术，可以充分发挥公开密钥加密技术安全性高的优势，而内层的私有密钥长度较短，用公开密钥加密长度较小的密钥可以尽量规避公开密钥技术速度慢的弊端。

8.3.3　常见的加密算法

1. DES 算法

数据加密标准（data encryption standard，DES）由美国国家标准局提出，是目前使用最广泛的对称加密方式之一，主要应用于银行业中的电子资金转账（EFT）领域。它可以对 64 位二进制数据加密，产生 64 位密文数据，实际密钥长度为 56 位，有 8 位用于奇偶检验。该算法相对简单、易被破解。为了增加安全性，采用三重 DES 加密，三重 DES 是 DES 的一种变形。这种方法使用两个独立的 56 位密钥对交换的信息进行 3 次加密，从而使其有效密钥长度达到 112 位，进一步提高了破解的难度。但是这样增加了密钥个数和密钥的长度，使密钥更加难以管理。

2. RSA 算法

RSA 算法是非对称加密领域内最为著名的算法，直到现在，RSA 算法一直是应用最广泛的非对称加密算法。毫不夸张地说，只要有计算机网络的地方，就有 RSA 算法。它是由麻省理工学院的 Ron Rivest、Adi Shamir 和 Leonard Adleman 三人共同研究提出的，RSA 即是由三人姓氏首字母组合而来。由于密钥的长度最多可达 512 位（32 个字长），RSA 算法的主要问题是运算速度较慢，所以它对数据块较小的信息进行加密。在实际的应用中通常不采用这一算法对信息量大的信息进行加密。

在数学世界里，有一些公认的、需要消耗极大计算量才能得出结果的难题，如大数因式分解问题、离散对数问题、椭圆曲线问题。RSA 算法正是用到了大数分解这一相当犀利的不对称难题。根据数论，寻求两个大素数比较简单，而将它们的乘积进行因式分解却极其困难。[①]

RSA 算法原理如下：

（1）任意选取两个不同的大素数 p 和 q 计算乘积 $n=p \times q$，$\varphi(n)=(p-1) \times (q-1)$。

（2）任意选取一个大整数 e，满足 $gcd(e, \varphi(n)=1)$，整数 e 用作加密密钥（注意：e 的选取是很容易的，如，所有大于 p 和 q 的素数都可用）。

（3）确定的解密密钥 d，满足（de）mod $\varphi(n)=1$，即 $de=k\varphi(n)+1$，$k \geqslant 1$ 是一个任意的整数；所以，若知道 e 和 $\varphi(n)$，则很容易计算出 d。

（4）公开整数 n 和 e，秘密保存 d。

（5）将明文 m（$m < n$ 是一个整数）加密成密文 c，加密算法为 $c=E(m)=me$ mod n。

（6）将密文 c 解密为明文 m，解密算法为 $m=D(c)=c^d$ mod n。

然而只根据 n 和 e（注意：不是 p 和 q）要计算出 d 是不可能的。因此，任何人都可对明文进行加密，但只有授权用户（知道 d）才可对密文解密。

3. ECC 算法

ECC（椭圆曲线加密）算法则是另一种著名的非对称算法。

ECC 各方面的性能和 RSA 比起来几乎完胜。

（1）安全性能更高。例如，160 位 ECC 与 1024 位 RSA 有相等的安全强度。

（2）计算量小，处理速度比 RSA 快得多。

（3）存储空间占用小。密钥大小和系统参数与 RSA 相比要小得多。

（4）带宽要求低。

ECC 的这些特点使它逐渐取代 RSA，成为通用的公钥加密算法。

8.3.4　数字加密技术的主要应用

1. 数字签名

数字签名定义为：附加在数据单元上的一些数据，或是对数据单元所做的密

---

① 4 000 000 000 000 000 000 000 000 000 001=1 199 481 995 446 957 × 3 334 772 856 269 093，反过来算乘积非常容易，但是要把 4 000 000 000 000 000 000 000 000 000 001 分解成后面两个乘数，在没有计算机的时代几乎不可能成功。

码变换，这种数据和变换允许数据单元的接收者用以确认数据单元来源和数据单元的完整性，并保护数据，防止被人（如接收者）伪造。

数字签名是非对称密钥加密技术的另一类应用。它是将数字摘要[①]、公用密钥算法两种加密方法结合起来使用的另一种加密方法。其方式是：

（1）报文的发送方将报文通过哈希函数在文本中生成一个 128 位的"散列值"（或报文摘要或信息摘要）；再用自己的私有密钥对这个散列值进行加密运算来形成发送方的数字签名；然后，这个数字签名将作为报文的"附件"和报文一起发送给报文的接收方。

（2）报文的接收方首先从接收到的原始报文中计算出 128 位的"散列值"（或报文摘要）；接着再用发送方的公开密钥来对报文附加的数字签名进行解密。如果两个散列值相同，那么接收方就能确认该数字签名是发送方的。

通过数字签名能够实现对原始报文的鉴别和不可否认性。

2. 数字证书

数字证书用以证实一个用户的身份和对网络资源的访问权限，是目前电子商务广泛采用的技术之一。在网上的电子交易中，如果双方都出示了各自的数字证书，并用它们进行交易操作，那么双方就不必为对方身份的真实性担心了。数字证书与传输密钥和签名密钥对的产生相对应。对每一个公钥做一张数字证书，私钥用最安全的方式交给用户或用户自己生产密钥对。数字证书的内容包括用户的公钥、姓名、发证机构的数字签名及用户的其他信息。对于密钥的丢失情况，则采用恢复密钥、密钥托管等方法。另外对于证书的有效期在政策上加以规定，已过期的证书应重新签发，对于私钥丢失或被非法使用应废止。

🔍 **本章小结**

本章分别介绍了数字货币和加密货币的概念，概括了加密货币的特点；简要介绍了全球加密货币的发展现状；对数字货币进行分类；讨论了数字货币是否属于货币；概括了数字货币的主要特征；最后总结了数字货币的风险控制。此外，还介绍了三种加密技术：对称密钥加密技术、非对称密钥加密技术以及混合加密

---

① 数字摘要是将任意长度的消息变成固定长度的短消息，它类似于一个自变量是消息的函数，也就是哈希函数。数字摘要就是采用单向哈希函数将需要加密的明文"摘要"成一串固定长度（128 位）的密文，而且不同的明文摘要成密文，其结果总是不同的，而同样的明文其摘要必定一致。

的基本原理；简述了 DES 算法（对称加密）、RSA 算法和 ECC 算法（非对称加密）以及加密技术的主要应用。

思考题

1. 电子货币是什么？
2. 加密货币是什么？
3. 数字货币的优点和缺点是什么？
4. 电子货币和加密货币的区别是什么？

即测即练

参考文献

[1] 王文海，等 . 密码学理论与应用基础 [M]. 北京：国防工业出版社，2009.

[2] 李钧，长铗，等 . 比特币：一个虚幻而真实的金融世界 [M]. 北京：中信出版社，2014.

[3] 姚前 . 数字货币初探 [M]. 北京：中国金融出版社，2018.

[4] 谢平，石午光 . 数字加密货币研究：一个文献综述 [J]. 金融研究，2015（1）：1-15.

[5] 袁勇，王飞跃 . 区块链技术发展现状与展望 [J]. 自动化学报，2016，42（4）：481-494.

[6] 郭上铜，王瑞锦，张凤荔 . 区块链技术原理与应用综述 [J]. 计算机科学，2021，48（2）：271-281.

第9章 供应链金融

 学习目标

1. 了解供应链金融产生的背景。

2. 了解供应链金融的发展趋势。

3. 掌握供应链金融的内涵。

4. 了解供应链金融的几种业务形态。

5. 熟悉供应链金融的风险因素。

6. 了解供应链金融在服务实体经济中发挥的巨大作用。

 能力目标

1. 了解供应链金融发展的四个阶段。

2. 熟悉供应链金融活动中的数字化技术。

3. 了解供应链金融与传统金融借贷的差异。

4. 了解供应链金融和 P2P 互联网金融的区别。

 思政目标

了解供应链金融如何改善中小微公司的融资困境，进而在服务实体经济中发挥重要作用。

🔍 思维导图

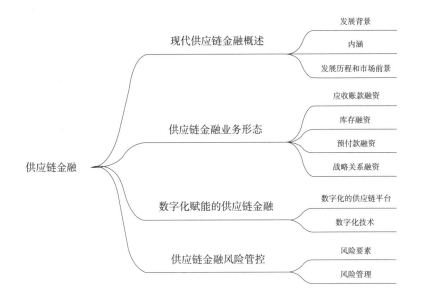

🔍 导入案例

作为国内较早提出并践行供应链金融的银行，平安银行早在 1999 年就开始探索贸易融资和供应链金融服务，2013 年开始大力发展供应链金融，大胆突破传统抵质押模式，对核心公司上下游中小客户进行授信。

近年来，在推动数字经济和实体经济深度融合的背景下，平安银行积极拥抱并践行数字化转型，持续加大金融科技投入力度，依托物联网、人工智能、区块链、大数据等先进技术，于 2019 年实施"星云物联计划"，并于 2020 年发射金融界第一颗物联网卫星"平安 1 号"。借物联网卫星之力，平安银行不断拓宽服务范围，打通信息壁垒，赋能产业数字化转型，使得平安银行不仅能解决中小微公司融资难、融资贵问题，还能通过数据赋能中小公司生产经营决策，解决其经营难、经营贵问题。

2021 年 4 月，"星云物联网平台"实现接入设备超 200 万台，在此基础上，平安银行不断扩大金融生态圈，寻找创新金融科技场景，推动创新业务落地。截至 2021 年上半年，平安银行"星云物联网平台"接入设备突破 1 000 万台，在智慧制造、智慧车联、智慧农业、智慧能源、智慧城建、智慧物流六大产业实现落地，支持实体经济融资超 1 300 亿元。

以某货车司机贷款业务为例，过去由于车辆难管控、没有抵押物、行驶路线受信号传输影响导致行为难测等因素，银行不敢贷、不愿贷，平安银行通过新型供应链金融模式，掌握车辆行驶数据等，为该场景下客群提供超 20 亿元贷款支持，真正做到"敢贷、愿贷、能贷、会贷"。此外，平安银行充分发挥平安集团综合金融的优势，与平安租赁共同研发推广的物联网装置"设备手环"，能通过监控公司设备的运行动态，帮助公司了解设备开工情况，进行订单安排，以减少设备损耗。同时，物联网智慧监测与订单融资业务的结合，帮助公司"有条件"增信，让公司信用有效变现，解决制造业公司融资难题。

在疫情防控期间，平安银行更是通过铺设上万个"设备手环"，持续监测行业开工率指数，助力政府精准施政。"星云物联网平台"向成都市中小公司服务中心输出产业监测系统，有效助力产业政策落地实施，开创银政合作新模式。

资料来源：《平安银行积极探索新型供应链金融》。

【案例思考】

1. 什么是供应链金融？

2. 平安银行如何借助供应链金融解决中小微公司融资难、融资贵问题？这其中涉及哪些数字化技术？

9.1　现代供应链金融概述

当今世界，经济全球化程度不断加深，国际产业分工越加细致。在这种背景下，产品的供应链可能包含世界不同国家或地区的产业，每个公司成为供应链上的一环，环环相扣，最终形成了供应链系统。如此一来，产业竞争就逐渐从公司层面上升到了供应链层面，于是供应链管理的重要性日益凸显。这便是供应链金融诞生的前提。

供应链上的公司有大有小，而相较于其上下游的中小型供应公司和销售公司而言，大公司往往有较强的议价能力，进而可以变相占据中小公司的流动资金。例如，大公司可能会要求上游公司采用赊购的方式，而对下游公司则采用预付款的付款模式。这样一来，大公司就可以一直保持充足的流动资金，但中小公司却因为流动资金不足而步履维艰，甚至陷入恶性循环：生意越好，赊销越多，资金缺口越大。于是，为了解决资金缺口，绝大多数中小公司只能选择向银行借款，但却因为自身难以达到银行要求的信用门槛而被屡屡拒之门外。工信部中小企业局的调查显示，在有融资需求的中小公司中，有近40%的融资需求没有得到满足。部分金融机构对中小公司惜贷、压贷甚至抽贷、断贷的情况时有发生，同时融资中还存在以贷转存、存贷挂钩、借贷搭售理财产品等捆绑销售现象。截至2021年末，全国企业的数量达到4 842万，其中99%以上都是中小企业。中小微企业2021年对外贸增长的贡献度占比超过了58.2%，提供了80%以上的城镇就业岗位。截至2021年，小企业贷款余额占全部企业贷款余额的41.36%，小微企业中长期贷款占比62%。从上述事实中可以明显看出，目前我国中小公司所获得的融资支持与其国民经济地位并不相称，处于严重失衡状态，其融资难、融资成本高的困境是对供应链绩效的一大威胁。

供应链金融的诞生就是为了解决供应链中资金流梗阻及资金的短缺问题。供应链中的中小公司参与生产活动，并产生了诸多数据，能够被发现和分析进而形成良好的信用说明。人工智能、区块链、大数据、云计算等数字技术的出现和发展让这样的行为成为现实。于是，核心公司[①]、金融机构和专业的金融科技公司可以通过运用这些科技手段，将中小公司的数据赋能转化为信用赋能，降低借贷双方的信息不对称，从而挣脱资金的桎梏。所以，供应链金融本质上就是通过整合供应链上的物流、商流、信息流、资金流，快速响应供应链上公司的资金需求，为中小公司填补资金缺口。伴随着新一轮全球化发展和科技革命的兴起，供应链金融势必会成为拓展中小公司融资的重要渠道之一。而随着国家鼓励金融机构脱实向虚、服务中小公司的政策逐步落地，各种金融科技与产业场景深度融合，中国供应链金融的发展必将迎来新的机遇。这不仅是中小公司的机遇，也是金融机构、大型公司，以及物流、商贸、电商等一系列服务机构的机遇，更是国家和社会的机遇。

9.1.1　供应链金融的发展背景

开展供应链金融，需要依托供应链中公司上下游之间的真实交易。中国人民大学商学院的宋华教授认为："供应链金融是坚实地立足于实体经济中的产业而诞生的金融活动，是供应链与金融两个领域交叉产生的创新成果。"其运行和发展有赖于三个基础。

---

① 在单独一条供应链中，议价能力最强、交易规模最大的公司通常被视为核心公司。

1. 宏观基础

首先，供应链金融是适应国际贸易新趋势的产物。国际贸易的全球化趋势在客观上带来了金融的全球化，这势必会要求金融市场以供应链为中心，提供灵活、高效、低成本、可持续的金融产品和服务。其次，中小公司融资难、融资贵的现状是驱动供应链金融发展的内生动力，而商业银行的发展及金融业态的多样化也需要新的业务生长点和利润来源。

2. 产业基础

金融科技推动数字化、信息化和互联网的发展，使得供应链的流程、渠道和结构发生改变，进一步加强了金融资本与实体经济的产融协作，构筑金融、公司和供应链的互利共存、协同发展，从而诞生了"产业（商品流）+金融（资金流）+科技（信息流）"的可持续发展的新型产业生态圈，最终实现完善的产融结合。

3. 微观基础

由于供应链独有的特性，公司存在收入和支出不同步的情况，进而产生了资金缺口，使正常的生产经营活动出现困难，结构性融资需求由此产生。于是，为了缓解资金缺口，供应链上的各公司往往会采用三类手段：单方面延长支付、早期支付折扣计划和供应商管理库存。然而，这些手段并非十全十美，在解决资金缺口问题的同时也会带来其他负面影响。因此，如果不能有效地解决资金流与物流、商流及信息流的整合问题，供应链就会难以为继，这是供应链金融运行和发展的微观基础。

9.1.2　供应链金融的内涵

为了探究什么是供应链金融，首先要先弄清楚什么是供应链和供应链管理。2017 年，国务院办公厅发布的《国务院办公厅关于积极推进供应链创新与应用的指导意见》（国办发〔2017〕84 号）明确定义了供应链：供应链是以客户需求为导向，以提高质量和效率为目标，以整合资源为手段，实现产品设计、采购、生产、销售、服务等全过程高效协同的组织形态。而供应链管理，从本质上讲，是对公司内外供应和需求的全面整合。现代供应链管理是一个复杂的经营和管理过程，几乎每一个运营环节都会伴随着大量的金融活动，供应链金融应运而生。

2020 年 9 月 18 日，中国人民银行等八部委联合制定的《关于规范发展供应链金融　支持供应链产业链稳定循环和优化升级的意见》（银发〔2020〕226 号，以下简称《意见》），第一次明确了供应链金融的内涵和发展方向，向市场传递了清晰的信号。《意见》指出，供应链金融是指从供应链产业链整体出发，运用金融科技手段，整合物流、资金流、信息流等信息，在真实交易背景下，构建供应链中占主导地位的核心企业与上下游企业一体化的金融供给体系和风险评估体系，提供系统性的金融解决方案，以快速响应产业链上企业的结算、融资、财务管理等综合需求，降低企业成本，提升产业链各方价值。供应链金融并非某一单一的业务或产品，它改变了过去银行等金融机构对单一公司主体的授信模式，而是围绕某"1"家核心公司，从原材料采购，到制成中间及最终产品，最后由销售网络把产品送到消费者手中这一供应链链条，将供应商、制造商、分销商、零售商直到最终用户连成一个整体，全方位地为链条上的"N"个公司提供融资服务，通过相关公司的职能分工与合作，实现整个供应链的不断增值。

因此，供应链金融不同于以往的传统银行借贷，较好地解决了中小公司因为经营不稳定、信用不足、资产欠缺等因素导致的融资难、融资贵等问题。而对于银行等资金供给方而言，核心公司的隐性背书，极大地降低了向中小公司放款的风险，且使其能够获得较高的回报。

9.1.3　供应链金融的发展历程和市场前景

1. 供应链金融的发展历程

商务部直属中国服务贸易协会供应链金融委员会与鲸准研究院深度合作，共同发布了《2019 年中国供应链金融行业发展报告》。报告中将供应链金融的发展分为了四个阶段，详见图 9-1。

如上文所述，传统供应链金融模式是以 1 个优质公司为核心、多个上下游公司参与的"1+N"模式，即由商业银行主导，以传统担保信贷为主线，采用线下模式，商业银行基于供应链中的核心公司"1"的信用支持为其上下游公司"N"提供授信支持，这是供应链金融 1.0 阶段。

到供应链金融 2.0 阶段，其结构发生了很大改变，核心公司成为主要的推动者，它们基于自身的供应链体系，结合金融机构、上下游公司以及第三方服务机构，为自己的上下游公司提供资金融通服务。这个阶段的供应链金融从线下转为线上，减少了线下面签环节，提高了融资效率。然而，由于其信贷本质仍属于对核心公司授信，并非对上下游中小公司直接授信，因此仍难以满足大部分公司的融资需求。

	供应链金融 1.0	供应链金融 2.0	供应链金融 3.0	供应链金融 4.0
关键特征	中心化	线上化	平台化	数字化
商业模式	传统供应链金融线下模式，以核心公司信用作为支持	通过ERP对接供应链的上下游及参与各方，整体服务线上化	依托互联网技术打造立体化综合服务平台	高度渗透细分行业领域各个运营环节定制化、实时化、去中心化
参与主体	银行	银行 供应链参与者	银行 供应链参与者 平台搭建者	银行 供应链参与者 互联网金融
技术应用	不动产抵押与信用评价	互联网技术 动产质押	云技术应用 数据风控模型	物联网、云计算、区块链 数据质押
要素和信息流	强调有形要素，注重物联网中物的利用，重点关注资金运用和偿还	增加物流方面关注度，注重供应链中各关键环节的信息掌握	清晰的交易结构和关系，信息来源和展现形式呈现出高度复杂性	在明确交易结构的同时，渗透到整个管理运营环节

图 9-1　供应链金融发展的四个阶段

资料来源：中国服务贸易协会供应链金融委员会，鲸准研究院 . 2019 年中国供应链金融行业发展报告 [R]. 2019.

供应链金融进入以平台为基础的 3.0 阶段，发生了本质的变化。这一阶段，供应链金融的结构发生了很大改变，逐渐由以核心公司为主导转向以专业化的平台为中心。此时的推动主体，即生态和平台的搭建者，既不是核心公司，也不是金融机构，而是相对独立的第三方。在信用体系的建设上，它注重的不是单个公司的信用，而是整个网络生态的信用。

当前供应链金融进入智慧化 4.0 阶段，业务模式趋向于定制化、实时化、去中心化，借助人工智能、区块链、云计算等数字技术来推动供应链金融服务，是金融科技推动的供应链金融。严格来讲，4.0 阶段与 3.0 阶段之间是一种递进关系，或者说随着专业平台推动供应链金融的深化，自然就越来越强调金融科技在其中的关键作用。

2. 供应链金融的市场前景

根据易宝研究院的数据，2015—2019 年，我国供应链金融市场规模整体呈现逐年递增的趋势。截至 2019 年底，我国供应链金融市场规模达到 22 万亿元，较

2018 年增长 26%，预计未来仍将保持高速扩张的状态。而国家为了支持实体经济，特别是支持小微公司的发展，持续出台了多项支持供应链金融发展创新的政策，为我国供应链金融提供了从顶层设计到具体操作的政策框架，对于今后供应链金融的持续健康发展和市场繁荣起到重要的支撑作用。在互联网、大数据、人工智能、区块链等技术快速发展的数字时代，金融与科技深度融合，商流、物流、资金流和信息流得到了充分整合，传统供应链金融焕发了新的生机。新科技的加持使得供应链金融成本下降、效率提升、风控增强，供应链金融的商业价值显著提升，市场参与主体的规模日益扩大。根据市场分析和业界实践研究，本书总结了我国供应链金融在未来发展过程中可能呈现的几种趋势。

（1）垂直细分化。每个产业都有自身的产业属性和特点，因此不同产业链上的公司具有迥异且多样化的金融服务需求特征。各供应链金融参与主体需要根据不同产业、不同公司的具体需求来为其量身定做金融服务，提供更加灵活和个性化的供应链融资产品。例如，民生银行专门打造了乳业产业链金融，与国内某知名乳制品公司合作，专门为其及上下游公司提供适合的金融服务。可以预见，供应链金融平台在不同行业的应用，必然衍生出不同的行业特性，这必将促使供应链金融平台向更垂直细分、更精准、更专业的方向发展。

（2）科技化。金融科技之所以在供应链金融中如此重要，是因为现代信息通信技术使业务的再造变得更高效。诸如物联网、区块链、大数据、人工智能、云计算等融合性信息通信技术，推动了供应链运营和金融运营的变革，金融科技为整个供应链的重构和升级带来了前所未有的机遇。通过金融科技手段进行产业赋能和数据打通（如数据信息、业务信息、场景信息等），将使产品和服务更加智能、场景结合更加紧密、数据价值更加凸显，不断催生新产品、新业态、新模式，实现金融生态的拓展和增值过程。

（3）线上化。随着电商平台的兴起和供应链信息化程度的提升，许多商业银行正尝试自建或者与电商平台合作开展线上供应链金融。电商平台发展供应链金融具有天然的数据优势，可利用银行或自有资金多渠道接入资金，并基于真实交易数据对公司进行风险评估。供应链金融发展的线上化趋势提升了资金使用效率，并打破了传统商业银行主导的供应链金融模式，进而大大拓宽了传统供应链金融的范围边界。

9.2　供应链金融业务形态

本节将着重介绍并探讨三种传统的供应链金融业务形态，即应收账款融资、库存融资、预付款融资，以及一种新兴的供应链金融业务形态——战略关系融资。值得注意的是，虽然供应链金融的业务形态多样化，但在交易过程中不同的业务形态可以相互转化，如预付款融资在发货后可以直接转为库存融资。

9.2.1　应收账款融资

应收账款是公司经营过程中因销售产品、提供服务所产生的赊销款，是公司重要的流动资产。应收账款可以帮助公司在激烈的市场竞争中扩大销售、提高竞争力，但同时也挤占着公司的经营资金。如何通过应收账款进行有效融资，正是困扰我国中小公司、民营公司的难题。随着产业链条上的交易日益增长，应收账款占比增大、账期拉长等情况日益凸显。国家统计局公布数据显示，2019 年末，规模以上工业公司应收票据及应收账款 17.40 万亿元，比上年末增长 4.5%；2020 年 6 月末，规模以上工业公司应收账款 15.34 万亿元，同比增长 12.7%。随着应收账款规模的增长，公司对应收账款的融资需求也日趋增加。

供应链应收账款融资模式是指以中小公司对供应链上核心大公司的应收账款单据凭证作为质押担保物，向银行等金融机构申请不超过应收账款账龄的短期贷款，由银行等金融机构为处于供应链上游的中小债权公司提供融资的模式。在此模式下，作为债务公司的核心大公司，具有较强的资信实力，同时与银行等金融机构存在长期稳定的信贷关系，因而在为中小公司融资的过程中起到反担保的作用。

如今，国内的供应链金融市场中存在的应收账款融资方式包括保理、反向保理、保理池融资、票据池授信、出口应收账款池融资和出口信用险项下授信。本小节将着重介绍保理和保理池融资这两种面向国内中小公司的融资方式。

1. 保理

保理本质上是一种债权转让，是保理商从债权人手中买下对债务人的应收账款，同时提供与此相关的其他金融服务或产品。在这个三角关系中，债权人是交易的卖方（供应商），债务人是交易的买方（采购方），而保理商的角色则类似于金融机构。根据卖方是否会将应收款转让行为通知买方、有无第三方担保、有无追索权等，保理业务有多种分类。其一般操作流程是：保理商首先与卖方签订一个保理协议。一般卖方需将所有通过赊销产生的合格应收账款出售给保理商。签订协议之后，对于无追索权的保理（即买断保理），保理商首先需要对买方进行资信评估，并给每一个买方核定一个信用额度。对于这部分应收账款，当买方无能力付款时，保理商对卖方无追索权。而对于有追索权的保理（即回购保理），当买方无能力付款时，保理商将向卖方追索，收回向其提供的融资。

2. 保理池融资

当公司存在买方分散、交易频繁、账期不一等应收账款时，如果每笔应收账款都办理一次保理业务，那么工作量就会大幅增加，效率也十分低下，此时保理池融资业务就应运而生了。保理池融资是指卖方将一个或多个具有不同买方、不同期限、不同金额的应收账款全部一次性转让给银行，银行根据累计的应收账款余额给卖方授信。该产品适用于交易记录良好且应收账款余额相对稳定的中小公司，是用于提高零散交易资金回笼效率的有效手段。

9.2.2　库存融资

与应收账款融资不同，在库存融资[①]中，融资的依据是实实在在的货物。库存是库存融资的前提。由于现今产品生产周期越来越短、需求市场波动频繁，缺乏良好融资渠道的中小公司陷入了两难的境地：①为了维持生产销售的稳定性，公司不得不保有大量库存以应对市场变化。②公司又希望尽快将库存转变为现金流，保证自身顺利运营。一个良好的解决办法是，借力打力，利用现有库存进行资金的提前套现，将库存资金释放出来，缓解公司的资金压力，这就是库存融资。显然，库存融资能够帮助加快库存占用资金的周转速度，降低库存资金的占用成本，是中小公司提高流动性的重要手段之一。从实践角度出发，目前我国库存融资的形态主要分为以下几类。

1. 静态抵质押授信

静态抵质押授信是指融资公司以自有或第三方合法拥有的动产为抵质押的授信业务。银行委托第三方物流公司对融资公司提供的抵质押商品实行监管，抵质押物不允许以货易货，融资公司必须打款赎货，体现出静态抵质押授信的"静"。

---

① 库存融资又称存货融资。

通过该业务，融资公司可以将原本积压在存货上的资金盘活，扩大经营规模，同时，赎货后所释放的授信敞口也可被重新使用。在这个过程中，银行赚取了利息、差价、手续费；第三方物流公司提供库存监管服务，向银行收取服务费。最终，这些费用都被加进公司的融资成本里。

2. 动态抵质押授信

与静态抵质押授信相比，动态抵质押授信的"动"体现在质押的库存商品可以流动。银行对于公司抵质押的商品价值设定最低限额，允许限额以上的商品出库，公司可以以货易货，对公司生产经营活动的影响较小。这个模式适用于库存量稳定、库存品类较为一致、抵质押物的价值核定较为容易或者存货进出比较频繁的公司。

3. 仓单质押授信

仓单质押授信是国内运用较为成熟的一种供应链融资方式（黄湘民和陈雪松，2008），按照平安银行的划分，仓单质押可以分为标准仓单质押和普通仓单质押。它们的区别在于质押物是否为期货交割仓单。标准仓单质押授信是指客户以自有或第三人合法拥有的标准仓单①为质押的授信业务，是一种依托于期货市场的融资方式。普通仓单质押就是公司把库存货物放到特定的第三方物流保管，用取得的仓单做质押，从银行那里获得融资，然后一边还钱，一边取货。

9.2.3　预付款融资

预付款融资与应收账款融资相反，主要是针对下游公司对上游公司的赊购所造成的资金缺口，多用于采购阶段。在此过程中，各方公司与银行共同签署预付账款融资业务合作协议书，银行向下游融资公司开出银行承兑汇票为其融资，而上游公司收到预付款后排产发货，但是货物要转交到第三方物流公司处保管。于是，下游公司每向银行还一笔钱，银行就会通知第三方物流公司放一批货，直到下游公司连本带利全部还清。有时，银行为了降低风险，往往会要求上游公司作出回购承诺，防止下游公司"要赖"——既不还钱，也不要货。预付款融资可以理解为"未来存货的融资"，其担保基础是预付款项下融资公司对上游供应商的提货权，或提货权实现后通过发货、运输等环节形成的在途存货和库存存货。当货

---

① 标准仓单是指符合交易所统一要求的、由指定交割仓库在完成入库商品验收、确认合格后签发给货主用于提取商品的，并经交易所注册生效的标准化提货凭证。

物到达后，融资公司可以向银行申请将到达的货物进一步转化为存货融资，从而实现融资的"无缝连接"。目前比较有代表性的预付款融资模式包括先款 / 票后货授信、担保提货（保兑仓）授信以及国内信用证授信等。

9.2.4　战略关系融资

上面介绍的三种融资方式均属于有抵押前提下的融资行为，因而与原有的公司融资方式存在一定的相似性。宋华教授在《供应链金融》（第 3 版）一书中认为，供应链中还存在基于相互之间的战略伙伴关系、基于长期合作产生的信任而进行的融资，可以称为战略关系融资。这种融资方式的独特之处在于要求资金的供给方与需求方相互非常信任，甚至不涉及抵质押物品，故而通常发生在具有多年合作关系的战略伙伴之间。其特点是，银行在融资过程中由于对供应链以及交易关系缺乏了解故而仅仅成为资金来源（甚至有些情况下并没有银行参与），供应链中的参与公司是融资服务的组织者，目的是通过引入融资加深彼此之间的战略合作关系，为未来的价值创造打下基础。

本小节综合梳理了供应链金融的具体交易形态与单元。以应收账款融资、库存融资与预付款融资为代表的自偿性贸易融资方式在供应链金融中发挥了中流砥柱的作用，目前在国内的应用范围非常广。战略关系融资作为供应链融资的新形态，以提升供应链价值创造能力为导向，以长期合作关系为基础，是未来供应链金融理论与实践发展的新方向。本小节重点涉及的四种供应链金融业务形态如图 9-2 所示。

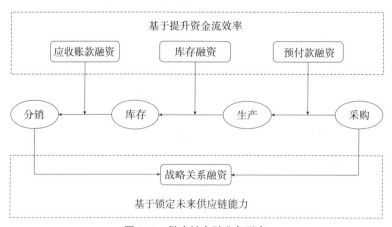

图 9-2　供应链金融业务形态

资料来源：宋华 . 供应链金融 [M]. 3 版 . 北京：中国人民大学出版社，2021.

9.3　数字化赋能的供应链金融

在传统供应链金融模式下，核心公司没有直接获得利益，因而参与和支持的意愿不强。然而，金融科技的赋能使得供应链的总成本下降、效率提高，新的利益可以被供应链上的所有公司共享。因此，随着物联网、云计算、大数据、人工智能、边缘计算等新兴技术的出现和发展，供应链运营和供应链金融越来越向数字化、智慧化方向发展，金融科技为整个供应链的重构和升级带来了前所未有的机遇。本节立足于这一背景，首先从理论上阐述了数字化的供应链平台，随后介绍了供应链运营及金融活动中的数字化技术。

9.3.1　数字化的供应链平台

宋华教授认为，中国的供应链金融从最初由商业银行主导，发展到以产业核心公司信用为主的"1+N"模式，始终都是以主体信用为基础，或者说是一种建立在人际信任基础上的金融借贷。但是，这种人际信任在目前的市场状况下难以有效建立。一方面，中小公司因为经营活动不透明、财务数据不完善、缺乏可以抵质押的有价值资产等问题，无法满足传统征信的要求；另一方面，虽然核心公司具有良好的信誉，也有较好的信用额度，但是在核心公司不确权、不配合的状态下，这种人际信任也无法为金融机构借用。例如，2020 年 3 月发布的《疫情下企业融资与供应链金融调研报告》显示，在造成金融机构扶持中小微公司的阻碍因素中，"核心公司不配合"占据首位。这也就是这些年来供应链金融在实践中出现"雷声大雨点小"状况的原因。在此情境下，要实实在在地扶持中小微公司，有效解决融资难、融资贵和融资慢问题，就需要从根本上改变信用的建立机制，即从传统的人际信任走向数字信任。

数字信任是指通过将业务和行为数字化，客观、真实、全面地反映供应链运营中的状况和各经营主体在其中的能力，据此作出金融借贷决策。宋华教授认为，实现数字信任需要落实四个方面的信息把控：①信息数字的实时，即能够在零延迟的情景下获取供应链运营以及各类金融活动的数据和信息，任何数据和信息反馈的延迟都有可能产生机会主义和道德风险。②信息数字的透明，即供应链运营及金融活动中产生的数据和信息能够被相关利益方获取与知晓，并且一定要可视可见。③信息数字的互联，即供应链运营各环节、各维度的数据信息能够相互印证、相互映射，以保证贸易的真实性。④信息数字的可溯，即供应链运营和金融活动的全生命周期能够监测、管理和追踪，这也是最为关键的一点。

建立数字信任需要综合性的供应链运营和金融信息数据获取、分析和应用体系，即数字化平台。而构建供应链数字化平台，则是金融科技运用于供应链金融场景的基础。金融科技应用于供应链金融，通过将核心公司、供应商、第三方合作方、金融机构等各参与方汇聚在平台上，整合信息、资金、物流等资源，可提高资金使用效率，为各方创造价值和降低风险，形成多方共赢的产融生态圈。简而言之，这种综合性的数字化平台可为供应链金融的开展提供强大的支撑，特别是对风险管控提供良好的保障，使金融活动的效率和效能产生裂变。

在疫情大考面前，面对物流难题，京东构建的智能化现代供应链体系交出了一份优秀的答卷。应湖北省新冠肺炎疫情防控指挥部的紧急需求，京东与湖北省政府展开合作，正式承建其应急物资供应链管理平台。根据设计，该平台将帮助需求方、采购方、供货方三方完成采购信息、物流的高效交互，进而实现供应链前端的供需快速匹配，这不仅有利于湖北全省相关物资产能、库存、调拨、分配的有效集中管控，还能实现实时数据的可视化，确保分配到各市州的省级筹集物资第一时间公开、透明地分发到位。京东物流相关负责人表示，该平台上线后，将实现两个目标：①通过信息化、智能化的供应链平台，将应急物资进行数据化、系统化采集，前端能处理更复杂的物资信息输入，后端能对接不同物流数据，同时让信息流更完善可视，保证公开透明。②对前端采购、库存管理、货物流向进行大数据管理，实现入库、出库、签收、验收、复核、审核等环节和流程一体化，便于物资的调配和管理，提升物资处理效率。从抗疫情到保民生，京东之所以每次都能作出快速有力的响应，得益于其之前以自建物流为切入口搭建的覆盖全国的供应链网络。业界人士表示，在供应链的整体运行中，连接是智能供应链的核心要素，在连接的基础上，由数据采集完成资源和信息的共享，进而完成供应链环节的多方协同，这样的供应链才会带来更大的价值。此次湖北省应急物资供应链管理平台之所以交由京东承建，正是看中了京东供应链背后的体系能力。目前业界普遍认为，在5G、大数据、人工智能、区块链等数字技术的加持下，供应链的数字化变革与推进已成为必然，而新冠肺炎疫情的发生则按下了加速键。[①]

---

① 傅勇.战"疫"挖掘数字化供应链平台价值[EB/OL].（2020-02-24）. https：//baijiahao.baidu.com/s?id=1659390120620770901&wfr=spider&for=pc.

9.3.2　供应链运营及金融活动中的数字化技术

党的二十大报告指出："加快发展数字经济，促进数字经济和实体经济深度融合。""十四五"规划明确提出：共同推动数字产业化和产业数字化，全面加快建设数字经济、数字社会、数字政府，以数字化转型整体驱动生产方式、生活方式和治理方式变革。到 2025 年，我国数字经济核心产业增加值占 GDP 的比重由 2020 年的 7.8% 提升至 10%。这表明，我国数字经济已进入高速发展的快车道，具有巨大的市场潜力和空间，势必将为中国经济发展注入新的活力和动能。数字经济为金融科技的发展提供了数据基础、科技支撑和场景需求。随着中国人民银行印发《金融科技发展规划（2022—2025 年）》，金融科技成为工业、金融公司开展业务的重要手段。以人工智能、区块链、云计算、大数据、物联网等为代表的数字化技术在金融创新中扮演重要角色，驱动供应链金融在各环节实现突破，使得赋能整个供应链的智慧供应链金融方案成为可能。

1. 物联网

物联网是通过二维码识读设备、射频识别装置、红外线供应器、全球定位系统和激光扫描器等信息传感设备，按照约定的协议，把任何物品与互联网连接，进行信息的交换和通信，以实现智能化识别、定位、跟踪、监控和管理的网络。也就是说，物联网其实并非特指某种单一技术，而是一种网络，它拓展了人与人、物与物、人与物之间进行的信息交换。物联网技术结构包括：信息感知、网络传输和智能控制，相应地，在技术上分为感知层、网络层和应用层。目前，物联网技术主要应用于供应链各环节所涉及的设备端的数据采集的感知层。

"物流网技术 + 供应链金融"模式主要是通过 GPS、生物识别等手段，对目标进行识别、定位、跟踪、监控等系统化、智能化管理，然后进行数据汇总并分析，使客户、监管方和银行等各方参与者均可以从时间、空间两个维度全面感知和监督动产存续的状态与发生的变化，进行风险监控和市场预测。这种对动产无遗漏环节的监管，将会极大地降低金融公司项目的投资风险。

2. 人工智能

人工智能将人的智能延伸到计算机系统，具体包括图像识别、语言识别、自然语言处理、机器学习、知识图谱等。在供应链运营中，如果说物联网技术为感知层提供了可量化、可采集的直接数据源，那么人工智能技术则为供应链运营中感知层数据的采集赋予智能。人工智能可以有效解决供应链风险控制中的技术难题，降低供应链风险水平，提高对风险的可控能动性。在多维、动态、海量信息的基础上，人工智能和大数据能够提升客户画像能力，实现精准营销和智能风控。例如，人工智能可辅助实现贷前身份认证、贷中评价模型以及贷后风险监测，较好地改进供应链金融的风险管控职能。

3. 区块链

在供应链金融运行过程中，接入区块链技术，可以使相关业务信息透明化，有利于构建供应链上下游公司信用评级体系；应用区块链技术，供应链金融服务平台可以通过订单、物流、库存等不可篡改数据的追溯，更准确地评价公司真实的经营状况，以此为依据给公司放款。再加上整个交易过程经过加密，所有分类账几乎不可能受到损害，这有助于建立一个更安全、稳定的供应链金融生态系统。因此，在供应链金融领域，区块链的应用具有显著优势，不仅能提高行业透明度、安全度，简化交易流程，增强信任关系，还能提高公司存量资产的流动性，从而为公司提供更加契合的供应链金融服务。

4. 云计算

云计算是基于互联网的相关服务的增加、使用和交付模式，一般是通过互联网来提供动态扩展的虚拟化资源。也就是说，云计算其实是一种依托互联网的计算方式，目的是在云平台的支持下让大数据得以保存和处理，而这些功能的实现是以共享计算能力为基础的。云计算作为动态可伸缩的虚拟化资源能够为数据存储的完整性提供保证，大幅降低各种市场主体的数据化运营成本，方便云端平台收集聚合数据，这是大数据技术的前提。云计算是金融科技的基础设施，典型应用包括：①云＋大数据：云计算以分布式处理架构为核心，高度契合大数据处理，实现海量数据云端存储。②拓展系统处理能力：传统金融解决方案市场由 IOE 主导，即以 IBM、Oracle、EMC（易安信）为代表的小型机、集中式数据库和高端存储的技术架构，难以应对数据量级和计算复杂程度的增长，金融机构自行开发或购买云服务，弥补基础软硬件的不足，满足系统高性能和容灾备份的要求。

5. 大数据

在供应链金融业务中，数据越"大"，越能全面描绘公司的运营能力和交易活动。大数据能够反映公司各方面的真实面貌，帮助银行等金融机构对供应链金融的关键利益方（尤其是融资对象）进行深入了解。另外，大数据分析还能衡量融资业务的潜在风险，通过引入客户的行为数据，打造专有的大数据风控模型，判断融资业务可能出现的风险，包括运营风险、资产风险、竞争风险、商誉风险以及战略风险。总之，供应链金融需要大数据分析，来更加全面和系统地反映融资公司的运营能力和潜在风险，降低金融机构与融资公司之间的信息不对称。不仅如此，大数据在市场风险分析、警示和控制方面也具有一定优势。

6. 边缘计算

近几年，由于数字经济的快速发展，源于上下游公司的内部数据分析需求呈现爆发式增长，网络技术将计算和分析的关口前移，以此提升前端客户数据的分析能力和速度，减轻网络和云端数据处理的负担——边缘计算技术正是这样一种解决方案。它能够满足行业数字化在敏捷连接、实时业务、数据优化、应用智能、安全与隐私保护等方面的关键需求。简单来说，边缘计算是处理大数据的一种计算方式。相较于云计算，它更靠近用户端，数据不用再上传到云端，在边缘侧就能解决，可以实时处理数据，因此更趋向智能化而且高效。

在供应链金融更加"数据化"之际，链条上各个公司都将产生庞大的边缘数据，涉及应收账款、库存、销售、信用、位置等数据，这些数据需要实时分析、处理。而边缘计算技术可以更快速地响应指令并进行决策，大幅提高供应链金融业务的交易效率，并且防范实时欺诈的发生。在一些核心公司、供应链平台打通商流、物流、信息流、资金流之际，边缘计算能够推动各产业链向数字化转型，更好地支撑本地业务的实时智能化处理与执行，触发供应链金融产品和商业模式的创新，有利于构建新型产融关系。

9.4　供应链金融风险管控

供应链金融在较完善的供应链网络中可以有效解决各环节的资金问题，显著缩短现金流量周期并降低公司运营成本。然而，它如同一把双刃剑，在使公司运营更加精益与高效的同时，也增加了公司运营的风险，特别是在动态和竞争的经营环境下。

（1）供应链不是一个自上而下连接上下游公司的简单链条或管道，而是由众多管理活动和各种关系组成的复杂网络。网络中的每个公司都会直接或间接地影响这一网络关系中其他公司或组织的绩效，并最终影响整个供应链的绩效。这种传导性导致供应链管理方式下的公司经营风险被放大，正因如此，供应链管理成功与否最终取决于公司整合复杂供应链网络关系的管理能力。

（2）随着经济全球化趋势的不断加快、产品生命周期的缩短以及技术创新的加速，公司面临着更加动态和竞争的经营环境。为了应对环境的不确定性，供应链中的公司越来越多地采用外包、全球采购、存货持续改善等管理方式。这必将使供应链中的公司对外部环境与供应链中其他公司的依赖性增强，从而变得更加脆弱。一旦供应链在运营中出现问题，不仅供应链运营会中断，而且相应的服务风险，特别是金融风险也可能被放大。

9.4.1　供应链金融风险要素

根据风险影响因素的来源和层次，可以将供应链金融风险要素分为三大类。

1. 外生风险

供应链外生风险通常指的是外部产生的不确定性，也可称为系统性风险。例如，经济周期、金融环境、政策监管环境等发生的变化对供应链中的商流、物流、资金流产生直接影响，供应链外生风险也就随之产生了。

（1）经济周期。任何供应链金融均在一定的经济环境下运行，特别是金融性活动涉及不同产业、融资平台以及流动性服务商，一旦整体经济状况出现波动，必然使得其中的环节或者主体风险增大，从而使整个供应链的资金风险加剧。尤其是在经济出现疲软或衰退时，市场需求萎缩，供应链公司将普遍面临经营困难的局面，甚至有破产倒闭的风险，最终造成金融活动丧失良好的信用担保。

（2）金融环境。供应链金融业务的主要盈利来源是息差收入，当公司从事供应链金融业务所获得的利息收入远高于其融资成本时，供应链金融业务的利润空间较大。然而，一旦市场流动性偏紧，金融环境恶化导致资金成本上涨、融资费用增加，那么供应链金融业务的利润就会收缩，甚至还会导致供应链中各环节公司出现资金紧张，使融资款项无法收回。

（3）政策监管环境。具体来讲，政策监管环境指的是国家或地方的法律和政策对行业的支持或限制及其变动的可能性，这对行业的发展具有重要影响，会进一步影响到供应链金融的安全。如果是国家鼓励发展的行业，那么公司将可能享受诸如税收等多方面的优惠和扶持，成长空间广阔；相反，如果是受法律和政策限制的行业，那必然会对公司的发展产生消极影响，融资要慎之又慎。政策监管环境对供应链金融的影响通常是比较确定的，因此，一般而言，应避免将信贷投放到监管不完善或是国家法律政策限制发展的行业和领域。

2. 内生风险

经济周期、金融环境、政策监管环境等风险因素源自供应链外部，而供应链的内生风险则是源自供应链协作系统本身，任何因供应链上公司之间不当的互动行为所产生的损失都可归为供应链内生风险。这里从供应链结构、流程和管理要素三个方面，分析供应链金融风险中的内生风险。

（1）供应链结构分析。供应链结构指的是供应链中各主体的相对位置，以及各主体之间是何种关系。供应链结构是实施供应链金融的基础，如果结构设计有问题，金融性活动就会存在巨大风险。不同产业的供应链结构千差万别，很多时候产业之间也存在接口，不同的供应链网络交织重叠。如果焦点公司处于供应链网络的中心位置，可以协调、管理其他成员的交易行为，这个供应链网络的集中度就比较高；相反，如果供应链网络中缺乏这样一个统揽全局的焦点公司，这样的网络结构就比较分散。一般而言，网络结构越分散，风险越大；网络结构越集中，风险越小。

（2）供应链流程分析。供应链流程指的是上下游公司之间与交易相关的各种业务的方式和过程。例如，采用何种方式订货、何种方式发货、何种方式沟通、何种方式付款等，这些都涉及具体的业务操作。供应链流程上的失误可能会导致供应链金融的巨大风险。例如，对质押库存的监管、对物流过程的追踪、对某个商业票据的审核，这些环境的操作疏漏都可能导致融资失败，甚至血本无归。

（3）供应链管理要素分析。供应链管理要素指的是供应链中公司拥有的资源状态，可以分为有形和无形两种。有形要素体现在物质和技术方面，包括公司的动产、人员、机械设备等；无形要素体现在公司的能力方面，包括公司的研发、组织、管理、文化等。两个方面相互影响，均对供应链结构和流程的实现起着重要的支持与辅助作用，进而影响到供应链金融运行的风险。

3. 主体风险

供应链的主体风险指的是直接参与供应链融资的公司本身造成的风险和不确定性，这里既包括中小公司，也包括焦点公司。强调供应链主体风险的目的是防止在金融活动中，公司采取机会主义行为，从而使金融活动组织者或者某一方产生巨大的损失。通俗来讲，机会主义行为就是损人利己的行为。威廉姆斯认为交易者的有限理性和市场环境的不确定性是机会主义产生的原因。供应链金融中的主体分析对象，既包括需要融资的公司和它的上下游客户，也包括供应链金融的组织者。首先要对这些主体的运营情况、资源和经营实力进行分析；其次要对供应链背景下公司或合作对象真实的业务运作状况进行分析；最后还要了解公司或合作对象的信用资质，以判断其是否符合供应链金融长期合作的要求。

9.4.2　供应链金融风险管理

如上所述，外生风险、内生风险和主体风险是导致供应链金融风险的三类要素。因此，在供应链金融风险管理过程中，应当充分认识到上述三种风险，合理构建供应链和供应链金融运行体系。宋华教授总结出供应链金融风险管理的"六化"原则（表 9-1）。

表 9-1　供应链金融风险管理原则

原则	内容
业务闭合化	供应链的整个活动有机相连、合理组织、有序运行，从最初的价值挖掘到最终的价值传递和价值实现形成完整循环
管理垂直化	对各个管理活动和领域实施专业化管理，并且使之相互制衡，互不从属或重叠
收入自偿化	以供应链运营收益或者所产生的确定的未来现金流作为直接还款来源。风险管理工具包括动产质押和抵押、单据控制（退税托管、国内信用证）、个人无限连带责任以及关联方责任捆绑等
交易信息化	高度的信息化管理表现为公司或组织内部的信息化沟通，以及供应链运营过程管理的信息化
风险结构化	合理设计业务结构，采用各种有效手段或手段组合化解可能存在的风险，具体包括保险、担保与承诺、协议约定和风险准备金的建立
声誉资产化	应更加全面、系统、客观地反映借款公司的综合声誉和信用，包括对借款公司的基本素质、偿债能力、盈利能力、信用记录等因素进行综合考察与评价

资料来源：宋华. 供应链金融 [M]. 3 版. 北京：中国人民大学出版社，2021.

供应链金融发展的核心是信用与风险管理，缺乏良好的信用与风险管理，任何金融行为都会转化为巨大的风险。面对产生供应链金融风险的信息不对称和机会主义，要想有效控制和管理供应链金融风险，就需要建立体系化的风险管理体系，并且充分运用数字化平台。大数据、区块链、物联网和人工智能等数字技术的运用将使传统供应链金融业务中凸显的问题得到改善。

1. 利用大数据风控系统降低信息不对称下的信用风险

传统征信模式对小微公司的信息收集主要来源于三个方面：客户主动向商业银行提交的申请信息、商业银行内部积累的客户历史交易数据、中国人民银行征信中心等外部机构提供的数据。这些数据维度相对狭窄，信息价值密度高度集中，针对性较强。相比之下，大数据风控模式的数据信息来源十分广泛，不仅包括传统征信模式已有的数据信息，还包括社交网络平台的衣、食、住、行等日常交易信息，以及政府服务平台的工商、税务、法院、公积金、水电等信息，可以客观反映公司真实状况，帮助银行精准认知公司经营能力和风险状态，实现实时风险预警，从而提高资信评估和审批速度，降低信息不对称下的信用风险。

2. "区块链 + 物联网"模式下降低信息不对称下的道德风险

区块链技术可以提高供应链金融整体的效率和质量，降低信任成本，进而改善多级供应商融资困境。而物联网则利用传感技术、定位技术与导航技术实现交易环节的数据化和可视化，通过通信技术将物联网数据实时上传到区块链，解决了动产质押物流和库存监管问题，降低了人工登记信息时的失误率和道德风险，极大地提升了效率。随着 5G 商用化时代到来，"区块链 + 物联网"模式将会进一步提升交易系统的准确性、安全性和效率。

本章小结

供应链金融的诞生是为了解决供应链中资金流梗阻及资金的短缺问题。其核心是结合产业运行特点，围绕供应链核心公司，基于交易过程向核心公司及其上下游相关公司提供综合金融服务，将产业资源和金融资源高度结合。供应链金融的业务形态多样化，包括三种传统的业务形态——应收账款融资、库存融资和预付款融资，以及一种新兴的业务形态——战略关系融资。以人工智能、区块链、云计算、大数据、物联网等为代表的数字化技术驱动供应链金融在各环节实现突破，使得赋能整个供应链的智慧供应链金融方案成为可能。然而，供应链金融也是一把双刃剑，无形中增加了公司运营的风险。在供应链金融风险管理过程中，应充分认识到供应链的外生风险、内生风险和主体风险，合理构建供应链和供应链金融运行体系，坚持"六化"原则。

思考题

供应链金融与传统金融借贷的差异有哪些？

 参考文献

[1] 宋华. 供应链金融 [M]. 3 版. 北京：中国人民大学出版社，2021.

[2] 孙雪峰. 供应链金融：信用赋能未来 [M]. 北京：机械工业出版社，2020.

[3] 张钟允. 读懂供应链金融 [M]. 北京：中国人民大学出版社，2019.

[4] 周萃. 平安银行积极探索新型供应链金融 [EB/OL].（2021–09–27）. https：// www.financialnews.com.cn/yh/shd/202109/t20210927_229414.html.

[5] 中国服务贸易协会供应链金融委员会，鲸准研究院. 2019 年中国供应链金融行业发展报告 [R]. 2019.

[6] 宝象金融研究院，零壹研究院. 互联网 + 供应链金融创新 [M]. 北京：电子工业出版社，2016.

[7] 傅勇. 战"疫"挖掘数字化供应链平台价值 [EB/OL].（2020–02–24）. https：// baijiahao.baidu.com/s?id=1659390120620770901&wfr=spider&for=pc.

[8] 宋华. 数字平台赋能的供应链金融模式创新 [J]. 中国流通经济，2020，34（7）： 17–24.

第 4 篇　金融科技风险与监管

第 10 章 金融科技风险

 **学习目标**

1. 了解金融科技风险管理措施。

2. 熟悉金融科技风险控制的主要手段。

3. 熟悉金融科技风险主要业务风险控制的流程。

4. 掌握金融科技风险的成因。

5. 掌握金融科技风险的特征。

6. 掌握金融科技风险的类型。

 **能力目标**

1. 了解金融科技风险成因。

2. 熟悉金融科技风险防控手段。

3. 熟悉不同金融科技风险控制手段的适用范围。

4. 掌握识别金融科技风险的手段。

 **思政目标**

1. 通过金融科技风险特征的学习，解构中国问题、介绍中国经验、提炼中国解决方案，激发学生参与本土化金融科技创新的热情和兴趣。

2. 结合金融科技风控主要手段的学习，培养学生信守承诺的执业素养和遵守金融职业道德的基本意识。

3. 通过金融科技风险管理措施的学习，强化学生对金融风险的集聚、外溢和传染的认识，了解风险管理的必要性。

思维导图

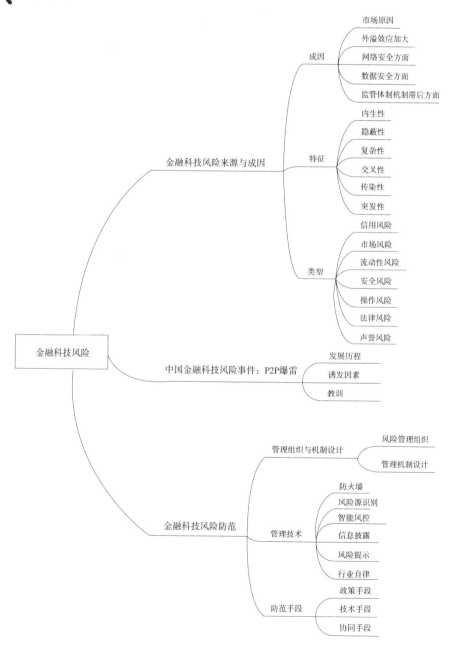

🔍 **导入案例**

七部门联合叫停 ICO

2017 年 9 月 4 日，中国人民银行、中共中央网络安全和信息化委员会办公室、工信部等七部门联合发布了《中国人民银行 中央网信办 工业和信息化部 工商总局 银监会 证监会 保监会关于防范代币发行融资风险的公告》。公告指出，向投资者筹集"虚拟货币"是一种未经批准非法公开融资的行为，涉嫌违法犯罪活动。

2013 年，维塔利克·布特林开发出一套基于区块链技术的智能合约系统——以太坊，开启了史上首个 ICO 项目。2015 年 7 月，成功筹得 1 800 万美元资金的以太坊正式上线。2016 年之后，ICO 开始在全球流行，数十个网站专门提供 ICO 发售的消息和论坛。不少初创公司纷纷效仿，开始利用这一系统建立自己的"虚拟货币"系统。

2017 年上半年，国内已完成的 ICO 项目共计 65 个，累计融资规模达 26.16 亿元，累计参与人次达 10.5 万；而同期全球 ICO 的总投资额约为 18 亿美元，中国在全球 ICO 总规模中所占的比例为 20% 以上。有的传销组织打着 ICO 幌子进行传销项目，诱惑性强，危害也更大。

中国人民银行等监管部门及时出手，叫停 ICO，要求展开清理整顿工作，一是及时挤压泡沫，打击涉嫌非法集资的违法者；二是向公众提示风险，使之远离非法集资带来的冲击；三是在大量 ICO 项目涉嫌欺诈的前提下，及时叫停 ICO，阻断风险的蔓延与扩散；四是要求清理和整顿代币融资与交易平台，以控制风险在二级市场进一步传播。

资料来源：中国通信工业协会区块链专业委员会。

【案例思考】

1. ICO 项目的风险主要体现在哪些方面？

2. ICO 项目对金融科技的发展是否有积极意义？

10.1　金融科技风险来源与成因

风险是指未来收益的不确定性，其与人的活动息息相关：一方面，人们被风险所困扰，但又无法回避风险；另一方面，人们又愿意冒一定程度的风险以期望高风险带来高收益。构成风险的要素包括风险因素、风险事件和风险损失。风险因素是指能够增加风险事件发生机会，或者损失严重程度的因素，是事故发生的潜在条件；风险事件是风险因素综合作用的结果，它将风险变成现实，导致了损失；风险损失是指非故意、非预期、非计划的利益减少，而且这种减少可以用货币衡量。风险因素引起风险事件，风险事件导致风险损失。风险的三个构成要素密切相关，共同构成了风险存在的基本条件。风险表现为在一定时期内风险因素、风险事件和风险损失相互联系、相互作用而产生损失可能性。

金融科技风险，是指金融科技在发展过程中由于风险因素引起的风险事件导致了风险损失，产生了损失的可能性，它主要来源于传统金融业务的风险以及新技术和金融结合所产生的特有风险。另外，金融科技本质上是以技术手段推进金融业务发展和创新，其在提供金融服务时涉及不同的市场、地区和产品，这会使风险的传染性更强、影响面更广且传播速度更快，因此金融科技的快速发展还有可能产生潜在的系统性风险：一方面，自动化水平的提高会给人才市场需求带来结构性变化；另一方面，金融科技更容易引起系统性金融风险，即发生波及地区性和系统性的金融动荡或损失严重的金融风险。

10.1.1　金融科技风险的成因

近年来，大数据、云计算、区块链、人工智能等数字技术对金融业的改变正在从渠道、商业模式等表层渗透到金融发展的核心技术层，极大地提高了金融服务的质量和效率，有效地推动了普惠金融发展的广度和深度。然而，金融科技的落脚点终究是金融，并没有改变传统金融的本质，在为投融资市场带来高效、便捷、普惠的同时也隐含了科技风险，积聚了金融风险与科技风险带来的叠加效应。要保障金融科技的健康发展，就要分析甄别金融科技风险产生的原因，把握好发展与安全的平衡。金融科技风险产生的原因主要包括以下几个方面。

1. 市场

（1）从业机构跨界。金融科技既包括传统金融机构通过技术创新升级改造已有金融业务，也包括互联网公司、金融科技初创公司等借助新兴技术跨界开展金融业务或为金融机构提供技术外包和配套服务。随着精准营销、客户导流、产品代销等方面的不断拓展，从业机构的金融属性和科技属性边界变得模糊，给传统的机构监管方式带来极大挑战。

（2）产品跨界。跨行业、跨市场的金融产品日益丰富，特别是一些产品经过多个通道或多次嵌套，往往贯穿多层次金融市场，其底层资产和最终投资者难以准确认定，使得传统的分业分段式监管的有效性和针对性下降。

（3）集团跨界混业经营。一些跨界混业型金融集团逐渐形成，呈现出场景多、客户多、黏性强、规模大的特征。如何实施综合监管，有效防止风险交叉感染、不正当竞争等问题，是监管部门面临的难题。

（4）"长尾客户"散而多。金融科技依托虚拟、泛在的网络基础设施，在投融资两端聚集了大量小额分散的"长尾客户"。很多"长尾客户"缺乏相对专业的投资决策能力，风险意识不强，风险甄别和承受能力薄弱，"只看收益、不看风险"的投资理念、跟风从众的机会主义心理、刚性兑付的不合理预期，极易导致个体的非理性投资上升为群体性的非理性投资，加大了投资者适当性管理和金融消费者保护的难度。同时，大量"长尾客户"的存在，使得资金来源和投向呈现出碎片化、隐蔽化特征，给业务流、资金流、信息流的匹配和监测带来巨大挑战。

2. 金融风险的外溢效应加大

（1）多重叠加风险加大。在多维开放和多向互动的网络空间，特别是移动网络空间，金融风险、技术风险、网络风险容易产生叠加和扩散效应，使实施风险监管全覆盖的难度和复杂程度增大。

（2）风险防控难度加大。金融科技往往涉及不同的市场、不同的行业甚至不同的机构，导致金融风险变得更为复杂和隐蔽，使金融风险传染性更强、影响面更广、传播速度更快、冲击力更大，加大了风险防范难度。

（3）金融科技发展中呈现出一定的风险外溢性。我国部分金融机构发生的风险损失事件往往会通过各种渠道迅速扩散到整个金融市场，风险传导效应日益突出，除此之外，部分金融科技创新产品过度包装忽略了其优势下潜藏的风险，这些都会使金融科技风险呈现出一定的外溢性。

3. 网络安全存在风险

金融科技对网络、技术的过度依赖也会导致风险发生。首先，金融行业网络通信更加开放、生产操作自动化程度越来越高，各金融机构的业务活动相互渗透、相互交融。而各金融机构的业务规模和所处的发展阶段不同，风险防范能力也存在较大差异。部分金融机构安全意识淡薄，风险防控机制不完善，导致网络安全风险不断加剧。其次，网络软件运行中可能出现不兼容、衔接性差、容错能力差、自我防御能力差等设计风险。另外，信息网络设备设施、高性能计算机与云端服务器、大容量存储器等硬件设施存在风险隐患。还有，随着物理网络建设的扩张，网络节点的双向反馈数据呈几何级数增长态势。一旦某个节点受到黑客攻击，将会引起整个网络快速、大范围的瘫痪。

4. 数据安全存在风险

（1）信息安全存在风险。部分金融机构过分抢占入口和渠道，大量汇集各种信息流、资金流和产品流，使得信息泄露的风险高度集中。一旦系统遭受病毒侵袭、黑客攻击等问题，不再是单一数据丢失的问题，而是系统性数据安全问题，将会对客户的个人隐私、客户权益甚至整个国家的金融安全造成威胁。

（2）信息保护意识薄弱。大数据广泛运用于银行，但对数据所有权归属、数据标准化、数据使用、数据交易等没有专门的法律规制。在利益驱使下，越来越多的机构或个人不择手段地获取他人信息。另外，在数据存储、提取、传输等方面的安全级别堪忧，数据的充分性、相关性、可靠性等都存在风险。

（3）数据质量把控难度越来越大。大数据常常被应用于精准营销、风控管理、金融决策。数据体量越来越大，涵盖面也越来越广，增加了质量把控的难度。如果数据中混杂了虚假的信息，可能会导致错误的风控措施和决策判断，进而引发金融市场风险。

5. 监管体制机制滞后存在风险

（1）我国金融监管者的监管资源、知识结构、监管能力、监管手段、监管力量乃至现有的监管框架都滞后于金融科技发展，对金融科技的监管主要靠事后监管，监管措施主要是针对风险事件的被动响应。而区块链、大数据、人工智能等金融科技的发展正在深入风险管理、资产定价等金融核心功能与业务等领域，对金融产品和服务的各个方面产生了重大而深刻的影响。一旦出现监管真空，可能导致金融领域发生系统性风险。

（2）我国对金融科技监管的法律法规等制度建设还停留在互联网金融的层面。金融科技智能化业态处于监管制度和法律法规空白之中。例如，在支付清算领域，我国现有监管大多停留在部门规章层面，难以适应支付科技快速发展的需要。目前基于区块链技术的数字货币发行的合法性问题、公证确权，以及举证的合法性问题，智能合约、数字票据、记账清算、股权众筹的合法性问题，在我国乃至国际上依然存在法律空白。

10.1.2 金融科技风险的特征

金融科技利用互联网信息科技创新金融产品和业务模式，以大数据、云计算、人工智能为技术基础提供信息服务，以区块链为基础形成交易、支付等价值链，并以互联网安全技术为保障，持续降低金融中介成本，以更加便利、更加高效的方式提供金融业务。金融科技的本质仍然是金融，没有改变传统金融原有的功能属性和风险属性，还会使金融风险的内生性、隐蔽性、复杂性、交叉性、传染性和突发性更为凸显。

1. 内生性

风险是金融市场固有的客观存在，金融科技并没有改变金融业务的风险属性，只是改变了风险的传播途径、传播速度和传播范围，并不能改变金融风险的内在本质，金融业务仍然存在传统的信用风险、市场风险、流动性风险等风险，而且因为互联网的开放性强，金融科技产品的科技含量高且具有专业性，金融风险变得更加隐蔽。此外，金融科技的发展突破了传统的地域、市场和产品边界，使风险转换的障碍越来越小。

2. 隐蔽性

金融科技飞速发展使得金融市场参与主体具备多重身份，移动网络的无限扩展使得金融科技的服务范围不断延伸，并且深入社会的各个领域。参与主体的多元性、服务范围的广泛性和深入性使其风险表现出极强的隐蔽性。同时，交易双方的信息不对称也极大地延长了这种风险潜伏隐蔽的时间。以第三方支付、网络借贷、消费金融等为主要模式的互联网金融平台，给数据与信息安全带来极大的隐蔽性风险。

3. 复杂性

金融科技具有高度虚拟化、远程化、网络化、数字化、移动端、分布式等特点，使得数字技术创新迭代周期缩短，业务流程不断调整优化，金融产品上线交付速度加快，不同类型金融资产的转换更加便捷高效，金融活动的实时性和不间断性越发明显。这些变化突破了以往的跨界壁垒，打破了金融风险传递的时空限制，加快了风险外溢的速度，客观上增加了金融风险的复杂程度。

金融科技业务基于网络效应和尾部效应，一旦风险爆发，这些效应会放大风险的影响并加速风险传播，跨区域、跨市场、跨业务的风险传播更加复杂。尤其对于一些基于相同的区块链技术、数字加密技术的公司来说，一旦这些技术遭到攻击，所有使用这些技术的公司会同时在短时间内陷入瘫痪。一些风险承受能力较弱的公司在经济下行时会快速收缩投资，这会放大金融的顺周期性，也会引发更大的金融系统性风险。金融科技还可能带来第三方依赖、算法黑箱、责任主体模糊等传统金融风险之外的一些新型风险隐患，提升了金融科技风险的复杂度。

4. 交叉性

金融科技活动更容易产生业务、技术、网络、数据等多重风险的叠加外溢效应，风险交叉传导路径更多、传播范围更广。金融科技使用大数据、云计算等技术可以有效地缓解市场信息的不对称，但也意味着整个行业更加依赖信息的准确性和数据的分析及处理能力。虽然大数据技术可以分析数据之间的关联关系，但并不必然反映其因果关系，同时也缺乏必要的违约数据积累，因此金融科技相关业务风险定价和风险防控的有效性会遭受质疑。金融科技在发展过程中运用了大量科技手段，会进行技术创新和业务外包，使得金融科技互联网业务运营的各个流程以及后台网络维护、技术管理环节的信息技术风险和操作性风险更加突出，极易引发"黑天鹅"事件和"灰犀牛"事件，甚至导致多米诺骨牌效应发生。

5. 传染性

金融科技服务高度依赖网络渠道，全时全地的在线运营，持续累积多种客户行为和金融交易数据等特点，容易引发操作风险、运行风险和信息安全风险。同时，金融科技使得传统金融市场主体跨越时空限制，在不同领域、不同市场、不同国家开展多元化、国际化的金融业务，跨界混业更加明显，金融风险跨界传染更快、杀伤力更大。

6. 突发性

网络技术的高速发展使金融科技风险突破了时空限制，一旦风险暴露，在短时间内便可能迅速演变为大规模的系统性风险。系统性风险层级瞬间演进并波及多个领域，为事后处理带来重重困难。此外，数据成为金融机构新的核心竞争力。数据的高度集中也增加了系统性金融风险突发的可能。

10.1.3　金融科技风险的类型

1. 信用风险

信用风险是指金融交易一方由于某种原因，违反合同事先的约定，导致交易对方遭受损失的可能性，以及由于债务人信用评级变动和履约能力变化而导致其债务市场价值变动所引起损失的可能性。信用风险不仅存在于契约到期时市场交易对手是否履约这一时点，还存在于契约的整个有效期内。信用风险最终表现为由于主观故意或者客观被动地出现信用契约的违约行为而造成损失的可能性，其产生与信息披露不及时、信息披露失真紧密相关。

目前，仍然存在信用录入数据不完整、信用服务市场不发达、信用服务体系不成熟的情况，且其中的问题难以被发现，得不到根本治理，不仅难以保障广大投资者的合法权益，而且影响整个行业的信用声誉。信用风险具有以下特点。

（1）风险敞口的不确定性。未来交易对手信用风险敞口主要取决于未来合同的市场价值，但未来合同的市场价值本身就是不确定的，仅可以根据相关产品及其标的物价格的历史波动和相关性来模拟合同的市场价值在未来某个时刻潜在的范围与概率分布，在这种情况下，未来的风险敞口表现为在未来某一时刻的潜在风险敞口值。

（2）信用悖论现象。要想有效降低信用风险，应在进行信用管理时遵循投资分散化和多样性原则，但在银行信贷业务实践中该原则很难得到很好的执行。这主要是因为相比没有信用评级的客户而言，银行更偏向将贷款集中于已掌握信用状况的老客户，还有一些银行在营销战略中倾向于将贷款集中于自己比较了解和擅长的领域或行业。除此之外，贷款分散化会使贷款业务规模变小，这不利于银行在此业务上获得规模效益。

（3）信用风险数据获取困难。信用资产因其流动性差，存在明显的信息不对称现象，并不像市场风险那样具有数据的可得性，因此对信用风险的衡量比较困难，对信用风险定价也比较困难。

2. 市场风险

市场风险是指因市场价格波动导致银行资产负债表内和表外头寸出现亏损的风险。市场风险主要来源于利率风险和汇率风险。股票风险、商品风险及金融衍生品风险成为现代商业银行的新兴市场风险来源。市场风险具有以下特点。

（1）扩散性。随着现代银行业的发展，金融体系各参与主体间的联系越来越密切，金融机构之间无时无刻不在发生复杂的债权债务关系，如果一家金融机构出现支付危机，就会出现多米诺骨牌效应，使多家金融机构接连出现债务危机，整个金融系统陷入瘫痪。

（2）周期性。市场风险受经济周期循环以及经济政策的影响，会呈现出有规律、周期性的特点，一般地，在经济政策的宽松期，社会资金流动比较自由，货币供给矛盾不明显，市场风险较小；反之，市场风险较大。

（3）可管理性。随着金融理论的发展和金融市场的规范，可以通过对金融制度变迁的研究以及对金融市场风险周期的预测，预先对市场风险进行控制，但管理的目的并不是消除市场风险，而是将其降低到可承受的范围内。

3. 流动性风险

流动性风险是指金融机构不能通过正常渠道以合理成本迅速融资，或者不能以现行价格迅速将资产变现而造成损失的可能性。对于一个金融机构来说，流动性越强风险越小，而流动性越弱，则风险越大。

金融机构与互联网银行、互联网理财等新兴金融业态合作，容易引发流动性风险：①受监管程度较低的互联网理财等金融科技平台违规采用拆标（金额拆标、期限拆标）等手段，对投资者承诺高息保本、集中兑付，如通过第三方支付渠道投资多种网上基金、定期理财、保险理财、指数基金等，支付机构利用资金存管账户形成资金池，急剧扩大了备付金数额。支付机构违规操作挪用备付金，积聚了用户刚性兑付的困难。一旦资金链条断裂，容易引发流动性风险。②第三方支付账户存在资金期限错配的潜在风险，一定程度上挤占了风险低、流动性强的市场资金。一旦货币市场出现大的波动，就可能发生大规模资金挤兑风波，引发流动性风险。流动性风险具有以下特点。

（1）扩散性。单个金融机构的流动性不足产生的风险会通过各种资金渠道的传播扩散至整个经济体系，而且随着经济全球化进程的加快，金融机构与市场之间的关联度越来越高，虽然单个金融机构的流动性不足以对整个市场产生影响，但市场资产价格的变动会导致其他金融机构资产负债结构的变化，致使银行公众信用度下降，从而使与出现危机的金融机构本身关联度不高的其他机构的偿债能力出现问题，危机范围会进一步扩大。

（2）顺周期性。流动性风险是顺经济周期发展的，当经济上行时，公司投资和居民消费增长，对资金需求的增长使银行扩大信贷规模，而且对抵押品价值的评估也偏向乐观，银行资产组合中的风险资产比重有所上升。当经济形势发生逆转时，过高资产价格的潜在问题就会暴露出来，抵押品变现能力也不容乐观，使得原来的高流动性资产迅速贬值，流动性变弱。

（3）可控性。可控性是指金融市场主体采取措施对流动性风险进行事前预测、事中防范、事后化解的可行性。在流动性风险发生前，金融机构可以建立测量和预警指标，根据各种风险因素建立完善的管理控制机制，并建立管理信息系统对流动性风险进行日常监测，其监测到的各种数据也能为预测自身流动性风险提供支持。

4. 安全风险

安全风险主要包括：①数据安全风险。金融数据呈爆发式增长，人们越来越倾向于使用更加方便快捷、效率更高的科技手段来进行数据交易，这为犯罪分子提供了可乘之机，给数据安全带来极大风险。如金融诈骗、电信诈骗、数据库攻击、云数据窃取等。②业务安全风险。一些公司为了追求用户体验而忽视了一些必不可少的审查环节，超出用户的风险承受能力向其出售高风险产品，严重违背了业务安全的基本底线。一些金融科技公司为节约资金，选择部分外包服务，当外包服务商出现运营或技术问题而导致服务中断时，会发生一系列连锁反应，可能酿成重大金融风险。③技术安全风险。一些公司为了追求技术突破，将尚不成熟的产品推向市场，使得一些技术的应用领域超出用户的可控范围而引发安全隐患。如生物识别技术被冒用、区块链去中心化的特征增大了市场主体风险等。④网络安全风险。部分金融科技公司对硬件设施没有采用国密算法，对安全芯片技术没有进行加密加固，在网络攻击防御方面存在诸多安全隐患。

5. 操作风险

操作风险是指由客户、设计不当的控制体系、控制系统失灵及不可控事件导致遭受潜在损失的可能。巴塞尔银行监管委员会将操作风险定义为"由不完善或有问题的内部程序、人员及系统或外部事件造成损失的风险"，其中人员失误起决定性作用。其主要包括：①投资者操作风险。由于金融科技业务专业性较强、覆盖面较广，普通投资者相关专业知识储备不足，容易遭受因市场波动带来的操作不当损失。又由于业务相互交叉、多重嵌套，极易引起内部控制和操作程序的设计不当，投资者资金损失或身份信息泄露，进而引发操作风险。②员工操作风险。一方面，由于金融科技机构治理结构不健全，内部组织架构设置、规章制度不完善，内部控制制度执行不到位，当风险事件发生时无法及时有效纠正和处置；另一方面，软件和硬件等信息技术基础设施不完善，操作人员安全意识淡薄、不能严格执行操作规范等原因，导致指令出现差错的风险。③科技风险。计算机病毒、系统漏洞、设备故障等原因，造成客户信息泄露、资金损失的风险。操作风险具有以下特点。

（1）以内生性风险为主。操作风险包含的风险因素在很大程度上来源于银行的内部操作，如内部程序、人员和系统的不完善或失效、银行内部工作人员越权从事风险过高或职业道德不允许的业务等，这些都属于银行可控范围内的内生性风险。

（2）覆盖范围广。操作风险可能存在于银行的所有业务中，这些业务既包括高频发生的日常业务，也包括由外部环境或突发事件引起的不经常发生、但会带来巨大损失的业务。

（3）难以度量。操作风险包含的因素基本上来自银行内部，而且不可预测。另外，操作风险与操作损失之间并不存在可以清晰界定的关系，也不存在高风险、高收益的关系，因此对操作风险进行清晰度量是比较困难的。

6. 法律风险

法律风险指由于公司或不懂法律，或逃避法律监管违反国家法律、法规、其他规章制度而导致其承担法律责任或受到法律制裁的风险，以及由于公司主观上不知道采用法律手段对自身的权利或将承受的经济损失进行法律救济而带来一定经济损失的风险。法律风险具有以下特点。

（1）法律风险的发生必然与法律规定或者合同约定有关。这是公司法律风险区别于其他公司风险的一个最根本的特征。无论哪一种法律风险，其之所以产生，归根结底是因为有相关的法律规定或合同约定存在。这种关联性既可能是直接的，如最常见的违规或违约风险，也可能是间接的，如公司未及时履行法律或合同赋予的权利而导致利益受损。

（2）法律风险发生的结果具有强制性。公司的经营活动如果违反法律法规，或者侵害其他公司、单位或个人的合法权益，通常情况下就会导致公司承担相应的民事责任、行政责任甚至刑事责任等法律责任。法律风险的强制性使得法律风险一旦发生，公司必须被动承受法律风险带来的后果。

（3）法律风险的发生领域十分广泛。公司的所有经营活动都离不开法律规范的调整，公司实施任何行为都需要遵守法律规定。法律是公司经营活动的一个基本依据。公司与政府、公司与公司、公司与消费者以及公司内部的关系，都要通过相应的法律来调整和规范。因此，公司法律风险存在于公司生产经营的各个环节和各项业务活动之中，存在于公司从设立到终止的全过程。

7. 声誉风险

声誉风险是比较综合的风险，以上风险都极易给公司带来声誉风险。声誉风险可能由内部问题和外部事件引起，金融机构本身的产品和服务存在的缺陷以及诉讼、亏损等事件在市场上的传播都会给金融机构的形象带来不利影响，从而带来造成损失的可能性，引发声誉风险。另外，具有较大影响力的评级机构不够公允以及不够客观地宣传都会给公司带来声誉风险。声誉风险具有以下特点。

（1）其他风险极易转化成声誉风险。无论是信用风险、市场风险、操作风险、流动性风险，还是法律风险，如果没有及时对其进行有效处理，就会对金融机构的市场形象产生极坏的影响，引发声誉风险。例如，由其他风险引起的损失给参与者造成负面影响，参与者通过日常交往、网络渠道、媒体传播进行信息传播，会使整个行业的声誉受到损害，尤其是现在移动终端和社交媒体越来越普及，一旦出现风险产生负面舆论，经过社交媒体或自媒体等的发酵，会给公司带来严重的声誉风险。

（2）难以事先防控。声誉风险产生的原因比较复杂，是金融机构内外部因素综合作用的结果，可能发生在金融机构内部的任何环节，也有可能涉及金融机构内部员工和外部公众等任何利益相关者，不易界定，而且对声誉风险及其危害的衡量比较困难，因此声誉风险往往都会沦为事后被动的危机事件。

（3）监管机构和媒体起着重要作用。监管机构代表政府维护公众对金融体系的信任，并通过出台监管法规强制地影响金融机构的各种行为，如促进银行合法合规经营、保护消费者权益、规范商业银行外部营销业务等，因此监管机构的完善与否会对公众、金融机构的信任产生影响，进而对声誉风险产生影响。另外，媒体在很大程度上起着联结金融机构与其利益相关者的作用，媒体的态度和公正报道会对声誉风险产生极其重要的影响。

金融科技风险还包括监管方面的风险，金融机构运用科技手段让资金供求两端的交易支付线上化，致使金融业务失去时空限制、交易对象模糊、交易不透明，极大地增加了监管难度。如区块链分布式的结构使得金融科技风险表现出蛛网状特征，云计算等技术应用带来的业务外包和数据存储问题，使得传统监管规则遭遇瓶颈。另外，金融科技多重嵌套创新产品可能涉及数个甚至数十个法律法规的监管规定，由于不熟悉金融科技的运行方式、算法模型、风险定价等规则，监管部门难以及时识别其潜在风险。

10.2　中国金融科技风险事件：P2P 爆雷

从 2013 年到 2018 年，仅在 5 年的时间里，P2P 就完成了一个从繁荣走向衰败的轮回。P2P 爆雷是一种新型的金融风险，与传统金融一样，P2P 也属于借贷业务，其风险生成机制与传统金融并没有本质的区别。互联网的快速发展是一件好事，也是不可逆的历史潮流，但由于我国金融科技起步较晚，相关行业并没有与之对应的完善措施，形成了一种先发展后治理的局面，一旦发生问题，就必然牵扯到许多用户，造成巨大的损失。

早在 2007 年，我国就已经出现了 P2P。到 2013 年，互联网金融的兴起让 P2P 成为家喻户晓的概念，也为该业务带来了巨大的发展机遇。P2P 的快速发展在很大程度上受惠于整个社会的高度认可和政府的积极支持。在互联网金融领域，P2P 占据着非常重要和特殊的位置，具备了互联网金融的一些典型特征：① P2P 属于互联网环境下的金融创新业务，与 P2P 相关的所有借贷活动都在线上进行，该业务开创了互联网时代的金融交易模式。② P2P 具有普惠金融的属性，该业务为个人和小微公司参与投融资活动提供了平台。③ P2P 实现了金融脱媒化的变革。投资者和融资者直接在 P2P 平台进行交易，摆脱了对信用中介的依赖，因而具有直接融资的性质，由此大幅度降低了交易成本。④以大数据为依托的 P2P 业务克服了信息不对称的问题，从而大幅度提高了投融资业务的效率。⑤ P2P 点对点之间的交易模式切断了不同交易之间的联系，从而发挥了隔离风险的作用，因此该交易模式内含了防范系统性风险的内在机制。

到 2014 年，我国成为全球最大的 P2P 市场，并在随后的几年里，我国 P2P 的规模超过了全球其他国家 P2P 的总和，如此快速的发展和如此巨大的规模意味着我国出现了 P2P 泡沫，也带来了巨大的风险，给后期的大规模爆雷埋下了隐患。

10.2.1　P2P 的发展历程

自 2013 年以来，P2P 经历了以下三个不同的发展时期。

（1）快速发展时期。这一时期从 2013 年延续到 2015 年，P2P 连续 3 年出现了井喷式的高速发展。2013 年，我国 P2P 成交量从头一年的 212 亿元上升到 1 058 亿元，增速接近 400%，正常运营的平台数量从 200 家增加到 800 家，增速达 300%。2014 年和 2015 年 P2P 成交金额进一步上升到 2 528 亿元和 9 823 亿元，增速分别为 139% 和 289%，年末正常运营平台数量分别为 1 575 家和 3 433 家，其增速分别为 97% 和 118%。尽管从 2013 年到 2015 年，我国 P2P 获得了快速的发展，但是其间 P2P 业务也出现了一些波折，多次出现过诈骗、跑路和违约事件，如打着 P2P 旗号进行违法犯罪活动的 e 租宝事件就产生了较大的负面影响，该事件加速了 P2P 监管政策的出台。

（2）大进大出的洗牌期。这一时期从 2016 年年初延续到 2018 年 5 月，其特点是进场平台和退场平台都保持了可观的数量。P2P 运营平台数量开始有所下降，但是 P2P 的成交量仍维持增长的趋势，这一变化意味着行业的集中度明显上升。2016 年和 2017 年，我国 P2P 成交量进一步上升到 20 636 亿元和 28 049 亿元，增幅分别为 110% 和 36%，增速明显有所回落。与前一阶段不同的是，这一时期 P2P 正常运营平台数量开始出现下降，终结了之前持续增长的趋势。2016 年年末的正常运营平台为 2 581 家，与 2015 年年末的 3 433 家相比，减少了 852 家，降幅为 25%；2017 年年末为 2 270 家，同比减少 311 家，降幅为 12%。从 2015 年年末到爆雷发生前的 2018 年 5 月，正常运营平台数量从 3 433 家下降到 1 955 家，减少平台 1 478 家，降幅为 43%，几乎减少了一半。

2016 年 3 月至 2016 年 8 月，爆雷的平台每月都超过 50 家；但是同一时期也有大量新的平台进场，每月新增平台的数量在 100 家左右，这在一定程度上减缓了运营平台数量下降的速度。另外，尽管这一时期 P2P 平台频繁爆雷，但是成交量和资金净流入并没有出现逆转，爆雷没有对 P2P 业务的增长趋势构成威胁，这是因为这一时期的爆雷平台多为小型平台或没有交易量的"伪平台"。

总体来看，这一时期 P2P 的增长势头明显减缓，这主要起因于政府监管力度的上升。2015 年 12 月 28 日，银监会公布《网络借贷信息中介机构业务活动管理暂行办法（征求意见稿）》，该办法包括 12 条，被业内人士称为"十二禁"，其中包括：禁止自融，禁止资金池，禁止平台提供担保，禁止对项目进行期限拆分，禁止向非实名制用户宣传或推介融资项目，禁止发放贷款，禁止发售银行理财、券商资管、基金、保险或者信托产品，禁止为投资股票进行融资，禁止从事股权和实物众筹等内容。以上监管内容大幅度提高了 P2P 平台的从业要求，在一定程度上遏制了 P2P 平台的非理性扩张。

（3）P2P 泡沫走向破灭的阶段。这一阶段开始于 2018 年 6 月。从 2018 年 6 月到 8 月，我国 P2P 平台出现大规模的爆雷，P2P 业务出现断崖式下降。这是自

2007 年起步以来，P2P 第一次面临如此重大的危机。

2018 年 6 月、7 月和 8 月，P2P 新增问题平台分别为 63 家、175 家和 62 家，合计爆雷平台共计 300 家。正常运营平台数量从 5 月末的 1 955 家下降到 8 月末的 1 572 家，减少家数多达 383 家，降幅超过 20%。另外，从成交量来看，2018 年 5 月的交易量为 1 827 亿元，8 月下降到 1 193 亿元，下降金额 634 亿元，下降幅度为 35%。最后，就资金流向来看，在这次爆雷中，P2P 业务首次出现了资金净流出。9 月仍出现了 496 亿元的流出，从 6 月到 9 月，资金合计净流出 2 155 亿元。在这次爆雷出现前的几个月里，一个前兆是资本净流入大幅度下降，从三四百亿元的规模骤然下降到几十亿元，然后开始出现大规模的爆雷。

这次爆雷的再一个重要特点是，一些规模较大且口碑较好的 P2P 平台出现了连锁爆雷。在这些爆雷公司中，交易金额超过百亿元的平台包括：唐小僧（750 亿元）、联璧金融（400 亿元）、牛板金（390 亿元）、PP 基金（382 亿元）、钱爸爸（325 亿元）和投之家（200 亿元）等。仅以上几家平台的交易金额就高达 2 400 多亿元。这些巨无霸公司的爆雷，不仅给众多投资者带来了惨重的损失，而且颠覆了大公司和明星公司不倒的神话，对市场信心造成了巨大的打击，触发了恐慌情绪并助长了挤兑风潮，也彻底粉碎了 P2P 普惠金融的神话。

10.2.2　P2P 爆雷的诱发因素

2018 年 6 月至 2018 年 8 月我国发生 P2P 爆雷，是各种因素综合作用的结果。其诱因主要包括以下三大因素，即经济环境的恶化与信用风险的上升、资金赎回潮与流动性危机和违规交易与监管压力。P2P 爆雷本质上属于金融危机，包括信用危机和流动性危机，三大诱因通过信用风险和流动性风险的扩大，引发了 P2P 爆雷。

1. 经济环境的恶化与信用风险的上升

从借款方来看，信用风险的上升是诱发爆雷的重要因素之一。信用风险是指债务人不履行到期偿还债务的风险。P2P 爆雷发生的初始诱因是信用风险的上升，而信用风险的上升又起因于宏观经济环境的恶化。P2P 资金的两个流向容易受到宏观经济环境变化的影响：①小微公司融资。②股市融资。前者属于合法融资，是政府鼓励的融资项目，而后者属于非法融资。

（1）从 P2P 对小微公司的融资来看，这部分业务存在巨大的信用风险。2018 年我国经济面临下行压力，这一背景下小微公司生存环境恶化和债务违约增加，一定程度上诱发了 P2P 爆雷。我国小微公司在正规金融和民间金融之间的融资比例大约为 6∶4，二者的融资成本存在明显的差异，金融机构面向小微公司的贷款利率为 6% 左右，P2P 网络借贷利率在 13% 左右，温州民间借贷登记利率在 15% 以上，小额贷款公司等机构的贷款利率在 15%～20%。另外，我国中小公司的平均寿命为 3 年左右。也就是说，注册 3 年以后，小微公司还正常经营的概率在 1/3。以上情况意味着小微公司贷款有较高的风险。另外，小微公司中的优质客户通常会流向金融机构，次级客户只能依靠 P2P 网络平台，承受 13% 的高成本融资。3 年内有 2/3 的小微公司出现倒闭，其中绝大部分为次级客户公司，而这些公司又主要为 P2P 网贷的融资客户，由此可知，宏观经济环境的恶化，会引起大量小微公司次级融资客户的破产，进而诱发 P2P 爆雷。

（2）P2P 平台流向股市的资金，也是触发爆雷的风险点之一。我国金融监管部门明确规定禁止 P2P 平台为投资股票进行融资。但是，由于金融监管部门和 P2P 平台无法有效监管个人贷款的去向，因此仍有一部分 P2P 个人借款会流向股市。2018 年上半年，受中美贸易战的影响，我国股市出现大幅度下跌，股市的变化导致部分借款人的偿债能力恶化，导致了信用风险的上升，助长了 P2P 爆雷的发生。

除以上两种风险外，爆雷本身还助长了由逃废债引发的信用风险。逃废债是一种民事违约行为，是指债务人有能力偿还债务，但是恶意拒绝履行偿还债务的义务。逃废债分两种情况：①在平台出现问题的情况下，债权人试图利用平台的不作为，免除自身的还债义务。②当整个 P2P 网贷行业出现爆雷，正常运营的平台，部分债务人也会出现恶意延期或拒绝偿还债务的现象，其意图是在其借款平台一旦出现问题的情况下，可以达到逃废债的目的。这类债务人的增加也会导致原本正常的平台出现问题。在 2018 年 6 月以后的几个月里，逃废债人数的增加对爆雷起到了推波助澜的作用。

2. 资金赎回潮与流动性危机

从投资方探寻 P2P 爆雷的原因，主要是资金赎回潮的流动性危机。导致资金赎回潮发生的主要因素包括以下几个方面。

（1）金融降杠杆背景下的资金紧缺，是导致部分投资者赎回 P2P 到期资金的重要原因之一。一些投资人将闲置资金用于 P2P 产品投资，随着市场流动的偏紧，一些需要资金的投资人会从 P2P 平台赎回到期的投资。

（2）进入 2018 年，一些一、二线的大城市为了遏制楼市价格的上涨出台了购房摇号政策，这一政策也加速了资金流出 P2P 市场。参与摇号的新楼盘价格通常明显低于周围楼盘的价格，许多投资者赎回到期的 P2P 投资资金，将其存入银行用于购房验资，以此获得摇号的资格，每个购房者通常需要冻结几百万元的存款，一些大型楼盘一次就有可能冻结几百亿元的资金。这也是 P2P 市场出现流动性危机的重要诱因之一。

（3）2018 年上半年，股市的大幅度下跌也扩大了 P2P 市场的流动性危机。就公司而言，随着股市的大幅度下降，上市公司的股权质押面临短期平仓压力需要资金赎回，公司的资金从 P2P 中抽出。就个人投资者而言，股民为了补充保证金、避免平仓，也从 P2P 市场抽回资金。

以上因素是 P2P 市场流动性危机的初始因素，会导致个别平台的流动性危机，并不会在短时间内导致整个行业的流动性危机。个别平台的流动性危机之所以转化为整个行业的流动性危机，更是因为在爆雷爆发后 P2P 市场出现了恐慌情绪，蜂拥而至的挤兑导致了大面积的流动性危机。

2018 年 2 月以后，P2P 市场的资金净流入开始明显下降，然而到 5 月为止仍维持净流入的状况。但是，6 月以后情况突然发生了急转直下的变化。6 月、7 月和 8 月分别出现了 399 亿元、731 亿元和 529 亿元的净流出。这 3 个月 P2P 市场的外部环境并没有发生显著的变化，唯一变化的是市场的预期，即认为 P2P 市场会发生危机的预期，最终导致了整个行业的流动性危机。

3. 违规交易与监管压力

从平台方寻找爆雷的根源，则是 P2P 公司大量的违规交易。此次爆雷中，违规交易本身增加了 P2P 平台的倒闭风险，而政府加强对违规平台的监管，也迫使那些在严监管环境下无法生存或可能受到法律制裁的公司采取了"自我爆雷"的选择。

我国金融监管法规定，P2P 网络借贷属于信息中介机构，只能进行信息中介业务，不能进行信用中介业务。信息中介机构既不能与借贷双方产生债务和债权关系，也没有担保义务，也就是说无论借款人出现违约，还是债权人进行大规模的资金赎回，都不会导致 P2P 平台出现问题。我国 P2P 市场发生了大规模的爆雷，正是因为该行业普遍存在自融资、资金池、资金期限错配、股票融资、自担保和诈骗等违法交易行为。

另外，监管部门推出备案制的计划，也在一定程度上导致了大量的"自我爆雷"行为。一旦备案制实施，一些无法满足备案制条件的 P2P 平台只能退出，违规违法的 P2P 平台必然会受到法律的制裁，因此，一些 P2P 经营者采取了"跑路"的对策。在爆雷中的"自我爆雷"，不仅能够减轻 P2P 经营者的损失，而且还可以将平台倒闭的责任嫁祸于爆雷。一部分 P2P 公司的这一"理性"选择，进一步加大了爆雷的范围和加剧了爆雷的破坏性。

10.2.3 P2P 爆雷的教训

（1）要加强对金融创新的监管，高度防范金融创新风险转化为系统性风险。在加强金融创新风险管理方面，尤其需要防止以金融创新的名义绑架金融监管。

（2）P2P 网贷业务具有金融借贷业务的属性，我国监管部门有必要借鉴金融借贷风险的管理办法和监管理念，加强对 P2P 网贷业务的监管。信息不对称性和道德风险不仅会助长银行借贷业务的风险，而且会助长 P2P 网贷业务的风险，风险形成机理是相同的，不同之处是，银行的存款受到政府的隐形保护，而 P2P 网贷投资不会受到政府的隐形保护，当投资者无法辨别这一差异时，信息不对称性和道德风险的相乘效应会加倍扩大 P2P 网贷业务的风险。为了防范这一风险，监管部门需要彻底消除市场存在的刚性兑付预期。

（3）明确 P2P 平台主监管机构的职能和权限，避免出现多头监管体制下的重复监管、无序监管和无监管现象。在发展的初期阶段，由于我国 P2P 平台不存在明确的主监管机构，相关部门采取了联合监管和交错监管，即不同职能监管部门只负责监管与自身相关的业务。这使得 P2P 平台缺乏系统监管和综合监管，从而为 P2P 爆雷埋下了种子。未来，我国有必要进一步完善 P2P 网贷平台的监管体系，从多头监管、双头监管过渡到实施单一主体监管的管理模式。

10.3 金融科技风险防范

10.3.1 金融科技风险管理组织与机制设计

1. 金融科技风险管理组织

（1）金融科技监管部门。金融科技监管部门是金融科技风险的主要管理组织。2015 年 7 月 18 日，中国人民银行、工信部、公安部、财政部、国家工商行政管理总局、国务院法制办、银监会、证监会、保监会和国家互联网信息办公室联合印发了《关于促进互联网金融健康发展的指导意见》（以下简称《指导意见》）。《指导意见》按照"依法监管、适度监管、分类监管、协同监管、创新监管"的原则，确立了互联网支付、网络借贷、股权众筹融资、互联网基金销售、互联网保险、互联网信托和互联网消费金融等互联网金融主要业态的监管职责分工，落实了监管责任，并明确了业务边界。《指导意见》属于多部门共同制定的法规，旨在鼓励金融科技的创新、发展，营造良好的政策环境，规范从业机构的经营活动，维护市场秩序，协同推进发展普惠金融，鼓励金融创新与完善金融监管，引导并促进金融科技这一新兴业态健康发展。2023 年 3 月组建的国家金融监督管理总局负责行为监管，中国人民银行主攻审慎监管，改革后完善的监管架构更有利于进一步降低金融科技风险。

金融科技风险的主要监管部门如下：①中国人民银行，在国务院领导下，制定和执行货币政策，防范和化解金融风险，维护金融稳定。2019 年 2 月，中央机构编制委员会办公室发布《中国人民银行职能配置、内设机构和人员编制规定》，明确了中国人民银行负责统筹互联网金融监管、评估金融科技创新业务的主要职责。这意味着中国人民银行对金融科技的监管要上升为常态化的日常监管机制，并承担对未来诸如金融科技等金融新兴业态的评估和监管职责，体现了金融监管的前瞻性。②金融监督管理总局。其主要职责是依照法律法规统一负责除证券业之外的金融业监管，强化机构监管、行为监管、功能监管、穿透式监管、持续监管，统筹负责金融消费者权益保护，加强风险管理和防范处置，维护金融稳定。③证监会，统一监督管理全国证券期货市场，维护证券期货市场秩序，保障其合法运行。2018 年 9 月，证监会正式印发《中国证监会监管科技总体建设方案》，明确了监管科技 1.0、2.0、3.0 各类信息化建设工作需求和工作内容，标志着证监会完成了监管科技建设工作的顶层设计，并进入全面实施阶段。

（2）金融科技行业自律组织。除了金融科技的监管部门之外，行业自律组织也是金融科技风险管理组织的重要组成。2015 年 12 月 31 日，经国务院批准，民政部通知中国互联网金融协会准予成立。协会旨在通过自律管理和会员服务，规范从业机构市场行为，保护行业合法权益，推动从业机构更好地服务社会经济发展，引导行业规范健康运行。协会单位会员包括银行、证券、保险、基金、期货、信托、资产管理、消费金融、征信服务以及互联网支付、投资、理财、借贷等机构，还包括一些承担金融基础设施和金融研究教育职能的机构，基本覆盖了金融科技的主流业态和新兴业态。中国互联网金融协会主要职责为：按业务类型制定经营管理规则和行业标准，推动机构之间的业务交流和信息共享；明确行业自律公约机制，提高行业规则和标准的约束力；强化守法、诚信、自律意识，树立从业机构服务经济社会发展的正面形象，营造诚信、规范发展的良好氛围。

金融科技的规范、健康发展，既离不开政府监管，也离不开行业自律。政府监管和行业自律相互支撑，有利于降低监管和市场运行的成本，提高监管效率并促进市场创新，也有利于提升金融科技市场整体运行的安全性和有效性。

2. 金融科技风险管理机制设计

金融科技风险管理机制是指管控主体以特定的金融科技机构及其关联方为对象，在发起设立、业务模式和市场行为等方面，予以局部或具体的指导、监督、检查、协调、控制和处置等管理行为的体系化制度。

中国金融科技风险管理机制主要分为内部管控机制与外部管控机制。

内部管控机制指金融机构针对其内部有效管理制定和实施的一系列保障性规章制度，从而获得生产效率和稳定经营秩序。按照不同细分领域，内部管控机制又可分为业务、营销、财务、人力资源、组织机构、信息管理系统以及其他包括内审、保密、消防在内的安全控制等方面的管控机制。有时，金融机构内部管控机制也会涉及其公司治理机制、决策机制等方面。建立公司内部管控机制的理论依据是内部控制理论。该理论源自系统科学的控制论和系统论、经济学的委托代理理论以及管理学的管理职能理论中关于控制职能部分的各种相关理论。

外部管控机制主要包括：①金融安全网。金融安全网是指为了保障金融安全，由中央银行、金融监管当局和银行同业组织共同组成的具有公共性质的安全保护系统。金融安全网可以通过行政措施、法律手段和经济政策等措施，救助因金融危机而遭受严重损失的金融行业或金融机构，从而有效防范对金融机构的挤兑，抑制风险传播造成的金融恐慌。②互联网技术安全标准。金融科技广泛采用现代信息技术和网络技术，具有虚拟与现实交互联通的特性，与传统金融形成重大区别，也使得金融科技面临较独特的技术风险。防范技术风险是金融科技管控机制面临的重要问题。因此，应该构建系统的、可行的、具有充分技术保障的互联网技术安全标准。③行业市场准入。金融领域的行业市场准入是指金融管控部门为防范不正当竞争、维护市场竞争秩序、保护金融行业既得利益，对金融行业的新进入者采取限制性资格评审的制度措施。④消费者权益保护。金融科技消费者权益保护相比传统金融更为复杂与特殊。《指导意见》首次提出了"金融消费者权益保护"的理念，强调从消费者教育、信息披露、格式合同条款监督、多元化纠纷处理机制、个人信息保护、不实宣传与捆绑销售禁止等方面，对金融科技消费者权益进行保护。⑤合作担保。合作担保指寻求第三方担保以分散金融风险的做法，金融科技机构的合作担保对象多为市场性合作担保机构，主要由市场担保公司、贷款人和借款人组成，主要面向城镇中小微公司和农村合作社组织等。

10.3.2　金融科技风险管理技术

金融科技风险管理技术指的是针对金融科技领域的特定风险所采用的风险管理技术。最重要的互联网金融管控技术，是指在既定的管控体制和管控机制中，管控主体以特定的互联网金融机构及其关联方为对象，在其发起设立、业务模式、市场行为等方面予以局部或具体的指导、监督、检查、协调、控制和处置等管理行为的标准或合规操作程序与步骤。金融科技风险管理技术主要包括以下几种。

1. 防火墙

防火墙指的是一个由软件和硬件设备组合而成、在内部网和外部网之间、专用网与公共网之间的界面上构造的保护屏障。防火墙主要由服务访问规则、验证工具、包过滤和应用网关四个部分组成，就是一个位于计算机和它所连接的网络之间的软件或硬件。《指导意见》第二部分规定：要"建立必要的防火墙"。

2. 风险源识别

风险源识别，又称风险辨识，指的是金融机构、第三方服务机构和金融管理部门使用一定的技术手段，获取和分析潜在风险信息，对风险源进行识别，对其性质加以判断，对可能造成的危害和影响提前进行预防，以确保系统的安全和稳定。

3. 智能风控

智能风控利用人工智能技术构建线上金融风控模型，通过海量运算与校验训练提升模型精度，最终应用到反欺诈、客户识别、贷前审批、授信定价及贷后监控等企融业务流程，从而提高金融行业的风控能力。智能风控为金融行业风控提供了一种基于线上业务的新型风控模式，贯穿反欺诈与客户识别认证、授信审批与定价分析、贷后管理与逾期催收等业务全流程的风控模式。

4. 信息披露

《指导意见》第二部分规定：要向客户充分披露服务信息，但不得夸大支付服务中介的性质和职能。《指导意见》第三部分第 15 条规定：从业机构应当对客户进行充分的信息披露，及时向投资者公布其经营活动和财务状况的相关信息，以便投资者充分了解机构运作状况，促使从业机构稳健经营和控制风险。

5. 风险提示

风险提示是对金融消费者的一种保护性措施，指的是金融机构在开展金融业务之前，应以醒目的方式将金融业务潜在风险告知客户。《指导意见》第二部分规定，要向客户清晰地提示业务风险。《指导意见》第三部分第 15 条规定：从业机构应当向各参与方详细说明交易模式、参与方的权利和义务，并进行充分的风险提示。要研究建立互联网金融的合格投资者制度，提升投资者保护水平。

6. 行业自律

根据中国证券业协会发布《私募股权众筹融资管理办法（试行）（征求意见稿）》第一章第 4 条的规定，中国证券业协会为股权众筹融资行业的自律组织，负责对其进行自律管理。第六章第 25 条至第 27 条专门规定了股权众筹融资行业的自律管理事项，包括：市场监测中心备案管理信息系统应记录行业市场信息，并与证监会、中国证券业协会实现数据共享；中国证券业协会对会员单位实施自律检查等。《指导意见》第三部分第 19 条规定：加强互联网金融行业自律，充分发挥行业自律机制在规范从业机构市场行为和保护行业合法权益等方面的积极作用。人民银行会同有关部门，组建中国互联网金融协会。协会要按业务类型，制定经营管理规则和行业标准，推动机构之间的业务交流和信息共享。协会要明确自律惩戒机制，提高行业规则和标准的约束力。强化守法、诚信、自律意识，树立从业机构服务经济社会发展的正面形象，营造诚信规范发展的良好氛围。

除上述几点之外，预防和管理金融科技风险的方法还有防网络病毒软件、风险预警、现场检查、非现场检查和社会监督等。

10.3.3　金融科技风险防范的主要手段

1. 政策手段

金融科技在给世界各国带来变革、创新、发展之际，也向各国加强对金融科技的风险控制提出了诸多挑战。相应地，国际组织和一些发达国家的监管部门提出了一系列风控政策，并以促进金融科技的良性发展为目的，旨在建立以风险防范为核心、以标准规范为基础的法律法规政策体系。

中国作为发展中国家的"领头羊"，在金融科技上也发展得很迅猛。在鼓励发展金融科技的同时，相继出台了一些政策，引导和规范金融科技发展、防范化解其可能产生的风险。2017 年 1 月出台的《关于促进移动互联网健康有序发展的意见》明确提出"坚持分类指导，对移动互联网信息服务实行分类管理；坚持安全可控，全面排查、科学评估、有效防范和化解移动互联网迅猛发展带来的风险隐患，切实保障网络数据、技术、应用等安全"；同年 3 月出台的《国务院关于落实〈政府工作报告〉重点工作部门分工的意见》提出：要高度警惕互联网金融领域的风险；工信部也于 2017 年 2 月出台《大数据产业发展规划 2016—2020 年》，该规划在大力推动金融领域跨行业大数据应用的同时，也强调了要警惕其潜在的风险；2017 年 5 月，中国人民银行等国家十七部委联合印发的《关于进一步做好互联网金融风险专项整治清理整顿工作的通知》提出要加大对互联网金融风险专项整治工作的力度；同年 9 月，中国人民银行、工信部等七部委联合出台的《中国人民银行 中央网信办 工业和信息化部 工商总局 银监会 证监会 保监会关于防范代币发行融资风险的公告》，强调要规范互联网金融和金融科技的发展，旨在将风险扼杀在萌芽状态。

2020 年，中国的金融科技行业进入强监管时代。中国人民银行在 2020 年 10 月出台了《金融科技创新应用测试规范》（JR/T 0198—2020）、《金融科技创新安全通用规范》（JR/T 0199—2020）、《金融科技创新风险监控规范》（JR/T 0200—2020）三项金融行业标准，从不同的角度对金融科技创新进行监管。另外，中国人民银行还在北京、上海、重庆、深圳、雄安新区、杭州、苏州、成都、广州 9 个地区开展金融科技创新监管试点，涉及 65 项金融科技创新应用。

2. 技术手段

金融科技不仅可以运用到金融业的创新中，还可以运用到风险控制的环节。将金融科技转变为合规科技，以提升监管机构的监管效率以及金融机构、公司部门的管理水平和风险控制能力。监管机构可以使用人工智能等技术手段，对相关金融机构的资金往来进行监控，并将获得的财务报表与其历史数据相比较，以判断相关金融机构是否存在财务造假、篡改财务报表数据等违规行为；监管机构还可以通过构建冒烟指数、图谱分析、风险大脑来加强对金融科技风险的预警能力，并将风险有针对性地分级分类处理；金融机构可以推广更强大的数字加密传输技术，切实保障客户数据不被窃取；金融机构还可以使用无监督机器学习建模方式，以快速识别申请欺诈、交易欺诈等风险事件；公司部门可以用金融科技整合并结构化公司资质、管理、业务运营、融资、风险、关联关系等内外部数据，构建知识图谱厘清公司上下游关联，以帮助相关机构有效地防范化解风险。综合来看，使用技术手段来控制金融科技风险就是将金融科技转变为合规科技，利用金融科技把监管机构的监管规则以及金融机构和公司部门的内控规则嵌入管理流程，摒弃以往传统的风险管理方式，将大数据和人工智能等技术贯穿到整个管理流程，进而提高风险控制水平，使风险管理机制更具有前瞻性和有效性。

3. 协同手段

随着信息技术的快速发展，金融科技的适用范围也在不断扩张并渗透到了各行业、各领域。金融科技这种突破行业、突破地域的深入发展特征使其风险更加具有隐蔽性和潜伏性，给风险控制带来了一定的难度。在这种情况下，国外现在大力倡导构建多元化主体、多个领域的协同监管体系，充分发挥金融机构、监管部门、研究机构和行业协会的协同合作作用，将行政监管与行业自律并行，及时开展各主体的沟通和信息共享，理顺各主体之间的权责归属问题，调动社会资源，共同合作，以打造监管科技和金融科技发展生态环境。

新加坡金融管理局加强了和云科技公司的深入合作，以"淡化政府中心"预防"去政府中心"的危险；加拿大监管部门与包括多家金融机构的区块链集团合作，研究能否把银行间支付系统引进区块链结算系统；美国则在 2017 年颁布的《金融科技框架》白皮书中强调决策者与监管部门应该努力与金融科技的创业者们展开"密切而又开放"的合作，倡导从政府单向主导的"公私合作"转变为政府与公司更具平等性的"公私协作"。

本章小结

本章介绍了金融科技风险的成因、特征和基本类型，可知金融科技并没有改变传统金融风险，而是使其内生性、隐蔽性、复杂性、交叉性、传染性和突发性更加突出。这也导致了 P2P 爆雷的金融科技风险事件。对于金融科技风险的防范是非常必要的，金融科技风险管理机制分为内部管控机制与外部管控机制，主要运用防火墙、风险源识别、智能风控、信息披露、风险提示和行业自律等技术手段，能够有效管理金融科技的风险，维护金融安全和稳定。

即测即练

思考题

1. 简述金融科技风险的特点及成因。

2. 简述金融科技风险的主要类型。

3. 金融科技风险管理的理念是什么？

4. 如何理解金融科技风险管理的组织与机制？

参考文献

[1] 斯金纳 . FinTech，金融科技时代的来临 [M]. 杨巍，张之材，黄亚丽，译 . 北京：中信出版社，2016.

[2] 李伦 . 人工智能与大数据伦理 [M]. 北京：科学出版社，2018.

[3] 徐忠，孙国峰，姚前 . 金融科技：发展趋势与监管 [M]. 北京：中国金融出版社，2017.

[4] 程宇 . 技术创新、金融结构优化与供给侧改革 [M]. 北京：社会科学文献出版社，2018.

[5] 巴曙松，刘晓依，朱元倩，等 . 巴塞尔Ⅲ：金融监管的十年重构 [M]. 北京：中国金融出版社，2018.

[6] 谢平，邹传伟 . Fintech：解码金融与科技的融合 [M]. 北京：中国金融出版社，2017.

[7] 高晓燕 . 金融风险管理 [M]. 2 版 . 北京：清华大学出版社，2019.

[8] 黄迪 . 互联网金融下中国银行手机银行营销策略研究 [D]. 长春：吉林大学，2019.

[9] 牛新庄 . 建设开放银行，加速推进科技金融战略 [J]. 中国金融电脑，2019（6）：18-21.

[10] 谢佳秀 . 以支付宝为案例分析我国第三方支付的风险及控制 [D]. 成都：西南财经大学，2016.

[11] 彭珉 . 互联网金融模式下第三方移动支付的风险研究 [J]. 经贸实践，2017（19）：3-4.

[12] BLUNDELL-WIGNALL A，ATKINSON P. Thinking beyond base 1 Ⅲ：necessary solutions for capital and liquidity [J]. OECD journal：financial market trends，2010（1）：9-33.

[13] CERCHIELLO P，GIUDICI P. Big data analysis for financial risk management [J]. Journal of big data，2016（12）：3-18.

第11章 金融科技监管

🔍 **学习目标**

1. 了解全球金融科技监管政策。

2. 熟悉中国金融科技监管政策。

3. 掌握金融科技监管的发展趋势。

🔍 **能力目标**

1. 了解不同国家金融科技监管的主要方式。

2. 熟悉人工智能、大数据、区块链在我国金融监管中的应用。

3. 掌握"沙盒监管"模式的工作机理和必要性。

4. 掌握监管科技的内涵和特点。

🔍 **思政目标**

1. 了解国内外金融科技监管的方式，理解我国金融监管制度的优异性。

2. 掌握人工智能、大数据、区块链在金融监管中适用性，更好地体会科技强国的必要性。

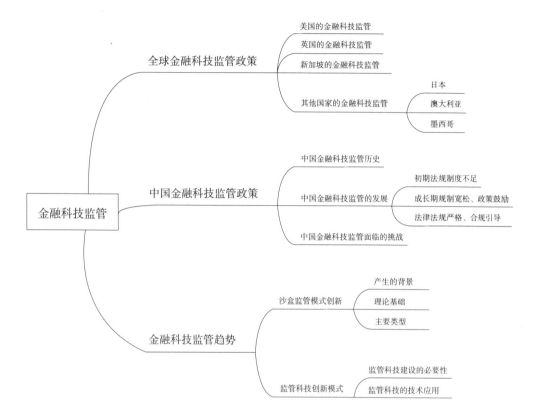

🔍 **思维导图**

🔍 **导入案例**

　　北京市金融局、北京市互联网金融协会协同公安部门一起，运用"冒烟指数"对 e 租宝等网贷平台进行实时动态监测，成功预测了 e 租宝的风险并提前部署，控制了事件进一步扩散。"冒烟指数"是监管机构和监管科技公司合作，以区块链、大数据、智能算法等技术为基础开发的风险预警指数，用以监测各类平台的非法集资活动。该指数越高，意味着可能存在非法集资的风险越大。近几年，金融科技的飞速发展，带来了法律法规，技术、业务等多方面的风险，向监管机构提出了新的挑战。

　　【案例思考】

　　1. 在新形势下，金融科技创新发展有哪些表现？

　　2. 监管机构应当如何应对？如何发展监管科技？

11.1　全球金融科技监管政策

11.1.1　美国的金融科技监管

美国监管界普遍认为，金融科技是金融业创新发展的衍生品，与传统金融是一脉相承的。因此，美国政府并没有单独设立新的监管机构专门开展相关监管工作，而是将其按照金融业态纳入现有的金融监管框架，即不论金融科技以何种形态出现，都基于金融本质，将金融科技所涉及的金融业务按其功能纳入现有金融监管体系。

美国的金融科技监管体系大致如下：联邦银行监管机构将储蓄类机构置于全面监管之下，以确保银行的安全性。美国消费者金融保护局在联邦层面对消费金融产品以及服务进行监管。美国联邦贸易委员会（Federal Trade Commission，FTC）是联邦消费者保护法律的执行者，它是执法机构而非监管机构，只专注于执法行为，不会对机构进行定期检查或者提出任何报告要求。美国证券交易委员会是负责保护投资者的联邦机构，主要针对特定证券，通过披露要求以及反欺诈条款保护金融消费者和投资者的利益。根据披露要求和反欺诈条款的规定，公司要为其向投资者发布的不实信息或者误导性信息承担责任。2018年，美国证券交易委员会成立创新和金融科技战略中心，为国内外监管机构和公众参与金融科技治理提供了平台，将金融科技提升至战略高度。此外，美国各州也有相应的监管机构，共同对P2P网络借贷等金融科技业务实施有效监管。需要指出的是，美国监管当局对有违法行为的金融科技从业人员、机构实行"重典"，处罚措施非常严苛，严厉震慑相关违法行为。

美国实施功能监管，即根据公司具备的金融功能进行监管。例如，具有货币功能的第三方支付归属于美国货币监理署监管，具有资产证券化功能的P2P业务属于SEC管辖范围。这种"限制严苛型"监管意味着无论金融科技呈现何种不同形态，总是受到功能所对应监管部门的约束。

为保持监管的先进性，2017年，美国国家经济委员会发布了《金融科技框架》白皮书，该白皮书全面系统地阐述了金融科技政策设计和监管策略的目标与基本原则。该白皮书认为金融科技拥有无与伦比的潜力，能够彻底变革人们获取金融服务的渠道，改进金融系统功能，并促进经济增长，明确将金融科技发展作为提升国家竞争力的重要手段，政府将积极为金融创新保驾护航。该白皮书提出了六大政策目标：①积极推动金融服务创新创业。②推动形成安全、可负担且公平的资本获取渠道。③加强普惠金融和金融健康。④应对金融稳定风险。⑤完善金融监管框架。⑥维持国家竞争力。在此基础上，该白皮书提出了 10 项发展原则：①完善金融生态系统，重视保护金融消费者权益。②推动安全的普惠金融和金融健康。③识别并规避技术偏见。④提高金融产品和服务透明度。⑤努力实现技术标准的互用性与协调性。⑥高度重视网络安全。⑦数据安全和隐私保护。⑧提高金融机构的效率和效力。⑨维护金融稳定。⑩继续并加强国际合作。该白皮书总结道，金融科技在扩大金融服务的触及范围、提升金融体系的功能以及提振经济等方面具有巨大潜力。明确鼓励利用科技提高金融的效率和有效性，注重金融科技的安全性和稳定性的监管理念，为金融科技市场的参与者提供了指引。

2017 年，美国货币监理署发布《金融科技公司申请评估章程》，为自愿申请且符合要求的金融科技公司颁发国家银行许可牌照，持牌的金融科技公司受到银行的约束，只能从事银行允许范围内的活动，但也因为银行的支持而享有较未持牌公司更好的社会声誉。美国财政部在 2018 年 7 月发布报告《创造经济机会的金融体系：非银行金融、金融科技和创新》，提出了 80 余条建议，内容涉及体系改革、金融科技业态监管、监管沙盒和监管科技等。

除了对金融监管的政策原则进行调整，美国也意识到在数字时代下，金融监管的方式需要变革。运用区块链、云计算、人工智能等新兴技术进行科技监管，用以应对金融科技中所涉及的海量数据、复杂运算、高频交易等监管难点，从而提升监管效率和精确度，实现风险实时监控和及时预警。美国证券交易委员会已经开始利用机器学习对申请人行为进行预测，进而评估其潜在的欺诈可能性。成熟的市场化征信系统也为金融科技的发展提供了帮助。美国征信信息最早来自实体商户，以消费数据反映个人征信，并通过个人征信机构之间的兼并收购，整合数据资源，形成当前三大征信机构鼎立的格局。征信行业还形成自我约束的行业自律组织，制定行业规章和标准，并促进会员之间的交流，从而构建完善的征信系统，有助于避免出现"同人不同分""多头借债"等问题。

美国对金融科技的监管是比较严格的，以稳定为主。对于具有强大创新力的美国金融科技产业来说，适当偏严的监管更加有利于平衡发展和风险防控。

11.1.2　英国的金融科技监管

英国的金融科技发展一直处于领先位置，英国政府为了保持金融科技的创

新力和竞争力，不断推出创新的监管政策。自 2013 年起，英国金融服务监管局
（Financial Service Authority，FSA）的监管职责被英国金融行为监管局和英国审慎
监管局（Prudential Regulation Authority，PRA）所取代；其中，FCA（英国金融行
为监管局）是 FSA 法律实体的延续，既负责银行、证券公司、保险公司等金融机
构的行为监管，也负责不受 PRA 监管的金融服务公司的行为监管和审慎监管。

英国还充分发挥行业协会的自律作用，采取了行业自律先行、政府监控跟进
的模式。2011 年，英国成立了世界上第一个 P2P 行业协会，随后又成立了众筹行
业协会。这些组织通过制定行业标准、拟定自律公约以及实施自我监控等方式，
对行业的发展起到了很好的引导和规范作用。后来针对发展迅速、规模庞大的 P2P
和众筹业务，FCA 在 2014 年 3 月发布了《关于众筹及其他类似行为的监管办法》
等方案，将 P2P 和 P2C（商品对顾客）业务归为"借贷类众筹"，以信息披露为核
心，建立了借贷类众筹平台最低审慎资本标准、客户资金保护规则、信息报告制
度、合同解除权、平台倒闭后借贷管理制度安排与争端解决机制等基本监管规则。
在互联网领域，英国采用了适度审慎的准入原则，对保险经营的道德风险、操作
风险、信用风险和技术风险提出了明确要求。

2015 年，英国首相卡梅伦宣布金融科技五年发展规划，力求实现"打造全球
金融科技投资最友善环境""成为全球金融科技中心并诞生至少 25 家领先公司"
与"创造 10 万个金融科技工作岗位"三大目标。英国政府于 2015 年 3 月率先提
出监管沙盒的概念，创立"沙盒监管"制度，提倡"主动创新型"监管，为公司
搭建了一个"创新实验室"。

监管沙盒是一个安全空间，在这个安全空间中，金融科技公司可以测试其创
新的金融产品、服务、商业模式和营销方式，而不用在相关活动遇到问题时立即
受到监管规则的约束。在对金融科技公司的业务范围、创新程度、为消费者带来
的利益、"沙盒测试"的必要性以及公司背景进行测评后，符合条件的公司可以进
入"沙盒监管"实施金融产品与商业模式试运行。顺利通过"沙盒测试"的金融
项目即使与现行法律法规有冲突，也可以由监管机构授权进行更大范围的推广。
在测试中暴露问题的项目，监管机构有权叫停，但是公司不需要对试运行失败产
生的负面影响承担法律责任。这样的监管方式既卸下了公司创新的"违法包袱"，
鼓励大胆创新，又将潜在风险遏制在"摇篮"中，让监管机构能够根据前沿创新
情况调整监管措施。

监管者在保护消费者和投资者权益、严防风险外溢的前提下，通过主动、合理地放宽监管规定，减少金融科技创新的规则障碍，鼓励更多的创新方案积极、主动地由想法变成现实，在此过程中能够实现金融科技创新与有效管控风险的双赢局面。

2016 年 5 月，FCA 正式推出监管沙盒计划，在有限的范围内，允许参与计划的金融科技公司对新产品或新服务进行测试，使其有机会了解消费者对不同定价策略、传播渠道、商业模式和新技术的接受程度。金融科技公司可以基于收到的反馈信息对其商业模式进行持续评估和改进。同时，FCA 采取适当的控制措施，以尽量避免伤害消费者权益。

2017 年 10 月，FCA 对监管沙盒计划实施以来的进展进行了阶段性总结。在第一批参与公司中，有 75% 的公司已经成功完成测试；在参与并完成测试的公司中，有约 90% 的公司会继续向更大的市场推广。"监管沙盒"在帮助公司更好地理解监管框架、加速产品进入市场和减少外部合规咨询费用等方面发挥了作用。

英国 2020 年 1 月正式"脱欧"，英国政府在"脱欧"后立刻发布了一份金融科技行业审查报告，特别指出脱欧后应该对快速增长的金融科技企业予以政策支持，以吸引更多金融从业人才。

2022 年 4 月 4 日，英国政府在官网宣布，英国财政部将采取一系列措施规范加密货币，使英国成为全球加密资产技术和创新中心，立法建立"金融市场基础设施沙箱"（financial market infrastructure sandbox），以帮助加密资产相关公司进行创新。

2022 年 7 月 20 日，英国监管机构向议会提交新起草的《金融服务和市场法案》，旨在通过立法的方式废除欧盟监管，对金融行业进行更大的创新，提升英国在数字货币世界的地位。新法案将使监管机构能够打击与数字货币技术相关的潜在金融犯罪，让用户放心地使用数字货币作为支付方式。

为促进金融科技的发展，FCA 开展了"监管创新"计划。其中"金融科技桥政策"指英国与其他国家签署合作协议，为双方的金融科技公司顺利进入彼此市场，提供市场状态和监管规则相关信息。该政策使其他国家的金融科技公司获得了进入英国市场的机会，也激发了英国公司的国际竞争力。"监管科技政策"指监管机构支持创新公司利用科技对监管中的数据上报、标准可理解度、实时预测和监管架构等方面进行改革完善。FCA 在扶持监管科技公司发展的过程中，帮助监管科技公司明确监管要求，并积极与其合作制定监管科技标准。监管沙盒推出不久，便受到国际上的广泛关注。继英国之后，新加坡、澳大利亚等国家和地区也陆续探索建立监管沙盒，引导金融科技规范有序发展。

监管沙盒为金融科技创新提供"缩小版"的真实市场和"宽松版"的监管环境，为金融科技创新留出容错和试错的空间，有利于降低运营和合规成本，提高市场竞争性，促进创新，最终提升金融科技服务实体经济的效率和普惠水平。

英国政府还为技术创新提供了税收政策优惠。中小公司可以享受 230% 的研发支出扣除比例，非中小公司享受 130% 的扣除比例。投资电子商务和信息技术的中小公司享受费用 100% 税前扣除优惠政策。"专利盒子"制度还允许公司按照 10% 的税率交纳专利权所获收益的所得税，从而鼓励公司开发专利技术与产品。

11.1.3　新加坡的金融科技监管

新加坡金融管理局作为新加坡的金融监管机构和中央银行，出台了一系列政策鼓励本国创业公司和生态系统的成长和发展，支持金融科技创新。2015 年 8 月，新加坡金融管理局成立金融科技和创新团队（FTIG）负责金融科技领域的监管，建立了支付与技术方案、技术基础建设和技术创新实验 3 个办公室，投入 2.25 亿新加坡元推动"金融领域科技和创新计划"，鼓励全球金融业在新加坡设立创新和研发中心，支持金融科技项目的开发与应用。

2016 年 5 月，新加坡金融管理局实施金融科技生态建设工程，专门成立了金融科技署来管理金融科技相关事务，为金融科技公司创新发展营造良好环境，为实现金融科技公司的创新和风险防范的平衡。新加坡金融管理局出台《金融科技监管沙箱指南》，旨在为金融科技新成果创建测试环境，在其通过测试验证后，再将其推向市场。在准入方面，将应用申请严格限制为技术创新。在退出方面，设立了测试时间延迟机制，强调如果公司需要延迟测试时间，可在到期前 1 个月提出申请。

这种方法给金融科技发展带来了更大的机会和发展空间，政府也能根据市场的实际反应进行有效监管。新加坡金融管理局的目标是通过"监管沙盒"制度和一系列相应的法律及监管要求将新加坡建设成智能化的金融中心。

2016 年 7 月，新加坡推出众筹监管新规，对众筹进行一系列规定，正式开始向散户投资者提供行业指导意见和安全保障。这次出台的规定对已经在新加坡展开运营的借贷众筹平台产生巨大影响。这些平台需要申请获得营业执照，之后才能面向散户投资者开展业务，资金基础下限为 50 万新加坡元。该规则同样适用于面向散户投资者的股权众筹平台。

新加坡与英国、瑞士等签署双边合作协议，在金融科技的新兴趋势以及创新监管方面与之进行积极的共享。2017 年 3 月，新加坡金融管理局与阿布扎比全球市场（ADGM）宣布达成战略合作；同月，新加坡华侨银行宣布推出智能投顾试运行计划。2017 年 11 月，新加坡推出《新加坡关于 ICO 及加密指南》，以面对区域链、数字货币的迅速发展。新加坡央行称，在特定情况下会将以区块链为基础出售数字货币的 ICO 行为纳入国家期货证券及金融顾问法案的条款下进行处理。

2018 年 11 月，新加坡金融管理局发布了一系列关于人工智能与数据分析应用原则，以确保在金融领域使用人工智能和数据分析的公平性、道德规范、可问责性和透明度。2019 年 1 月 23 日，新加坡个人数据保护委员会提出《人工智能监管框架范例》。该框架对人工智能内部治理结构与措施、人工智能决策中的风险管理、运营管理、用户关系管理等作出了进一步的规定。

2020 年，新加坡政府对《个人数据保护法》进行修订，使新加坡的数据监管架构更完善。

新加坡金融管理局结合全球金融科技的发展趋势和新加坡金融科技的发展现状，制定了新加坡金融科技发展的五大计划，并明确了金融科技关键技术，包括大数据、区块链、云计算、机器学习、移动支付、身份验证和生物识别。新加坡金融管理局还计划引进更多的监管制度和支持计划，为金融科技初创公司的发展提供条件，并且保障中小公司能够在安全的众筹平台上筹得资金。

11.1.4　其他国家的金融科技监管

1. 日本的金融科技监管

日本对金融科技监管的政策主要体现在银行可持股科技公司层面，突破了金融科技发展的资金瓶颈：①日本的金融科技公司受到严格的法律和监管限制，吸引的投资水平低。②由于利率水平低，日本国民更倾向于持有现金，金融服务创新需求偏弱，从而制约了金融科技的发展。面对金融科技发展的落后，日本通过修改法律来放宽对金融科技公司的投资限制。2016 年，日本金融厅向国会提交了《贷款业法》《银行法》《资金结算法》《金融商品交易法》等一系列法律修正案，并于同年 5 月通过，在 2017 年正式实施。

2018 年 3 月，日本金融厅设立了"虚拟货币交易业研究会"，对虚拟货币交易等问题进行探讨，并于 2018 年 12 月发布了相关报告。根据报告内容制定的修正法案于 2019 年 3 月提交国会，从法律上规范了虚拟货币交易商相关问题的处理。2019 年 6 月在日本大阪举行的二十国集团（G20）领导人第十四次峰会通过了一系列 FATF（反洗钱金融行动特别工作组）建议，要求各国对其境内的加密资产交易进行监管。

日本金融科技监管根据科技创新主体的不同实施不同的政策规定，能够有效地满足不同主体的不同需求，针对性更强。其主要分为：①大型公司的科技创新，实施全面的支持政策，并以提供信贷服务为主要内容，建立长久的互动合作关系。②中小公司的创新，主要解决融资难、担保难的问题，采用风险由中央与地方共担、担保与保险相结合的信用保证机制。③发展缓慢的中小公司、公益性或准公益性研发机构的创新，通过拨付资本金和低利率借款等扶持政策支持公司创新。日本对金融科技的监管更偏重于对金融科技发展的支持。

2. 澳大利亚的金融科技监管

2015 年，为了有效平衡金融科技创新风险，澳大利亚证券投资委员会成立创新中心（innovation hub），主要包括成立数字金融咨询委员会、增强金融科技监管国际合作、加强对金融科技创新监管等措施。2016 年，ASIC 提出监管沙盒框架，帮助公司理解评估机制，允许没有牌照的金融科技公司进行长达 1 年的业务测试，并根据测试反馈情况，及时调整监管规则。为进一步促进高效监管，ASIC 提出为公司提供非正式援助，开展技术试验，加强金融科技项目国际推介等重点举措，推动金融科技公司创新发展。

2017 年 5 月，澳大利亚政府正式通过"开放小微企业的股权众筹"的议案，为初创企业开辟了新的融资方式和途径，并在 2017 年 11 月宣布将通过立法强制要求包括四大银行在内的澳大利亚大型银行执行综合信用报告制度。

2018 年 9 月开始，澳大利亚四大银行需首次共享客户的完整信用记录，而且自 2019 年起，四大银行需上交所有客户的个人信用数据。综合信用报告制度的出台，从政府政策层面打通了数据共享的渠道，推动金融科技服务传统银行创新。

2019 年 7 月，作为消费者数据权利实施的第一步，开放式银行业务正式启动，这一改革允许其他金融公司和第三方访问四大银行的消费者信息数据，有助于解决金融科技行业面临的获客成本高和数据来源少的问题，是监管创新的一个重要方面。

3. 墨西哥的金融科技监管

2019 年 8 月初，墨西哥银行宣布该国金融科技法案正式开始实施。该法案于 2018 年正式通过，主要目标是众筹和电子支付服务产业。此次新法案规定，相关金融科技创业公司要想获得业务许可，最低年利润必须达到 10 万美元，同时还要承担大约 3.5 万美元的监管合规成本，这对不少创业公司来说都不是一笔小数字。

2018 年 3 月，墨西哥出台《金融科技法案》，成为拉丁美洲第一个引入特定金融科技法律框架的司法管辖区。《金融科技法案》具体规定了金融科技从业机构的初始资本、内控合规等要求，并严打无照经营等违法违规行为。

2020 年 3 月，依照《金融科技法案》，墨西哥中央银行发布了有关开放银行模式（open banking model）的第一份细则，指明用于通过 API 开放的共享数据分类。

墨西哥通过出台《金融科技法案》厘定了金融科技机构的服务属性、业务边界，将各类创新业务按照其金融功能纳入相应监管体系，监管业务类型涵盖了众筹、电子货币、数字支付等热门金融科技商业形态。

墨西哥的境外金融科技监管的起步较早，其特点主要体现在以下几个方面。

（1）监管主体明确。较好地解决了监管重复、监管真空以及监管套利的问题。

（2）坚持线上服从线下的原则。金融科技监管的对象是线上的金融服务，传统的金融监管的对象是线下的金融服务。当二者发生冲突时，一般遵从线上服从线下的原则。

（3）关于金融科技监管的法律法规体系比较完善，既有原则性的规定，又有操作性的细则，并且能够根据金融科技发展的形势及时调整。

（4）以消费者权益为核心。

（5）创新有助于监管科技的发展，认识到监管技术的提升对于监管部门减轻压力，以及金融机构减少合规成本具有重要的意义。

11.2　中国金融科技监管政策

11.2.1　中国金融科技监管历史

1. 国家银行体系的建立（1948—1952 年）

1948 年 12 月 1 日，中国人民银行在河北省石家庄市成立。当时的华北人民政府当天发出布告，由中国人民银行发行的人民币在华北、华东、西北三区统一流

通，所有公私款项收付及一切交易，均以人民币为本位货币。1949 年 9 月，中国
人民政治协商会议第一届全体会议通过《中华人民共和国中央人民政府组织法》，
把中国人民银行纳入政务院的直属单位系列，接受财政经济委员会指导，与财政
部保持密切联系，赋予其国家银行职能，承担发行国家货币、经理国家金库、管
理国家金融、稳定金融市场、支持经济恢复和国家重建的任务。

在国民经济恢复时期，中国人民银行在中央人民政府的统一领导下，着手建
立统一的国家银行体系：①建立独立统一的货币体系，使人民币成为境内流通的
本位货币，与各经济部门协同治理通货膨胀。②迅速普建分支机构，形成国家银
行体系，接管官僚资本银行，整顿私营金融业。③实行金融管理，疏导游资，打
击金银外币黑市，取消在华外商银行的特权，禁止外国货币流通，统一管理外
汇。④开展存款、放款、汇兑和外汇业务，促进城乡物资交流，为迎接经济建设
做准备。到 1952 年国民经济恢复时期终结时，中国人民银行作为中华人民共和
国的国家银行，建立了全国垂直领导的组织机构体系；统一了人民币发行，逐步
收兑了解放区发行的货币，全部清除并限期兑换了国民党政府发行的货币，很快
使人民币成为全国统一的货币，对各类金融机构实行了统一管理。中国人民银行
充分运用货币发行和货币政策，实行现金管理，开展"收存款、建金库、灵活调
拨"，运用折实储蓄和存放款利率等手段调控市场货币供求，扭转了中华人民共和
国成立初期金融市场混乱的状况，制止了国民党政府遗留下来的长达 20 年的恶性
通货膨胀；同时，按照"公私兼顾、劳资两利、城乡互助、内外交流"的政策，
配合工商业的调整，灵活调度资金，支持了国营经济的快速成长，适度地增加了
对私营经济和个体经济的贷款，便利了城乡物资交流，为人民币币值的稳定和国
民经济的恢复与发展作出了重大贡献。

2. 计划经济体制下的监管（1953—1978 年）

在统一的计划体制中，自上而下的人民银行体制，成为国家吸收、动员、集
中和分配信贷资金的基本手段。随着社会主义改造的加快，私营金融业被纳入公
私合营银行轨道，形成了集中统一的金融体制，中国人民银行作为国家金融管理
和货币发行机构，既是管理金融的国家机关，又是全面经营银行业务的国家银行。

从 1953 年开始建立了集中统一的综合信贷计划管理体制，即全国的信贷资金，
不论是资金来源还是资金运用，都由中国人民银行总行统一掌握，实行"统存统
贷"的管理办法，银行信贷计划纳入国家经济计划，成为国家管理经济的重要手

段。通过高度集中的国家银行体制，对大规模的经济建设进行全面的金融监督和服务。

中国人民银行担负着组织和调节货币流通的职能，统一经营各项信贷业务，在国家计划实施过程中承担综合反映和货币监督功能。银行为国有公司提供超定额流动资金贷款、季节性贷款和少量的大修理贷款，为城乡集体经济、个体经济和私营经济提供部分生产流动资金贷款，为贫困农民提供生产贷款、口粮贷款和其他生活贷款。这种长期资金归财政、短期资金归银行，无偿资金归财政、有偿资金归银行，定额资金归财政、超定额资金归银行的体制，一直延续到 1978 年，其间虽有几次变动，但基本格局变化不大。

3. 统一监管体系的形成与发展（1979—1992 年）

1979 年 1 月，为了加强对农村经济的扶植，恢复了中国农业银行。同年 3 月，为了适应对外开放和国际金融业务发展的新形势，改革了中国银行的体制，中国银行成为国家指定的外汇专业银行；同时设立了国家外汇管理局。之后，又恢复了国内保险业务，重新建立中国人民保险公司；各地还相继组建了信托投资公司和城市信用合作社，出现了金融机构多元化和金融业务多样化的局面。

为了推动经济体制改革，加快市场化建设步伐，中国农业银行、中国银行、中国建设银行和中国工商银行相继从中国人民银行分离出来，成立专业银行。同时，非银行金融机构也快速发展。金融业务的日益增长和金融机构的持续增加，迫切需要成立一个能够统一监管和综合协调金融业的职能部门。1984 年，中国人民银行开始专门履行中央银行职能，制定和实施全国宏观金融政策，控制信贷总量和调节货币资金，不再办理公司和私人信贷业务。1984 年，"拨改贷"改革深入推进。此后，国营企业生产经营资金来源不再依赖财政拨款，转而寻求银行贷款，这在一定程度上加速了股份制银行金融试点的改革。同时，保险公司、证券公司等非银行金融机构不断涌现，资本市场上开始发行股票和债券，金融监管的相关规章制度开始建立和完善。1986 年，国务院颁布《中华人民共和国银行管理暂行条例》，明确了中国人民银行作为金融监管者的法律地位。中国人民银行不仅负责货币政策的制定，同时还要对银行业、保险业、证券业和信托业的业务活动进行监督与管理，事实上形成了以中国人民银行为唯一监管者的统一监管体系，标志着适应改革开放要求的金融监管体系初步形成。

在这一阶段，金融监管体系建设与经济体制改革紧密联系在一起，由作为唯一监管者的中国人民银行，依据规章制度和行政手段，对银行、保险、股票、债券、信托等业务活动进行监管，以维护金融体系安全和金融机构稳健运行。

4. 分业监管体系的形成与发展（1993—2016 年）

20 世纪 90 年代，金融体系格局发生重大转变，资本市场发展驶入快车道。1992 年，国务院证券委员会及其执行机构证监会成立，中国人民银行正式将证券期货市场的监管权移交，标志着金融监管体系开始由统一走向分业。

为了贯彻党的十四届三中全会决定，更好地发挥金融在国民经济中宏观调控和优化资源配置的作用，1993 年，国务院颁布了《国务院关于金融体制改革的决定》（以下简称《决定》）。《决定》指出，保险业、证券业、信托业和银行业实行分业经营，要求相关职能部门抓紧拟订金融监管法律草案。

在经历了一轮快速发展后，我国金融体系内部风险因素有所积累，而且时逢国际金融危机，金融监管受到高度重视。1998 年，国务院证券委员会和证监会合并，成立新的证监会，统一监管全国证券和期货经营机构。同年，保监会成立，统一监管保险经营机构。2003 年，银监会成立。2004 年以来，我国金融分业监管体系不断完善。各监管机构的专业监管能力不断提升，金融监管法律体系不断完善，分业监管协调机制开始建立，国际监管合作机制逐步加强。特别是在 2008 年国际金融危机以来，我国金融监管体系掀起了一轮改革浪潮，不仅构建了逆周期调节的宏观审慎监管框架，也强化了中国人民银行对系统性金融风险的管理职能，同时对系统重要性金融机构的监管和对金融消费者权益的保护也逐步加强。

在这一阶段，金融监管体系由统一监管走向分业监管，形成以中国人民银行、银监会、证监会、保监会"一行三会"为主导的监管格局。其中，中国人民银行的主要职责是对货币市场、信托机构、反洗钱等方面进行金融监管，"三会"的主要职责则是制定监管部门规章和规范性文件，并通过业务审查、现场检查等方式对相应的行业进行审慎监管。

5. 综合监管体系的形成与发展（2017 年至今）

为了切实强化金融监管，提高防范和化解金融风险的能力，2017 年，第五次全国金融工作会议提出设立国务院金融稳定发展委员会。同年 11 月，经党中央、国务院批准，国务院金融稳定发展委员会成立。作为国务院统筹协调金融稳定和改革发展重大问题的议事协调机构，国务院金融稳定发展委员会的成立可以说是拉开了新时代金融体系改革的大幕。

2018 年 3 月，为了深化金融体制改革、顺应综合经营趋势、落实功能监管和加强综合监管，《深化党和国家机构改革方案》将银监会和保监会合并，组建银保监会。这是继国务院金融稳定发展委员会之后，我国金融监管体系的又一重大变革。

2023 年 3 月，党的二十届二中全会通过了《党和国家机构改革方案》，方案中指出，为加强党中央对金融工作的集中统一领导，负责金融稳定和发展的顶层设计、统筹协调、整体推进、督促落实，研究审议金融领域重大政策、重大问题等，组建中央金融委员会，作为党中央决策议事协调机构。同时设立中央金融委员会办公室，作为中央金融委员会的办事机构，列入党中央机构序列。不再保留国务院金融稳定发展委员会及其办事机构。同时，在银保监会基础上组建国家金融监督管理总局，统一负责除证券业之外的金融业监管，将中国人民银行对金融控股公司等金融集团的日常监管职责、有关金融消费者保护职责，证监会的投资者保护职责划入国家金融监督管理总局。这是我国深化金融监管体制改革、构建现代金融监管框架的重大变革，从此，我国金融监管体系进入"一委一行一局一会"主导的新时代（图 11-1），现代化综合监管体系正式搭建。

图 11-1　我国"一委一行一局一会"监管体系

11.2.2　中国金融科技监管的发展

我国金融科技快速发展，同时与金融法相关的规制也应该跟上，并作出相应的调整以对金融科技行业进行规范。我国金融科技的法律规制随着金融科技的发展而不断改善和深入。

1. 初期法规制度不足

在金融科技发展初期，金融机构在利用现代通信网络技术的基础上，开始注重数据应用。2005 年，支付宝大规模上线应用，既满足了用户在传统金融机构之外的融资需求，也很大程度便利了消费金融活动，极大地提升了金融服务的效率。当时政府没有出台有针对性的法律来对其进行监管。2004 年 8 月，《中华人民共和国电子签名法》发布，确立了电子签名的法律效力。随后中国人民银行发布了《电子支付指引（第一号）》《支付清算组织管理办法》等法规，但这些法规多是原则性规定，没有具体的监管措施。

2006 年以后，由于互联网金融的快速发展，金融机构的大部分业务开始与信息技术紧密结合，与此同时也呈现出新的金融业态。2010 年，《非金融机构支付服务管理办法》发布；2012 年 1 月初，《支付机构互联网支付业务管理办法（征求意见稿）》发布。这在一定程度上明晰了第三方支付机构的法律地位。但从整体上来说，这一阶段金融科技的法律规制是严重不足的。

2. 成长期规制宽松、政策鼓励

2012 年开始，金融科技进入成长期并快速发展。随着大数据、人工智能、区块链等新一代信息技术在金融领域的广泛应用，信用环境、法律环境、消费者保护、金融监管等方面的建设，为金融科技的发展奠定了良好的基础。2012 年 11 月，银监会银行业消费者权益保护局成立。

这一时期，政府为了鼓励和支持金融创新发展，出台了一些原则性的政策法规。例如，2013 年 11 月发布的《中共中央关于全面深化改革若干重大问题的决定》提出鼓励金融创新，丰富金融市场层次和产品；2014 年 3 月，我国政府工作报告首次出现"互联网金融"一词，同时指出要在促进互联网金融健康发展的同时完善金融监管协调机制；2015 年 7 月，中国人民银行同有关部门在《关于促进互联网金融健康发展的指导意见》中，提出了鼓励金融创新、支持互联网金融良好发展的相关政策措施。上述报告和文件大多是从宏观上进行原则性倡导，强调要完善相关金融监管机制，但具体规范和实施细则较少，这一阶段对于金融科技以政策鼓励为主，其规制较为宽松。

3. 法律法规严格、合规引导

金融科技行业从 2015 年后期开始呈现出井喷式发展的态势，长期积聚的风险一触即发。"e 租宝"事件爆发后，银监会有针对性地制定了相关法律法规。2016

年 1 月，《推进普惠金融发展规划（2016—2020 年）》由国务院印发。2016 年 8 月，《网络借贷信息中介机构业务活动管理暂行办法》出台。2016 年 9 月，G20（二十国集团）杭州峰会通过了《G20 数字普惠金融高级原则》，把科技和普惠金融紧密地融合在一起。2016 年发布的《教育部办公厅 中国银监会办公厅关于加强校园不良网络借贷风险防范和教育引导工作的通知》等对于监管来说都比较有针对性。2017 年 3 月，北京网络贷款监管部门下发了《网络借贷信息中介机构事实认定及整改要求》，列出了 8 项、148 条，内容几乎涵盖了 P2P 网络借贷平台的所有细节。这些都体现了该阶段我国金融科技规制趋严、合规引导的特征。中国人民银行也推进了一些助力金融科技发展的政策。

为进一步完善监管体系，推动新兴技术在我国金融领域的合理运用，促进金融科技稳步有序发展，中国人民银行在 2017 年 5 月成立了金融科技（FinTech）委员会：①发布了《中国金融业信息技术"十三五"发展规划》和《"十三五"现代金融体系规划》，在顶层设计上明确了我国金融科技的发展方向和基本路线图。②编制和发布了《云计算技术金融应用规范》《移动终端支付可信环境技术规范》和《移动金融基于声纹识别的安全应用技术规范》等多项金融科技标准，积极推动金融科技应用的标准化和规范化。③密切关注、积极防控各类金融科技创新风险。

我国金融科技发展的初级阶段，监管环境相对包容。在互联网金融领域出现局部风险之后，以互联网金融监管调整为契机，我国也开始逐步完善金融科技的监管框架。2015 年 7 月，《关于促进互联网金融健康发展的指导意见》发布，这是我国在金融科技领域发布的第一个监管规则，它对互联网支付、互联网保险、网络借贷、股权众筹融资和互联网基金销售等作出了相关规定。随后，针对 P2P 网络借贷和非银行线上支付服务提供商的监管规则也陆续出台。除了政府和监管部门，我国还有不少行业贸易协会、创业孵化器，共同支持金融科技公司的发展，我国金融科技监管的主体和分工日益明确。

2018—2019 年，中国金融科技行业监管持续加强，行业发展环境趋于规范。《互联网金融从业机构反洗钱和反恐怖融资管理办法（试行）》和《金融机构互联网黄金业务管理暂行办法》相继发布。

2020 年是金融科技强监管元年，多项重磅政策出台。银保监会正式发布《商业银行互联网贷款管理暂行办法》，该办法对商业银行开展互联网贷款业务的合作机构提出了更高的要求。银保监会、中国人民银行共同起草了《网络小额贷款业务管理暂行办法（征求意见稿）》，明确网络小额贷款公司的注册资本、杠杆率、贷款金额、联合贷款出资比例、展业范围等。2020 年 12 月 14 日，银保监会发布《互联网保险业务监管办法》，意味着互联网保险监管和发展都将进入一个新阶段。

从监管机构发布的政策来看，金融科技创新监管工具也持续完善。2021 年 3 月，中国人民银行发布《人工智能算法金融应用评价规范》，规定了人工智能算法在金融领域的应用场景。2022 年 1 月 4 日，中国人民银行印发《金融科技发展规划（2022—2025 年）》，提出八个方面的重点任务，特别指出监管科技的全方位应用，强化数字化监管能力建设，对金融科技创新实施穿透式监管，筑牢金融与科技的风险防火墙。

11.2.3　中国金融科技监管面临的挑战

我国已经出台了对金融科技发展和监管的指导性意见，但是对整个金融科技行业的风险防范和监管框架缺乏实质性的机构、规则和执行力支撑，使得我国金融科技行业整体上呈现弱监管特征，部分领域的监管甚至严重缺位。这种监管的不足或缺位，是目前金融科技风险事件频发的重要制度性根源。

1. 监管范畴不明确

金融科技是借助科技手段提高金融服务效率的产业，涉及第三方支付、大数据、金融云、区块链、人工智能等。科技金融则以金融为落脚点，利用金融创新为科技创新创业提供服务的金融业态或金融产品，其具体包括投贷联动、科技保险、科技信贷、知识产权证券化、股权众筹等。在实际监管过程中，对上述概念区分不清，就会导致金融科技监管范畴模糊，将属于科技金融产业的公司纳入监管范畴，而将许多属于金融科技行业的公司置于监管范畴之外。由于金融领域跨界开展业务的现象普遍，一个行业出现问题，会快速传播到其他行业、地区，容易引发系统性风险。

2. 混业经营风险隐蔽性强

金融科技产品往往具有多种金融特性，可同时提供多种服务。互联网金融公司的混业跨界式经营打破了风险的时空限制，增加了金融风险快速传播和跨界传播的可能性，使不法分子容易利用监管空白和实现监管套利。另外，创新产品嵌套，贯穿多层次的金融市场，使底层资产和最终投资者变得模糊，风险的隐蔽性增大，难以被识别和度量，即使要求产品主动申报其实质属性，对其真实性进行鉴别和确认的工作也很繁重，这就对金融监管的技术手段和水平提出了更高的要求。

3. 被动型监管成本高

我国目前的金融科技监管模式属于被动型监管模式，监管部门在发展初期，制定了完整的行业行为准则，公司在经营过程中严格遵守准则的规定，当公司违反准则规定时，监管部门会根据情节轻重对其进行处罚，轻者罚款，重者停业整顿。但是行业行为准则无法覆盖全部的风险，而且在行业向前发展的过程中，还会产生新的风险，与之对应的政策却无法及时更新，造成政策与形势不匹配，直到行业的发展出现问题时，监管部门才调整监管政策。这种监管模式的灵活性较差，无法适应金融科技行业快速发展的要求。同时，这种监管模式执行起来增大了公司的合规成本，提高了行业的准入门槛，限制了新竞争者的加入。对于初创公司来说，会占用大量资金，使公司创新业务发展受限，导致监管与创新之间出现失衡。

4. 缺乏统一安排

现有的金融科技产品，都是根据已有的金融运行模式来确定的，针对性比较强，传统业务条线和金融产品之间并不是绝对分离的，这就要求监管政策之间具有紧密的联系。但已有的监管政策基本上"各自为政"。虽然各部门在出台政策时就已经尽可能多地考虑了政策搭配协调的问题，但这些条款往往是补充性质的，不具有前瞻性。现有的金融科技监管政策缺乏相互之间的规范和协调，对于同类业务的不同认定造成了监管适用方面的摩擦。

金融科技应用于传统金融领域时，监管主体相对明确，但是其应用于非传统金融领域时，监管主体则相对分散。地方金融科技监管机构目前既有金融服务办公室，也有商务厅、经济和信息化局、市场监督管理局等机构，呈现出"碎片化"的特点。另外，金融科技的应用与发展使得传统金融业态与非传统金融业态之间的界限模糊。例如，一些融资担保公司和区域性金融资产交易中心都利用互联网金融平台发售类理财产品，非法吸纳资金，在垂直监管体系与属地监管体系之间缺乏协调的情况下就容易导致监管空白。

5. 监管强度难以把握

金融科技监管强度难以把握。监管是对市场的干预和调控，金融科技是一种高度市场化的业态。对互联网金融业态进行调控可以采取经济手段、法律手段和行政手段。如何协调各项调控措施、监管手段和行政手段在何时以多大力度介入、法律又给予多大的容错空间、经济手段如何通过市场机制发挥作用，都是难以测度和把握的问题。法律和行政力量过小会使得金融科技无序发展，威胁金融安全和社会秩序；法律和行政手段过强，则不利于市场在金融资源配置中发挥决定性作用，金融科技行业将失去活力，不利于打破传统金融垄断的格局，甚至通过政策传导效应对经济产生负面作用。

11.3　金融科技监管趋势

11.3.1　监管沙盒模式创新

1. 监管沙盒产生的背景

"沙盒"一词来自计算机用语，特指一种虚拟技术，多用于计算机安全领域，它指在受限的安全环境中运行应用程序，并通过限制授予应用程序的代码访问权限，为一些来源不可信、具备破坏力或无法判定意图的程序提供试验环境；沙盒中进行的测试多是在真实的数据环境中进行的，但因为有预设的安全隔离措施，不会对受保护的真实系统和数据的安全造成影响。英国金融行为监管局率先将沙盒概念引入金融监管领域，于 2015 年 11 月发布《监管沙盒》报告。

监管沙盒的基本运行机制有：由监管部门在法律授权范围内，根据业务风险程度和影响面，按照适度简化的准入标准和流程，允许金融科技公司在有限的业务牌照下，利用真实或模拟的市场环境开展业务测试，经测试表明适合全面推广后，则可以依照现行法律法规，进一步获得全牌照，并纳入正常监管范围。

监管沙盒本质上是对 2008 年全球金融危机之后大为强化以致过于烦琐的监管要求的"反省"和"纠偏"。后全球金融危机时代，发达金融市场国家面临一组新矛盾，即滞后的金融监管理念、方法、制度、立法和模式不能满足科技进步环境下金融创新发展和防控金融风险的需要。为缓和并解决这一矛盾，西方主要金融市场国家和地区迅速调整金融监管理念，摒弃了过去宽松的、轻触式金融监管理念和微观审慎监管模式，转向坚持全面"无缝隙"、刚性的监管理念和微观宏观审慎管理相结合的监管模式，陆续通过立法、行政等手段开展金融监管改革，确立了后金融危机时代的"新金融监管模式"。监管沙盒是在无法及时修订相关法律规则而为监管对象或潜在监管对象"减负"的情况下，以这种较为曲折的方式为金融创新留出余地、创造空间，以保持金融市场活力和国际竞争力。

2. 金融监管沙盒的理论基础

作为一种监管尝试和创新，监管沙盒的理论基础有两点：一是破坏性创新；二是适应性监管，二者一体两面。

破坏性创新是美国学者克莱顿·克里斯滕森提出的，是指以次要市场或潜在用户为目标群体，所提供的产品或服务相比主流市场更加简单、便利和廉价，具有"低端性"和初期回报不确定性等特点，因而易于被主流公司所忽视的创新活动。破坏性创新者在获得足够的市场发展空间后，会进一步改变公司的原有架构，逐步侵蚀高端市场，占据更大的市场份额，并获取更多利润，最终占据市场主导地位。金融科技的破坏性创新特质决定了对它的监管必须兼顾"破坏"和"创新"这两个维度：①常规的监管要求对于金融科技初创公司而言往往是不可承受之重，易于扼杀活力、阻碍创新。②自由放任的监管立场又容易导致金融科技野蛮生长，放大和传染其破坏性，乃至酿成系统性风险。

适应性监管的基本理念是指监管者不仅可以对市场规则的内容进行创新，而且可以对其监管策略进行创新，即在其自由裁量权范围内调整决策进程，在信息更加充分的基础上迅速而又渐进地作出决策。与综合性的一揽子监管方案不同，适应性监管是一个多步骤的反复决策过程，通常包括界定问题、确定监管目的和目标、确定底线、开发概念模型、选定未来行动、实施并管理行动、监控和评估等八个步骤。

3. 金融监管沙盒的主要类型

从实践方面来看，英国的金融监管走在了世界各国（地区）的前列。FCA 的《监管沙盒》报告中，明确了三种沙盒模式，即授权式沙盒、虚拟沙盒、伞型沙盒。

（1）授权式沙盒的整个流程可以分为三个阶段：首先是准入阶段。拟申请测试的公司在规定时间内向 FCA 提交申请书，该申请书包括入门指南、个人相关信息、创新方法的信息、测试计划信息四个部分。FCA 将会根据申请书的内容，主要以公司所提出的该项创新是否在测试接受的范围之内、是否不同于已经在市场上存在的制度、是否为消费者权益的保护提供了良好的计划、是否真的需要通过沙盒来进行测试和公司是否已经做好测试的准备工作五个标准来对该创新进行细致的审查。如果计划被同意，FCA 将指派专门的官员作为联络员，并与申请公司详尽讨论包括测试参数、结果测量、报告要求和安全措施在内的最佳沙盒模式。其次是运作阶段。FCA 同意公司开始测试并进行监管，公司按照与 FCA 协商一致的最佳沙盒模式中的要求进行测试。最后是结束阶段。公司向 FCA 提交有关测试结果的最终报告，在 FCA 收到和审查该报告之后，公司决定是否提交沙盒之外的解决方法。如果提交，则需要经 FCA 最终审核之后再推向市场。

（2）虚拟沙盒是一种以行业间协作为基础、以云计算为技术手段建立的测试方案。公司可以通过虚拟沙盒，利用公共数据和其他公司提供的相关数据对其产品或服务进行测试，并邀请公司或者消费者来尝试其新方案。虚拟沙盒的优势在于所有的创新者都可以在无须授权的情况下进入沙盒进行测试，且该测试并非基于真实的环境开展，不会对消费者和金融系统造成损害。FCA 鼓励行业间引入虚拟沙盒，并会在不违反相关规则的情况下，为其提供数据支撑。

（3）伞型沙盒实际上是一种监管权的传递，即先在 FCA 的批准下成立一家非营利公司作为伞型沙盒，其受到 FCA 的直接监管。没有获得 FCA 授权成为沙盒公司的创新者可以在该伞型沙盒公司的授权和监管下，作为其委派的代理人提供金融产品或者服务。与授权式沙盒极其严格的审核与授权相比，伞型沙盒无疑为创新主体极大地减少了测试成本。

创设监管沙盒的目的和意义在于缩短金融创新的市场转化时间，降低转化成本，同时增加创新公司的融资机会，使更多产品有机会获得测试和进入市场，也可以使监管机构同创新公司合作，确保关于消费者保护的适当保障措施内嵌于创新产品和服务。

11.3.2 监管科技创新模式

金融危机之后，全球监管当局对金融机构的监管逐渐收紧，金融机构遵守监管法令的成本增加。为了满足监管要求、避免巨额罚款，很多金融机构引入科技手段，促进自身满足监管能力的提升。许多国家监管部门充分利用信息技术提高现有监管流程效率，对新金融产品、模式实现"穿透式管理"，确保这些金融科技业务的合规性，成为当前复杂金融环境下的监管新思路。

金融科技的飞速发展需要全新的监管范式。作为传统金融监管体系和合规管理框架下应对金融科技创新的有效监管策略，监管科技是基于金融科技创新衍生出的新型监管手段。监管机构将人工智能、加密技术、生物识别技术、应用程序接口、区块链和云应用等新兴技术手段应用于金融科技监管当中，推动监管政策、监管要求、合规准则的数字化，旨在提高监管部门的监管效率，降低金融机构的合规成本。监管科技成为金融科技监管的新方式，成为满足金融行业监管方与被监管方需求的一系列新技术手段。

1. 监管科技建设的必要性

全球金融危机后复杂的预先指令的大范围监管，导致监管者和被监管者合规与监管成本高昂。为回应越来越复杂的监管，需要在数据汇报、汇总与分析上更加颗粒化、精确化和高频化，监管科技建设必不可少。

根据巴塞尔协议Ⅲ的资本和流动性监管要求，英美、欧盟和其他地方的压力测试与风险评估，以及 G20 对场外衍生交易的报告要求，与多德法案和欧盟的欧洲市场基础监管要求的内容有冲突。攀升的监管压力提高了被监管方的合规成本，公司需要通过监管科技来降低成本。很多不同市场的监管碎片化给金融机构增加了新的合规压力。虽然全球决策者在推动相似的后危机改革，但执行这些改革的要求和规则在不同市场却大相径庭。监管上的重叠与冲突促使金融机构采取监管科技来优化合规管理。后危机监管的快速发展带来了未来监管要求的不确定性，要求金融机构增强对合规性监管的适应能力，利用监管科技让金融机构通过互动的模型与实验，确保其在变化的环境中保持合规性。监管者自身需要更加积极主动地探索采用监管科技来确保金融机构符合监管要求。利用监管科技可以帮助监管者近距离、实时地了解创新产品、复杂交易、内部欺诈与网险等，进而提高监管的附加值。西班牙国际银行认为，金融行业的监管科技应集中于人工程序的自动化和分析报告程序、数据质量的提高、大数据的创造、全过程的数据自动分析和使用，以及有益报告的产生并发送给监管者，用于促进关键的公司决策。

在分业经营、分业监管格局下，金融科技不仅加大了金融机构的合规难度和合规成本，也留下许多整管盲区，这些正是监管科技可以解决的痛点。建立在人工智能、云计算、机器学习等技术基础上的监管科技更加依赖数据资源的聚合分析，通过构建合规审核评估模型、客户适当性分析评测模型等，实现对金融机构及其业务的数字化监管。基于数据分析、数据预测、数据决策等全方位数据应用，提升监管水平和效率。监管科技进一步弱化了监管机构的人工审核评估机制，更加强调风险评估和监管审核流程的数据挖掘、整合、分析和预测，注重利用新技术对金融机构信用风险、操作风险、流动性风险等进行智能化监测，从而能够敏捷感知金融风险态势，及时跟进风险处置和缓释措施。通过监管流程的数字化以提升监管的时效性、针对性，促进金融科技稳健发展。

2. 监管科技的技术应用

监管科技通过人工智能、机器学习、区块链、云计算等现代科技与监管合规体系进行深度融合，为监管机构以及金融机构、金融科技公司提供以技术为核心的监管解决方案，有效实现金融安全与金融效率的平衡协调。监管科技的典型技术应用主要有以下三个方面。

1）人工智能与监管科技

机器学习特有的数据挖掘算法能够整合和分析高度复杂、非线性的非结构化、低质量数据，通过统计分析方法的改进和更新，可以为风险管理和压力测试构建更加精确、可靠的运算模型，提供更加科学、合理的数据预测结果和决策支持。例如，借助人工智能对金融机构和金融科技公司内部行为进行监测，以识别隐瞒、欺诈和渎职等违法违规行为。人工智能作为智慧金融创新发展的核心技术，在监管科技领域应用的前景广阔。

首先，将人工智能系统和产品嵌入监管流程各个环节，通过发挥其全局优化计算和在线实时监测的优势，快速、准确地识别和应对系统性金融风险，提高监管合规水平。例如，"智能合规官"（AICO）、"机器人辅助合规手量"（RACH）等人工智能典型应用场景，可以辅助金融机构和金融科技公司进行合规审核与持续合规评估。该类应用系统将线下、间断、分散的人工合规流程，切换至在线、连续、集中的智能化模式，通过实时监测风险数据、监管数据，及时发现和捕捉违规操作和风险隐患，并进行风险提示和预警。其次，在数字化监管协议基础上引入人工智能。该类应用场景的出现可以帮助监管机构对监管规则、合规准则进行标准化解读和专业化解释，减少人工解读造成的理解歧义和解释错误，提高监管合规的科学性和准确性。最后，将指纹识别、虹膜识别、面部识别等生物识别技术与人工智能深度结合。该类应用场景促使监管机构以及金融机构、金融科技公司以更加科学有效、安全便捷的方式验证客户身份，满足"了解你的客户"的法规要求，提高客户适当性分析评测的精确性。

2）大数据与监管科技

大数据具有数据体量大、类型多、速度快、真实性高等特点，监管当局如果仅仅依靠传统技术手段，将无法及时有效地挖掘数据价值。监管科技使用云计算、数据湖、数据处理引擎等大数据技术，使金融机构和监管当局高效地收集、索引、存储、处理复杂的数据，并捕捉传统分析方法无法获取的有用信息。大数据在监管科技领域的应用主要包括以下三方面的内容。

（1）利用大数据技术对海量的数据中碎片化的信息进行归纳总结，提炼出一些新的模式和算法，从而映射到不同的监管产品设计当中去。例如，应用大数据技术的科技监管，可对私募基金、典当、上市公司等不同行业和业态进行细分产品的评分与评级，并对它们现运行的金融产品资产进行评价，同时也可实现对欺诈行为的客观评价。

（2）利用大数据技术对公司进行全新画像，通过有效识别分析和挖掘涉金融公司的行为特征，可以推动对涉金融公司的有效监管。例如，在数据治理方面，采用大数据技术，可以找到服务于金融监管的诸多数据源，将其清理成服务监管的变量，再依照小贷公司、私募基金、担保机构以及互联网金融公司等不同业态的不同变量，用大数据算法来计算变量可能对监管产生的影响。

（3）通过对大数据技术生成的 FIR（金融相关比率）分值进行风险预测，分析金融机构和涉金融公司的违约概率与非法集资的可能性。例如，一些违规的涉金融公司，招聘大量低学历的营销人员，却给出极高的工资，这种反经济的异常行为，可能存在洗钱的可能性。通过金融风险的日常监测分析，可以预测公司是否有异常点的存在，进而对其进行有效监管。

3）区块链与监管科技

区块链本身蕴含的实时动态在线、分布式总账本、全网广播等思想内核，使其天然地与金融高度契合，并且在金融监管、反洗钱、金融风险控制等细分领域有着突出的表现。在区块链以"全息"化的结构连接所有节点的同时，各个节点都实时上链，并且一个节点的信息增删修改，需要全网超过 51% 的节点确认后在所有节点的区块包中进行修改。区块链的这种跨时空连接、全网记录和自信任机制，能够有效提高监管效率。区块链在监管科技领域的应用主要包括以下三方面的内容。

（1）区块链保障监管数据安全透明。在区块链技术背景下，在区块中记录的信息通过加密算法和哈希函数进行保存，每个区块与前一个区块间都有唯一的哈希值。由于哈希函数的不可逆性，前后区块之间也是不可逆的，按照生成的时间先后顺序以时间截的形式标记。已经记录上链的信息在区块链中全网广播，所有区块节点中都有备份，都可以看到通过其他节点上链的信息，仅仅修改某个节点区块的数据无法实现修改的目标。由于区块链的防欺诈和难以篡改、可回溯查看的优势，用区块链记账的金融机构数据和监管数据将更加安全透明。相比传统金融监管要求金融机构上报一系列文件材料，需要进行烦琐复杂的会计和审计、尽职调查、出具法律意见书等程序，耗费大量的人力、时间和财力成本，以区块链构建的监管科技平台可以实时存储公司数据和监管政策，公司定期把公司报告、财物报表等上链，也可以在区块链上进行信息披露和发布行业公告，一旦信息上链不可修改，可以有效减少实践中出现的财务造假、获取内幕信息的问题，监管机构可以及时得到真实数据，也可以随时进行查看和复核分析。

（2）区块链打造新型信任机制和线上监管。区块链信任是基于算法、技术产生的，技术、算法乃至建立在数学问题基础上的奖惩机制具有中立性和客观性。人们自然会相信其逻辑的自洽和真实性，这实现了信任的重构。在传统金融监管存在的问题中比较明显的就是监管者和被监管者之间缺乏信任，监管机构往往"一放就松，一管就死"，市场主体、金融科技初创公司钻监管漏洞、进行监管套利的现象较为常见。在二元金融体制下，地方金融监管部门和中央监管部门之间也缺乏良好的信任机制，中央的政策能否有效传导到地方，以及地方如何执行、执行的程度，都影响着监管政策效果的发挥。基于区块链监管平台的打造，有利于促进监管机构和被监管方在线上交流互动，及时沟通计划和动向，开展线上研讨、论证，增强金融监管生态中各方主体的信任。

（3）区块链合约促进监管政策智能化。以智能合约为代表的区块链2.0，将智能合约置于分布式结构的上层，用编程式的合约规制经济关系。智能合约也可以应用到行政规制的金融监管领域，通过以假设条件、事实和结果三段论的逻辑结构来构建监管政策。智能合约具有良好的兼容性和延展性，可以根据实际情况进行调整和迭代。因为底层框架是稳定不变的。在这个基础上修改逻辑层和应用层的代码，其成本将比监管层从无到有制定法律法规，以及增删修改现有法规的成本更低。由于在代码层和技术层作出的变动，对金融机构产生的直接效果更明显、约束力更强。通过底层合规和技术合规推动金融机构智能化调整并符合监管规范，可能是未来区块链智能合约发展的趋势之一。另外，由于智能合约降低了监管当局的政策法规成本，监管机构和监管科技公司将能根据金融机构的动态和风险情况，灵活调整监管阈值，以编程化、数字化的法规、部门规章以及算法代替制定成文的监管政策和文件，在智能化过程中促进动态合规，让监管科技和监管政策智能化应变、协同化调整。

中国正逐渐成为国际金融科技创新的领跑者，以及全球金融科技重要的创新中心。金融科技的蓬勃发展极大地扩大了金融的场景应用空间、提升了金融服务能力，但其发展也给金融监管带来了难题。

总体上看，我国监管体系建设滞后于金融市场发展。随着金融科技对互联网、大数据的应用，发展与监管的失衡进一步加剧。我们可以从金融科技监管国际实践中得到一些启示和借鉴，形成适合中国的监管措施。

（1）抓住金融服务实体经济的本源，把金融科技发展提升实体经济金融服务的可得性和满意度，作为衡量判断金融科技发展水平的基本标准。从国家层面研究制定金融科技发展规划，确立发展原则和目标，引导金融科技公司把金融资源合理高效地配置到经济社会发展的重点领域和薄弱环节，不断增强金融科技服务的普惠性和精准度。

（2）加强顶层设计，充分发挥国务院金融稳定发展委员会的牵头作用，统筹建立"一委一行一局一会"、市场监管、工信、网信、公安等部门参加的监管协调机制，明确业务边界与监管分工，实现金融科技监管无死角。加强与各国金融监管机构和国际组织的信息沟通，加强在政策融合、风险监测、危机处理等方面的交流合作，积极参与制定金融科技监管国际规则，推动全球金融科技风险治理。

（3）创新金融科技监管方式和工具。近些年，我国互联网金融监管规则的出台，为实施监管沙盒积累了一定经验，应积极探索借鉴监管沙盒模式，主动引导金融科技创新，寻求风险驾驭的有效途径，弥补现有监管机制的短板。同时，金融监管部门应加强与金融科技公司的合作，积极探索将大数据、人工智能、云计算等技术嵌入金融监管当中，提升金融科技监管的科技化水平。

（4）加强金融消费者权益保护。当前，我国金融消费者权益保护机构尚未完善，接连发生的互联网借贷平台"爆雷"事件，严重侵害了金融消费者的权益。因此，"一委一行一局一会"在金融科技监管中，应突出金融消费者保护的基本原则，加大金融科技公司消费者保护义务的监管力度，明确信息披露责任，完善投诉处理、损失救济机制，构筑金融消费者权益保护体系。

本章小结

本章介绍了美国、英国、新加坡等国家的金融科技监管模式，对我国的金融科技监管的发展历程和监管模式也进行了分析与介绍。我国的金融科技监管从国家银行体系开始，经历了计划经济制度下的监管、统一监管、分业监管以及当前正在实施的综合监管等阶段。法律规制也从金融科技发展初期的"法规制度不足"到成长期的"规制宽松、政策鼓励"，最后发展成为当前的"法律法规严格、合规引导"。随着金融科技的发展，金融科技监管面临着新的挑战，亟须金融与科技深度融合的新监管业态和新监管模式，沙盒监管和监管科技创新模式应运而生。新模式通过人工智能、大数据、区块链等技术与监管合规体系深度融合，为监管机构以及金融机构、金融科技公司提供以技术为核心的监管解决方案。

思考题

1. 简述美国、英国、新加坡、日本金融科技监管之间的区别。

 即测即练

2. 我国金融科技监管的机构有哪些？

3. 简述你对监管沙盒的认识。

4. 现阶段监管科技主要应用哪些技术手段？效果如何？

5. 简述境内金融科技监管所面临的挑战。

参考文献

[1] 陈辉. 金融科技：框架与实践 [M]. 北京：中国经济出版社，2018.

[2] 张晓燕，等. 金融科技行业发展与监管 2018[M]. 北京：经济科学出版社，2018.

[3] 阿齐兹迪斯，斯塔格斯. 金融科技和信用的未来 [M]. 孟波，陈丽霞，刘寅龙，译. 北京：机械工业出版社，2017.

[4] 威尔逊. 金融科技：FinTech 定义未来商业价值 [M]. 王勇，段炼，等译. 北京：人民邮电出版社，2018.

[5] 孙国峰. 金融科技时代的地方全融监管 [M]. 北京：中国金融出版社，2019.

[6] SIRONI P. 金融科技创新 [M]. 马睿，等译. 北京：中信出版集团，2017.

[7] 孙国峰. 中国消费金融的现状、展望与政策建议 [J]. 金融论坛，2018（2）：3-8.

[8] 边卫红，单文. Fintech 发展与"监管沙箱"：基于主要国家的比较分析 [J]. 金

融监管研究，2017（7）：85-98.

[9] 李文红，蒋则沈 . 金融科技（FinTech）发展与监管：一个监管者的视角 [J]. 金融监管研究，2017（3）：1-13.

[10] 伍旭川 . 金融科技监管的国际经验与启示 [J]. 北方金融，2017（7）：12-16.

[11] 刘春航，廖媛媛，王梦熊，等 . 金融科技对金融稳定的影响及各国应关注的金融科技监管问题 [J]. 金融监管研究，2017（9）：1-20.

[12] ARNER D W，闫琰 . 金融科技监管和监管科技：演变及关键趋势 [J]. 清华金融评论，2018（9）：101-104.

第 5 篇　金融科技案例

第12章 金融科技案例分析

12.1 案例一：腾讯金融科技综合案例

12.1.1 案例背景

腾讯旗下的腾讯金融科技与腾讯云承担了腾讯大多数的金融科技业务，是腾讯寻求金融科技发展的重要平台。其中，腾讯金融科技前身为财付通，是腾讯提供移动支付与金融服务的综合业务平台。秉承合规、精品、风控、开放、有所为有所不为的发展理念，腾讯金融科技以微信和QQ两大平台为基础，致力于连接人与金融的美好，构建金融开放生态，携手合作伙伴为全球用户提供移动支付、财富管理、证券投资、公司金融、民生产品等服务。其中，移动支付包括财付通、微信支付和手机QQ钱包、微信香港钱包等产品；财富管理服务主要指腾讯理财通；民生产品方面包括腾讯手机充值、信用卡还贷、腾讯微加信用卡、腾讯区块链、腾讯退税通、We Remit跨境汇款等产品；公司金融方面的产品包括腾讯微证券、腾讯自选股。腾讯云是腾讯集团倾力打造的云计算品牌，提供全球领先的云计算、人工智能、大数据、区块链等产品与服务，为开发者及公司提供云服务、云数据、云运营等整体一站式服务方案，是腾讯产业互联网的技术基座与连接器。腾讯云目前服务了一大批金融行业客户，包括150多家银行、数十家保险公司和证券公司，以及超过90%的持牌消金公司和众多产业金融机构。腾讯云具体包括：云服务器、云存储、云数据库和弹性Web引擎等基础云服务；腾讯云分析

（MTA）、腾讯云推送（信鸽）等腾讯整体大数据能力；QQ 互联、QQ 空间、微云、微社区等云端链接社交体系。

12.1.2　生态体系

腾讯大金融生态系统是腾讯金融科技以微信和 QQ 两个大平台作为基础，结合了先进的大数据以及云计算能力，连接了用户与商户以及各大金融机构，共同建设组成的一个中国互联网金融生态系统。在腾讯大金融生态系统中，借助微信与 QQ 两大平台的互联网技术，为用户在适合的场景提供适当的产品与服务，为商户与客户提供连接的通道。腾讯理财通总用户超 1.5 亿，与百余家金融机构合作，并为超过 2 500 万用户提供了保险服务；区块链为地方政府部门提供发票服务；微粒贷为小微公司融资平台；腾讯还与陕西、四川等省签订战略合作协议，合作推进医疗、商业、教育、政务、民生、交通出行等领域接入微信支付。在产品服务层面，与金融机构在基金理财、股票投资、贷款等方面开放合作，不断创新金融产品的模式与服务，金融科技业务涵盖了支付、信贷、理财、保险、证券、区块链等方面。腾讯金融科技一直非常重视风险防控，尤其在发展移动支付和金融科技的过程中，为了保护用户的交易安全，维护平台的生态健康，不断升级技术，打造了一套智能的风险防控系统。在战略及战术层面，腾讯的金融科技业务延续了腾讯"稳"和"慎"的一贯风格。腾讯理财通正在从一个专门解决交易问题的交易型平台向为用户提供量身定制服务的服务型平台转化。而理财通的最终目标，是打造基于流量的"财富管理服务型平台"，以围绕整个金融科技生态体系而进行布局。

12.1.3　腾讯云

云平台作为金融机构数字化底座，不仅可以提供更加灵活和低成本的存储与计算等服务，还可以通过将各类金融服务汇聚于金融云平台，更好地践行开放金融战略。当前，在银行及保险等金融机构的前沿科技采购中，云计算已经占据了较大比重。秉持着构建开放、合规的专有云的理念，腾讯云应运而生。

随着金融机构以及其他机构更多的业务上云，传统的 IaaS 已不能满足上层应用的需求，云平台需要更多的 PaaS 服务。专有云公司版 Tencent TCE 使用公有云架构，集成计算、存储、网络、数据库、中间件、大数据、安全等数十种云服务以及丰富的运营运维能力，适用于全栈云平台。Tencent TCS 作为腾讯的专有云

PaaS 平台，基于云原生的公司级 PaaS 套件解决方案，提供开箱即用的成熟 PaaS 服务，以应用为视角管理业务的生命周期，帮助公司实现业务的快速交付，分钟级完成部署，大大提升了交付效率。此外，腾讯专有云支持开放的平台能力，适配兼容主要应用创新基础软硬件，鲲鹏、海光、飞腾等主流硬件厂商的设备都可以在腾讯专有云上部署。目前，腾讯专有云已满足《信息安全技术　信息系统密码应用基本要求》(GB/T 39786—2021)，并以云平台行业内最高分数获得了第三方密评报告，满足政务、金融等行业对数据安全、个人隐私信息保护的严格要求，完全能够满足行业标准和监管要求。

12.1.4　腾讯区块链

在自主创新的基础上，基于"开放分享"的理念，腾讯搭建了区块链基础设施，开放内部能力与全国公司共享，打造了区块链的共赢生态。

腾讯可信区块链方案的整体架构分成三个层次：腾讯区块链的底层是腾讯自主研发的 Trust SQL 平台，Trust SQL 通过 SQL (结构化查询语言) 和 API 为上层应用场景提供区块链基础服务的功能。负责所有区块链参与者的身份信息管理的用户管理，验证业务请求有效性的基础服务，负责合约注册发行以及合约触发和执行的智能合约，负责产品运行中实时状态可视化输出的运营监控四大部分，共同构成了 Trust SQL 平台。中间是平台产品服务层 (trust platform)，在底层之上构建高可用性、可扩展性的区块链应用基础平台产品，其中包括共享账本、鉴证服务、共享经济、数字资产等多个方向，集成相关领域的基础产品功能，帮助公司快速搭建上层区块链应用场景。应用服务层 (trust application) 向最终用户提供可信、安全、快捷的区块链应用。腾讯未来将携手行业合作伙伴及其技术供应商，共同探索行业区块链发展方向，共同推动区块链应用场景落地，将在数字票据、贵金属交易、知识产权保护、网络互助、机构清结算、公益等场景提供可信、安全、快捷的区块链服务。

12.1.5　案例评析

互联网革命的发展，必定实现人与物的连接。腾讯要助力产业布局实现与消费者之间更具开放性的新型连接、互联网与各行各业深度融合，把数字创新下沉到生产制造的核心地带，将数字化推进到供应链的每一个环节，打造降本增效的生态系统。

腾讯金融科技的成功经验告诉我们，要更加注意强化公司的金融科技布局能力，提升公司整体竞争力。

（1）全面强化全公司的数字分析和应用能力。随着数据的可得性增强，金融公司应打造全面的数据生态系统，从公司内外部获取客户数据并进行科学决策。

（2）根据客户需求提供无缝的客户体验。目前客户对实时跨渠道服务都有了更高的要求，金融公司需提供无缝对接的全新客户体验。

（3）强化数字化营销能力。掌握数字媒体、内容营销、数字化的客户生命周期管理、营销运作等技巧。

（4）精简成本、构建数字化流程。金融公司在运营方面存在诸多流程简化和数字化的机会，金融公司应抓住机会，提高竞争力。

（5）迅速应用下一代 IT 能力，不断创新开发模式。

（6）建立支持数字化变革的组织架构。

12.2　案例二：京东金融的金融科技综合案例

12.2.1　案例背景

京东金融成立于 2013 年 10 月，2016 年 1 月获得 A 轮融资共计人民币 66.5 亿元，融后估值约 466.5 亿人民币。2017 年 3 月 1 日，在京东集团签署有关京东金融重组的最终协议后，京东集团正式同京东金融分家，京东金融成为一家独立的金融科技公司。回顾京东金融发展史，从最初的互联网金融综合服务公司到后来业内首家提出金融科技概念的公司，它一直在说"不再做金融"。这里的不做金融并不是说京东金融要放弃类似于京东白条或者供应链金融等业务板块，而是其要向 B2B2C（企业对企业对消费者）模式转型，将金融资产转让给其他金融机构，扮演专门为金融机构提供服务的角色，从自营金融向金融服务商转化，打造以科技为核心竞争力的服务机构。到 2018 年底，京东金融已经同超过 400 家银行、超过 120 家保险公司以及超过 110 家基金公司和超过 40 家证券公司、信托公司以及评级机构达成合作。它是目前市场上同各类金融机构合作范围最广，也是唯一一个同时与国有大行、股份制商业银行、城商行、农商行等银行业金融机构分别达成合作等的金融科技公司。

京东金融集团首席执行官陈生强说："先用科技解决金融的问题，再把金融的业务还给金融机构。这种模式在全球范围内都是独一无二的，这顺应了时代的变化趋势，未来会有很大的机会创造出千亿美元市值的公司。"而对于目前已建立起的供应链金融、消费金融、众筹、财富管理等业务板块，陈生强表示，京东金融也不会放弃。公司会通过不断的市场验证，把业务经验向金融机构进行输出。

12.2.2　生态体系

京东是中国最大的自营式电商公司。目前，京东集团旗下设有京东商城、京东金融、京东智能、O2O及海外事业部。2014年5月，京东在美国纳斯达克证券交易所正式挂牌上市。2016年6月，京东宣布与沃尔玛达成深度战略合作。作为合作的一部分，沃尔玛旗下1号店并入京东。2017年1月4日，中国银联同京东金融签署战略合作协议，并宣布后者旗下支付公司正式成为银联收单成员机构。

由于同属大体量的未上市金融科技公司，外界通常会拿京东金融和蚂蚁集团、陆金所做对比。京东金融方面向21世纪经济报道记者表示，作为一家服务金融机构的科技公司，而非金融控股公司，京东金融的核心竞争力在于技术能力。作为国内最早依托电商平台提供线上融资服务的公司，京东金融具有场景、资金和风控三方面先发优势。京东金融科技生态包括供应链金融、平台业务、消费金融、支付业务、众筹业务五大板块，图12-1对京东金融科技生态进行了说明。

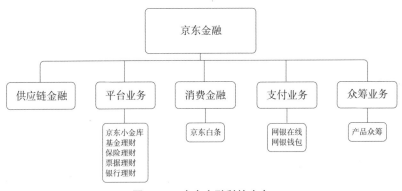

图12-1　京东金融科技生态

12.2.3　代表性产品：京东白条

京东白条于2014年2月上线，为业内首款面向个人消费者的互联网消费金融产品。京东白条依托京东商城交易大数据对消费者的信用等级进行评估，进而核定信用消费额度。京东金融还不断致力于开拓线上及线下的场景模式。京东白条在 2016 年就已经从最初只支持京东商城拓展到支持包括租房、旅游、教育等多数外部场景，而供应链金融方面也已面向京东生态圈外客户开放。

京东白条的优势：获客容易，风控能力强。受益于京东商城场景的多样化，京东白条获客容易，消费金融事业部总经理区力于招商银行京东金融小白信用联名卡发布会后接受清流消费金融的访谈中称，京东白条上线 3 年后授信用户逾1.2 亿。京东白条技术核心为其风控能力。风控核心源自征信系统，通过大数据技术，以京东电商庞大数据库为基础，从环境、行为和账户风控技术等方向入手，有效地控制自身风险。京东白条业务模式如表 12-1 所示。

表 12-1　京东白条业务模式

产品	费率	盈利模式
京东白条	1. 最长 30 天无费率延期付款 2. 分期服务费：费率基准每月 0.5% ~ 1.2% [例如，基准为 0.5% 时，分三期费率为 1.2%，分期服务费 = 消费本金 × 分期服务费率（月）× 分期期数]；日服务费率为 0.05% 起（日） 3. 违约金：每日 0.07%	依靠自身资金获利，赚取扣除资金风险后的分期手续费。通过分析积累的大量客户数据及购买记录，对用户进行信用评级，建立自己的信用体系

资料来源：京东金融官网。

京东白条联合银行构建新信用体系。京东白条与多家银行携手打造白条联名信用卡，实现将自身用户信用权益与金融机构用户信用权益捆绑，构建新的信用体系。京东金融与银联签署合作协议，截至 2021 年底，京东金融已经完成了与国有四大银行、股份制银行、城商行，以及农商行的合作，相继与中信银行、招商银行、广发银行、民生银行、华夏银行、光大银行、北京农商银行、上海银行、广州银行、工商银行、交通银行 11 家大中型银行合作推出 17 张"小白卡"产品，用户申请量超过 1 000 万。

白条渗透率较低，预计未来增量大。2022 年 5 月 17 日，京东公布 2022 财年第一季度业绩。数据显示，京东第一季度净收入为 2 397 亿元（约 378 亿美元），同比增长 18.0%；经营利润为 24 亿元（约 4 亿美元），2021 年同期为 17 亿元；归属于普通股股东的净亏损为 30 亿元（约 5 亿美元），2021 年同期为净利润 36 亿元人民币。过去 12 个月的活跃购买用户较去年同期的 4.998 亿增长 16.2% 至 5.805 亿，2022 年第一季度的用户平均购物频次创历史新高。

12.2.4   代表性产品：京保贝

京保贝针对自营供应商，利息虽不高但逾期率低。2013年12月6日，京东推出供应链金融第一款互联网金融产品京保贝。依托供应商的流水及运营状况，通过大数据，快速为其获得融资；无担保与抵押，加速公司资金周转；同时与银行合作，放款周期短至3分钟，网上完成所有操作。京保贝适用于多种供应链模式，提供了满足链条上多种融资需求运用金融工具整合的全新解决方案。京保贝依托自身核心能力，对希望构建供应链金融体系的企业输出平台搭建、数据处理、风控建模、高能账户、资金支持、资产处置等服务。2017年，京保贝平均利息为9%，平均借款期限为33天；用户渗透率为12.2%，GMV（商品交易总额）渗透率为12.4%；期末逾期率仅为0.01%。

京保贝在融资成本、系统策略、风控三方面具有优势，可以助力提高融资效率。融资成本方面，京保贝通过线上自动化系统降低运营成本，快速贷款还款、按日计息，节约融资成本，提高效率；系统策略方面，通过开放式系统架构，引导客户与系统快速对接，同时只接受应收账款数据，保障客户隐私及数据安全；风控方面，利用动态风控与动态授信策略，对融资额度动态管理、实时更新，通过大数据手段监控每个贸易流转环节、每笔应收账款，适用于满足客户多次融资需求。

京保贝能向金融机构输出其核心能力，为多行业提供供应链解决方案。京保贝现在对外全面开放，未来将依托自身核心能力，为希望构建供应链金融能力的公司与机构输出包含平台搭建、数据处理、风控建模、高能账户、资金支持、资产处置等服务。京保贝已经开拓行业涵盖消费品分销、物流运输、医药分销、航空差旅、超市零售等。

12.2.5   代表性产品：京小贷

京小贷是针对入驻京东开放平台的部分商家开放的贷款，依托京东大数据为中小公司客户定制的信贷服务。京小贷的最高额度为500万元，放款到京东钱包，提现到公司对公账户；根据公司实际经营情况差异化定价，其日利率最低至0.033%，最长贷款期限为12个月。其产品有订单贷款、信用贷款、大促贷、提前收款和京准通代充服务等，高风险、高回报。京小贷年平均利息在12%～18%，远高于京保贝的9%，用户渗透率为4.5%，GMV渗透率为3.2%，期末逾期率为2.8%。

据电子商务研究中心数据显示，京小贷实现了对京东体系内供应商和商家的全覆盖，累计为超过 5 万个店铺开通了贷款资格。

12.2.6　案例评析

传统的金融服务，大多程序复杂烦琐，体验感较差。但是京东金融完全支持在线操作、在线审核，可以实现"私人定制"。京东金融几乎所有业务的流程都支持线上操作，不论是京东白条的申请和使用，还是供应链金融领域的京保贝的使用，都只需要用户在线操作，而且能实时观察进程，及时得到反馈。由于金融科技的应用，京东金融各项业务极大地简化了流程，避免了那些重复步骤，提升了业务效率。并且大数据、人工智能技术的应用，帮助用户实现了个性化定制，给予了用户极佳的消费体验。

12.3　案例三：蚂蚁科技集团股份有限公司的金融科技案例

12.3.1　案例背景

2021 年，我国第三方支付业务交易金额达 355.46 万亿元，较 2020 年增加了 60.90 万亿元，同比增长 20.67%。第三方支付业务交易金额从 2015 年的 49.5 万亿元提升至 2021 年的 355.46 万亿元，年均复合增长率达到 39.8%。2022 年 11 月 17 日，第三方咨询机构艾瑞咨询发布《2022 年第三方支付行业研究报告》，预计到 2026 年，第三方支付交易规模可达 409.9 万亿元，其中产业互联网支付交易规模占比 74.1%，约合 303.74 万亿元。

一个新的时代已经来临，一个旧的时代正在落幕。作为这个新时代的揭幕者之一，2018 年 6 月，蚂蚁集团宣布完成 140 亿美元融资，估值 1 500 亿美元。从 2003 年第一笔担保交易支付成功，到支付宝成立，十几年间，以支付业务起家的蚂蚁集团以令人咋舌的速度成长，如今体量已超过了高盛和摩根士丹利，是我国领先的互联网金融公司。

消费金融市场有着万亿级的规模，或许蚂蚁集团咬定这块"肥肉"就已经足够赚得盆满钵满。然而出人预料的是，蚂蚁集团自 2020 年开始积极调整战略方向，将金融科技开放作为下一阶段的重心，蚂蚁集团想做的并不是金融巨鳄，而是科技公司。

事实上，蚂蚁集团最为擅长的就是技术，而并不是金融产品的设计，其专注于技术，通过多年的积累和沉淀，把小额支付、金融云计算、人工智能、风险管理等科技能力和信用体系，逐步对金融机构进行开放，集合多个合作伙伴的智慧，发挥各自优势，共同促进互联网金融的长远发展。截至 2022 年，蚂蚁集团推出了金融信息服务平台，把数据、技术、渠道全面开放给金融机构，在该平台中金融机构不再需要创建互联网平台，只需要对互联网金融产品与服务进行研发即可，为全球消费者与小微公司提供更加便捷、安全的金融服务。

蚂蚁集团以互联网思维切入金融科技产业链条，产品、平台、生态环环相扣，客户从传统的 C 端个人用户、B 端商家用户，延展到 F 端金融机构和 G 端政府及监管机构，积累的数据、技术、运营管理经验都化为"护城河"。蚂蚁集团的金融科技架构如图 12-2 所示。

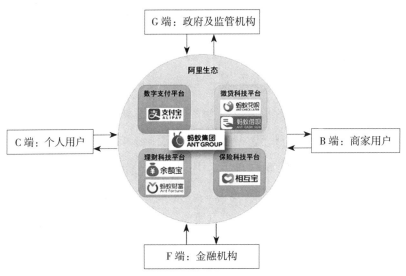

图 12-2   蚂蚁集团的金融科技架构
资料来源：恒大研究院。

12.3.2   技术体系

作为金融科技领域的先行者，技术是蚂蚁集团覆盖"长尾用户"、实现普惠金融的制胜法宝。

蚂蚁集团通过技术重塑支付和微贷业务，提出 blockchain（区块链）、artificial intelligence（人工智能）、security（安全）、IoT（物联网）和 cloud computing（云计

算）这五大技术（BASIC）。BASIC 是金融科技的基石，该架构最基础的能力是计算能力，通过不断提升计算能力以适应未来应用场景的千变万化。在万物互联的云时代，区块链、云计算和人工智能作为蚂蚁集团的底层技术支撑，为金融安全和物联网的技术开放提供基础。

（1）在区块链技术上，2018 年全球区块链专利排行榜，蚂蚁集团以 90 项申请专利数量蝉联冠军，较 2017 年增加了 41 项；在多节点共识机制、跨链交互协议、可信执行环境、密码学安全等技术上多点突破，重点应用于跨境支付、溯源、司法维权等场景。

（2）在云计算技术上，从满足"双 11"的交易支付需求，到满足网商银行、蚂蚁小贷的上云需求，蚂蚁集团搭建自主可控的金融级云计算服务体系。在技术架构上，蚂蚁集团推出金融级的可无限扩展的 SOFAStack 分布式架构，能够满足金融业务对安全的需求，以高可用、低成本、快速扩容的特点为金融业务创新提供架构支持。在数据库上，蚂蚁集团研发数据强一致、高可用、低成本的金融云数据库，摆脱了对传统国际巨头的依赖，兼顾了金融数据的安全和扩展的成本要求。

（3）人工智能技术也在蚂蚁集团生态体系内得到广泛应用。在数据量激增的信息时代，文字信息已不再是信息的主要来源，对图片和动态信息识别与分析越发重要。蚂蚁集团在人工智能技术上以图智能和共享智能为两大重要发展方向，在机器学习和深度学习的支撑下以"暖科技"服务金融业务。

12.3.3　芝麻信用

芝麻信用（Sesame Credit）是蚂蚁集团旗下独立的第三方征信机构，通过云计算、机器学习等技术客观呈现个人的信用状况，已经在信用卡、消费金融、融资租赁、酒店、租房、出行、婚恋、分类信息、学生服务、公共事业服务等上百个场景为用户、商户提供信用服务。芝麻信用是全产品平台的串联线索，依托支付和理财行为，撬动信贷和保险业务，成为其业务支点。芝麻信用在 FICO 信用评级模型的基础上建立了自己的大数据分析模型，通过对海量数据进行综合处理和分析，研究用户的身份特质、信用历史、人脉关系、行为偏好、履约能力这五个维度的数据，赋予每一个用户相应的芝麻信用分，从芝麻信用分的高低可以很直观地看出用户信用的好坏。

芝麻信用已然成为衡量人们品质的标准之一，让每个人都能享受到信用带来的价值体验。2015 年 1 月 28 日，芝麻信用评分正式上线，为用户开启全新的信用生活。1 月 30 日，芝麻信用与神州租车合作，全球首创，为用户提供免押租车新方式。6 月 4 日，芝麻信用和阿里旅行合作，芝麻分 700 以上用户可以办理新加坡便捷签证。2016 年 1 月，"信用＋城市"模式开启，杭州携手芝麻信用打造信用之城。2017 年 3 月，ofo 宣布与芝麻信用达成战略合作，开启共享单车的信用免押模式。2018 年 11 月，加拿大移民部宣布：中国游客可以自主选择提交芝麻信用签证报告，用作财务及履约能力证明。2019 年 3 月，天猫联合芝麻信用宣布向全行业开放"信用购"，芝麻分 650 分及以上用户可先试用，满意后再付款。2022 年，芝麻信用整合了各场景的"先享后付"类服务，推出"芝麻先享"服务。芝麻信用的"免押服务"消除了租赁、酒店行业的押金门槛，"芝麻先享"模式有效地破解了预付费的消费痛点。截至 2022 年 6 月 6 日，开通"芝麻先享"服务的线上线下商品或服务超 1 400 万种，用户在消费这些商品或接受服务时均可凭自己的芝麻分享受"先用后付"。

12.3.4   网商银行

2015 年 6 月 25 日，在全国范围内，作为首批试点的 5 家民营银行之一的网商银行正式成立，也成为蚂蚁集团旗下最受关注的业务之一。网商银行运作蚂蚁集团的部分小贷业务和产品，提供 20 万元到 500 万元的贷款产品。网商银行仍在进行投资理财、现金管理等业务的拓展。它也为小微公司和个体创业者提供了传统银行没有的便利和互联网金融服务，如 3 分钟的客户申请，网商银行可以在 1 分钟之内审核完毕，并实时将资金打到客户账上，这是目前为止任何一家传统银行都做不到的。

作为全国第一个跑在"云"上的银行，网商银行不涉及传统银行的支票、汇票等线下业务和现金业务，没有物理网点，主要为小微公司、个体消费者和个体创业者提供"小存小贷"服务。

12.3.5   蚂蚁微贷

蚂蚁微贷是阿里巴巴旗下的大数据金融平台，主要针对小微公司融资服务，采用完全网络化运营模式，通过互联网批量开展小微公司小额信用贷款服务，其信用评估与风险监控基于大数据技术对阿里巴巴平台内用户沉淀大数据的挖掘。

蚂蚁微贷公司利用电子商务平台上天猫、淘宝、支付宝客户的行为数据和信用数据，并且采用在线视频和网络数据模型的调查模式，在客户信息真实性确认方面利用交叉检查技术进行检验，最后，将电子商务平台上客户的行为数据映射为个人或者公司的信用评价对客户的还款能力及还款意愿进行评估，根据评估结果确定是否发放贷款。蚂蚁微贷公司放贷的资金具有"期限短，金额小，随借随还"的特点，通过这种模式对借款人质量和信用进行过滤，能使蚂蚁微贷贷款资金获得很好的安全性。

12.3.6　案例评析

毋庸置疑，蚂蚁集团的成功，关键就在于金融科技的驱动。从支付、理财、信贷到保险和征信，蚂蚁集团借助互联网技术，以及云计算、大数据分析、人工智能等新兴技术，陆续开创了一系列新型的金融业态，在大量场景验证了"金融＋科技"的可行性。

金融科技不仅能在传统金融行业催生出很多新的商业模式，也能在很多新的场景提升金融服务的体验，如普惠金融、跨境支付、贸易金融、互联网车险、内部运营、股权交易、财务管理，还有我们今天还没有想到的业务场景。

这也就能解释为何当前银行、证券、保险等传统金融机构纷纷大力投入金融科技或是成立独立的科技公司，很大原因就是看到未来创新的空间和科技对未来的引领，以及自主可控技术对行业的重要性，过去，科技在金融行业是支撑业务的定位，是一个相对被动的角色；而金融科技的关键不仅在于支撑，更多的是引领或者改变现在金融行业的发展形态。科技是一个整体，不是一个单项。金融科技是通过长期的发展演变后，金融业务和科技各自发展、相互促进、相互融合、相互渗透的产物。

打造金融科技的纵深度，能够提供从基础架构技术、金融专有技术到应用技术的完整金融科技堆栈，正是蚂蚁集团的独特优势，也是蚂蚁集团和传统 IT 公司的最大区别。通过 10 多年在金融领域的技术沉淀，以及日趋复杂多样的产品体系，蚂蚁集团逐渐具备了符合金融级 IT 系统安全标准的技术能力。

12.4　案例四：中国平安金融科技综合案例

12.4.1　案例背景

"日新者日进也"特别适合概括中国平安过去 10 多年在金融科技领域日新月异的成就。2021 年平安中报披露，截至 2021 年 6 月末，公司科技专利申请数较年初增加 3 508 项，累计达 34 920 项。公司金融科技及数字医疗专利申请数保持全球第一位；人工智能与区块链专利申请数位居全球前三；而且平安在人工智能、数字医疗等领域频频斩获国际荣誉，累计荣获数十个国际科技竞赛第一名。在人工智能领域，2021 年 3 月，平安在国际语义评测大赛 SemEval 中共夺得 4 项任务冠军；在数字医疗领域，2021 年 4 月，平安在国际计算语言学协会（ACL）举办的生物文本处理领域医疗问答评测（MEDIQA 2021）比赛中获得单项冠军。

早在 2008 年，平安就专门成立了科技公司，最初的作用是作为集团的 IT 信息管理中心，为平安集团子公司提供技术架构、数据中心以及协助子公司开通各类客户平台，这奠定了此后平安集团的科技化基调。

此后的 10 多年，是平安十年如一日的高度重视与科技投入。2010 年，平安开启科技创新战略；2017 年提出逐步将平安从资本驱动型的公司转变为科技驱动型的公司；2019 年初，平安将原来的 Logo（标识）"保险·银行·投资"更改为"金融·科技"，彰显科技投入的决心。截至 2021 年 12 月末，平安个人客户数超2.27 亿；同时持有多家子公司合同的个人客户数占比提升至 39.3%。2021 年，团体业务综合金融融资规模同比增长 26.9%。平安推出"HMO+家庭医生 +O2O"集团管理式医疗模式，打通供给、需求与支付的闭环，为客户提供"省心、省时又省钱"的医疗健康服务。截至 2021 年 12 月末，平安健康累计注册用户量近 4.23亿；2021 年累计付费用户数快速增长至超 3 800 万；平安智慧医疗累计服务 187 个城市，赋能超 4.5 万家医疗机构，惠及约 132 万名医生。

最难能可贵的是，平安投资科技业务的时候，首先想的是为什么要孵化这些业务，以及怎么孵化这些业务，不是看短期收入，而是看重长期回报。

平安孵化的金融科技业务，每个业务都会经历四个阶段：建立场景、建立流量、产生收入，最后一个阶段才是盈利。这种"延迟满足感"，一旦突破第三个阶段，后期贡献就会大幅提升。2021 年，平安深化"金融 + 科技""金融 + 生态"建设，科技业务总收入达 992.72 亿元，同比增长 9.8%；归母营运利润 79.48 亿元，同比增长 19.5%。

如今，平安已经在人工智能、区块链及云计算等引领金融行业未来创新发展的尖端技术，建立起了全球的领导地位。这为平安构筑了较高的科技竞争壁垒，使得它不那么容易被金融领域的其他同行复制与超越，因为甚少有同行能够同时满足前述三个条件，有的要么布局太晚，有的要么不能持续做到高投入，这也为平安赋能金融主业、建立"金融+科技"（FinTech）的生态奠定了基础。

12.4.2　生态体系

金融科技在保险业中应用的重要趋势是跨界连接生态化，保险跨行业深度融合。在数字经济时代，保险公司以用户保险需求为核心进行跨行业整合，有助于提升服务能力。跨界融合还可以形成生态能力，进一步拓宽保险产品和服务维度，覆盖更广泛的客户群体。

平安在金融科技发展过程中，比较早地探索跨界连接，通过跨行业深度融合形成各类生态圈。平安集团已经提出 4.0 战略布局模式，即从平安到平台，积极开放其核心技术，帮助合作伙伴提升运营效率，降低成本，提升风控管理水平，构建金融服务、医疗健康、汽车服务以及智慧城市等生态圈。

通过这四大生态圈，平安逐步实现其商业模式战略：① B2C（企业对消费者，个人服务）。从衣食住行等场景切入，为消费者提供智能化生活与金融服务，用核心科技改变生活，提升生活质量。② B2B（企业对企业，公司服务）。从行业痛点切入，构建综合服务平台，赋能公司发展。③ B2G（企业对政府，政府服务）。利用创新科技深化政府合作，帮助政府精细化管理，提升政务处理效率，助力城市治理现代化。

12.4.3　平安脑

平安脑智能引擎融合了图计算、对抗神经网络、弱监督学习等最新科研成果，综合深度学习、数据挖掘、生物特征识别等先进 AI 技术，提供营销、运营、风控、决策、服务、预测六大服务集成模块，每个模块可提供标准化应用和定制 AI 解决方案，高效赋能平安集团各业务单位完善智能化建设，已在金融、医疗、智慧城市等领域落地应用，树立了传统行业转型升级的标杆（图 12-3）。

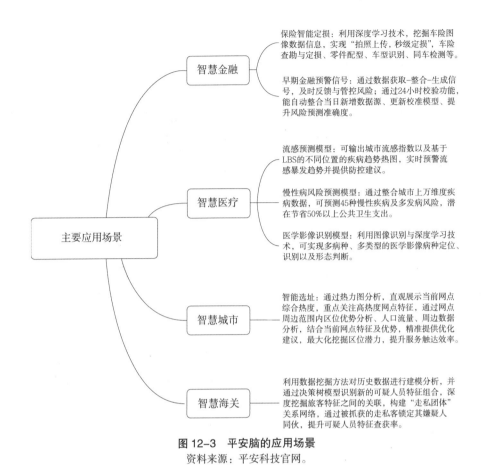

图12-3 平安脑的应用场景
资料来源：平安科技官网。

12.4.4 平安爱德

平安爱德（AIde），是平安科技人工智能中心智能硬件技术团队精心打造的桌面型智能服务机器人产品。AIde内嵌平安脑作为智能引擎，具备主动感知、共融交互、情感计算、智能物联、开放平台等强大功能，服务于金融、医疗、教育、办公、新零售等各大领域，在具体的业务场景中应用落地。

12.4.5 欧拉图谱

欧拉图谱搭建平台致力于打通知识抽取、知识融合、知识表示和推理应用闭环，实现标注智能化、管理体系化和应用高效化。平台融合近40项NLP（自然语言处理）和图谱分析技术，集成"优标－标注平台""优秘－智能问答""优图－图谱构建""优用－知识应用"四大功能，支持用户一站式挖掘募集说明书、年报、审计报告、公告、财务报告、评级报告、法律文书、合同、舆情新闻等10余种文本信息，搭建创新、高效、高质的公司知识图谱，并实现问答、推理、推荐、搜索等知识应用。

应用场景一：财报自动解析，会计科目精准匹配，钩稽校验审查结果（图12-4，该页面来自欧拉图谱平台）。

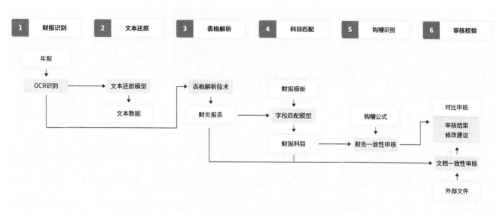

图12-4 欧拉图谱的应用场景（1）

应用场景二：准确把握宏观经济走势，助力宏观调控（图12-5，该页面来自欧拉图谱平台）。

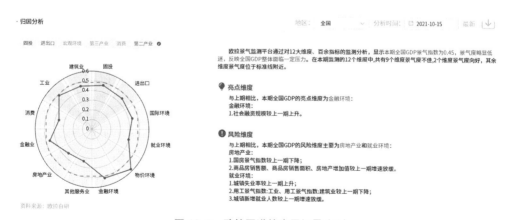

图12-5 欧拉图谱的应用场景（2）

12.4.6 案例评析

有着科技"竞争壁垒"、金融"护城河"、多重未来"新价值"的平安，深蹲之后必将是更高的起跳，假以时日，平安的科技价值也将被市场给予更高的认可。与此同时，平安的探索为金融科技在保险业中的应用提供了如下经验。

（1）加大对金融科技的预算和人才投入，积极发展金融科技，并随着信息技术的发展步伐不断转型升级。

（2）通过输出科技服务，连接并赋能外部合作伙伴与其他金融机构，搭建金融服务、医疗健康、汽车服务以及智慧城市等生态圈和平台。

（3）实现科技与业务、生态圈结合，拓展"综合金融＋科技"与"科技＋生态圈"的业务模式。

12.5 案例五：光大银行金融科技综合案例

12.5.1 案例背景

从互联网金融到金融科技再到数字化转型，金融业都是相对其他行业更加积极的行业，原因在于金融具有极强数据属性，蕴含大量科技应用场景，天然就属于"科技＋"的产业。每家银行都在布局金融科技，探索互联网、数字化、智能化转型。光大银行在2011年成立"科技创新实验室"后孵化出60个创新项目，包括金融服务开放平台、云缴费、RPA（机器人流程自动化）等一批明星创新项目。

光大银行"科技创新"避虚向实的关键是建立了一套科技创新机制：成立横跨14个业务部门的创新工作小组，对孵化的创新项目进行价值评估、可行性分析等集中评审；建设创新服务平台，实现"金点子工程"流程电子化，实现创新项目全生命周期闭环管理；发布科技创新产品目录，建立孵化科技创新产品全景图，便于共享产品、复制推广经验；搭建创新外部交流平台，同监管机构、银行同业及国内外知名创新头部公司开展深入交流与项目合作。

云计算、大数据、人工智能、区块链、RPA等新技术接踵而至，因为有一套独特的创新机制，光大银行总能第一时间抓住新技术浪潮。例如，在金融业普遍应用的生物识别技术上，光大银行就走在了行业前面，2016年，AlphaGo战胜李世石让各行各业关注到AI；2017年，iPhone X推出Face ID才让人脸识别被公众熟知，但2016年光大银行就已投产人脸识别VTM（远程视频柜员机）应用，首次通过人脸识别技术进行客户身份认证，如今已建立起覆盖人脸、指纹、声纹等多种生物识别技术的多模态生物识别平台，支持全行400多个场景应用。

光大银行近些年来不断加大科技投入，全面落实科技发展战略，赋能业务发展。2021年，光大云缴费完成缴费服务超20亿笔，缴费金额超5 000亿元，服务活跃用户达 5.6 亿。仅 2021 年有超过 1.8 亿人次通过光大云缴费完成社保缴纳，缴费金额超 770 亿元。截至 2022 年第一季度，光大云缴费金额已突破千亿元，达 1 044 亿元，同比增长 33%；年缴费笔数突破 5 亿笔，同比增长 24%；年缴费活跃用户突破 2.5 亿，同比增长 19%。

12.5.2　生态体系

光大银行坚持"一个智慧大脑 + 两大技术平台 + 三项服务能力 + N 个数字化名品"的"123 + N"数字化发展体系。光大银行的金融科技架构如表 12-2 所示。

表 12-2　光大银行的金融科技架构

数字化发展体系	细分概念	进展
一个智慧大脑	智能感知	覆盖场景较上年增长 83%
	智能思维	算法模型 600 个，数据挖掘零售 AUM（资产管理规模）增量 549 亿元
两大技术平台	云计算平台	整体规模数量已超 19 000 台，应用系统上云率达 88.77%
	大数据平台	数据总量较上年同期增长 105%
三项服务能力	移动化	手机银行、阳光惠生活、云缴费三大 App 月活用户数超 3 800 万户
	开放化	开放 API 超 1 000 个，电子账户数超 1 300 万
	生态化	数字化生态累计服务用户超 5.5 亿户
N 个数字化名品	云缴费	中国最大开放缴费平台，累计服务项目突破 1 万项，直联客户达到 5 032 万户
	云支付	上线统一支付平台，交易额达到 11.21 万亿元
	随心贷、融 e 链、普惠云、物流通等一系列数字化名品	

资料来源：光大银行。

智慧金融大脑的建设围绕"智能思维"左脑和"智能感知"右脑开展。思维左脑利用数据挖掘、机器学习、深度学习、图计算等技术，构建面向各业务领域的机器学习平台和智慧引擎，赋能银行的智能营销、智能运营、智能风控建设。感知右脑定位于提供机器"听说读写看"的能力替代银行各项人工服务和运营工作。

两大技术平台指云计算平台和大数据平台，基于云计算技术，光大银行推出普惠云和贸融云两大平台；基于大数据技术，光大银行建立了面向"长尾客户"的全流程线上化网络贷款系统。

近年来，光大银行深耕移动化、开放化、生态化三项服务能力。移动化方面，以数字化经营为驱动，为广大客户提供 O2O 消费场景服务，2020 年，手机银行、阳光惠生活、云缴费三大 App 累计用户 1.32 亿户，比上年末增长 63.37%，其中，月活用户（MAU）达 3 847.31 万户，比上年末增长 78.50%。管理零售客户总资产（AUM）实现 19 176.42 亿元，比上年末增长 12.42%。开放化方面，光大银行积极向外部平台开放金融产品，目前开放 API 超 1 000 个，电子账户数超 1 300 万。生态化方面，光大银行的云缴费平台构建出"金融＋生活＋服务"的普惠生态系统，数字化生态累计服务用户超 5.5 亿户。

光大银行基于自身的人工智能、云计算、大数据等技术，打造了云缴费、云支付、随心贷、融 e 链、普惠云、物流通等一系列数字化名品。其中，云缴费是中国最大的开放缴费平台，累计服务项目突破 1 万项，直联客户达到 5 032 万户，云支付为最新上线统一支付平台，2020 年度交易额达到 11.21 万亿元。

建立了数字光大"123+N"体系后，光大银行也在建立自身的金融科技创新生态。

12.5.3　光大云缴费

光大云缴费平台以缴费场景切入，对接 B 端、C 端庞大客群。B 端：对接收费单位，整合各类缴费服务，包括基础民生类（水、电、燃、供暖等）、社会服务类（物业、租房、停车等）、行业服务类（教育、医疗、交通等）、政府服务类（非税、税务、社保等）；C 端：对接缴费客户，通过自建渠道或对接外部渠道（如支付宝、微信等互联网平台，交行、招行等金融机构平台，国家政务平台）服务客户。光大云缴费的架构如图 12-6 所示。

图 12-6　光大云缴费的架构

资料来源：公司云缴费宣传材料，浙商证券研究所。

光大云缴费平台采用开放运营模式。以缴费渠道为例，云缴费平台不仅支持本行卡，还支持交通银行、招商银行等 87 家他行卡，同时还支持微信、支付宝、美团等多家第三方支付平台，接入 12 个省级政务平台和 28 个市级平台。开放融合的运营模式使云缴费平台得以高效触达 C 端客户，叠加完善的缴费服务，形成扎实客群基础。

12.5.4　光信通

光信通，是基于区块链技术做的线上、线下类似供应链融资的业务，一个典型的利用金融科技来改变原有供应链金融服务模式的经典案例。

该服务上线以来，拥有客户累计放款额已经超过 1 亿元。借助核心公司，把核心公司的应收账款上链，基于真实的背景，实现信用的多级拆分和转让，并且这些信用可以随时转让。在这中间，任何一个转让的环节可以实现三级、四级、五级等逐级的拆分转让。当终端用户需要提款时，可以随时找光大银行提款。这就解决了传统的供应链金融没有办法多级传递、多级拆分的问题。

光大银行很好地利用区块链去中心化、可信任的网络特点，把传统的供应链金融变成光信通服务。光信通服务其实是公司信用的多级快速流转。我们达到这样一个目标，可以非常好地降低核心公司上下游中小公司客户的融资费率和融资成本，因为在信用的转让过程中，在原有的供应链模式下，每一级流转时都会产生一笔银行的贷款，都会产生一定的利率。通过光信通，只要不提现，中间所有的流转、交易都没有利率、没有成本，而且很高效。只有当终端客户需要提现的时候才会产生一笔融资，这样可以大大降低供应链融资过程中核心公司上下游中小公司的融资成本。

12.5.5　案例评析

大多数公司数字化转型，都重在用好"科技"工具，但深层次来看，数字化对于公司来说更是一种全新思维方式：基于数据科学智能决策、结合互联网敏捷创新、依托云整合公司资源、利用 AI 实现智能升级等。数字化技术领先的互联网公司有大量的创新，传统银行业因金融特性在创新上较为谨慎，如何在嫁接数字化技术的同时像互联网公司一样创新？对此，光大银行在进行数字化转型时，不是简单地将科技当成工具，而是将科技背后的创新思维融入公司战略，坚持"创新引领发展"理念，明确将创新作为核心驱动因素纳入发展战略，持续完善创新管理体制机制，着力发挥金融科技创新引领作用。

众多银行中，光大银行走出一条截然不同的金融科技之路，其综合优势已确立：2011年系统布局形成金融科技先发优势、重视科技创新机制建设形成制度优势、舍得真金白银投入形成技术基础优势。高瞻远瞩、系统推进、扎堆落地，光大银行有望率先抓住数字化、智能化与移动化等趋势实现跨越式发展。

附录 符号和缩略语说明

ATM Automated Teller Machine，自动取款机

B 端 Business，代表公司用户商家

C 端 Consumer 代表个人 / 消费者

DataOps 一种面向流程的自动化方法，由分析和数据团队使用，旨在提高数据分析的质量并缩短数据分析的周期

DeFi Decentralized Finance，去中心化金融

FIGI 普惠金融全球倡议

WSIS World Summit on the Information Society，信息社会世界峰会

FSB Financial Stability Board，金融稳定委员会

IDC Internet Data Center，互联网数据中心

LPR 贷款市场报价利率

RPA Robotic Process Automation，机器人流程自动化

NFT Non-Fungible Token，非同质化代币，是用于表示数字资产（包括 jpg 和视频剪辑形式）的唯一加密货币令牌，可以买卖

OCR Optical Character Recognition，光学字符识别

P2P peer-to-peer，点对点网络借款

PB 主经纪商业务，也称为主券商业务或大宗经纪业务，是指证券公司向专业机构投资者和高净值客户等提供集中托管清算、后台运营、研究支持、杠杆融资、证券拆借、资金募集等一站式综合金融服务

ICO Initial Coin Offering，首次代币发行

PoW Proof of work，工作量证明

教师服务

感谢您选用清华大学出版社的教材！为了更好地服务教学，我们为授课教师提供本书的教学辅助资源，以及本学科重点教材信息。请您扫码获取。

>> 教辅获取

本书教辅资源，授课教师扫码获取

>> 样书赠送

财政与金融类重点教材，教师扫码获取样书

 清华大学出版社

E-mail: tupfuwu@163.com
电话：010-83470332 / 83470142
地址：北京市海淀区双清路学研大厦 B 座 509

网址：http://www.tup.com.cn/
传真：8610-83470107
邮编：100084